명작콘서트

"Ich lasse das Leben auf mich regnen"
50 philosophische Denkanstöße aus der Literatur
by Reiner Ruffing
Copyright ⓒ 2010 by nymphenburger in der F.A. Herbig or reproduced in
any manner whatever without written permission except in the case of
brief quotations embodied in critical articles or reviews.

Korean Translation Copyright ⓒ 2011 by Words & Book Publishing Co.
Korean edition is published by arrangement with nymphenburger
in der F.A. Herbig Verlagsbuchhandlung GmbH, Munich
through BC Agency Seoul

이 책의 한국어판 저작권은 BC에이전시를 통한
저작권자의 독점계약으로 도서출판 **말글빛냄**에 있습니다. 저작권법에 의해
한국 내에서 보호를 받는 저작물이므로 무단전재와 복제를 금합니다.

50선의 명작에서 삶의 지혜를 찾다

[명작콘서트]

라이너루핑 지음 · 이윤희 옮김

개인의 정신적 가치 창조에 토대가 되는 위대한 문학 작품들,
오늘날 우리는 문학에서 무엇을 얻고 있는가?

말·글빛냄

머 리 말

문학은 삶에 대한 찬가이며
우리의 존재감을 높여준다

"우리는 문학을 통해 다른 사람을 이해할 수 있다. 즉, 나 자신처럼 다른 사람들도 흥미롭고, 인간적이고 복합적이며 무엇과도 대체될 수 없기 때문이다. 이는 책을 읽는 것이 본래 멋진 일이라는 것을 의미한다."

— A.L. 케네디

문학이 없는 세상을 상상이나 할 수 있을까? 만약 그렇다면 그 세상은 정말로 차갑고 냉혹한 세상일 것이다. 우리는 소설 속에 세계영혼이 있다고 느낀다. 좋은 책을 접하면 다른 차원의 세계와 연결되는 느낌을 갖는다. 문학은 항상 변화하는 삶의 무대 위에 새로운 관점을 열어준다.

사람들에게 있어 문학은 육체적으로나 정신적으로도 꼭 필요하다. 그 이유는 문학이 악과 추함에 맞서게 해주기 때문이다. 문학은 우리에게 이 세상을 더 아름답게 하고 보다 더 좋게 만들 수 있다는 희망을 준다. 로마 시인 호라티우스Horaz에 따르면 문학이라는 예술은 도덕에 예속되어서는 안 되고 예속되지 않을 때 비로소 우리에게 교훈과 즐거움을 준다.

우리는 다른 사람의 고난을 보고 배운다. 해리엇 비처 스토Harriet Beecher-Stowe의 〈톰 아저씨의 오두막Uncle's Tom's Cabin〉에서는 인종차별이 심하던 시대에 미국 흑인들의 슬픔을 감동적으로 묘사함으로써 다른 사람의 운명에 대해 큰 자극을 받게 한다. 이렇듯 작가는 우리가 느끼지 못했던 감정들을 적절한 언어로 잘 표현해준다.

훌륭한 문학작품은 우리를 변화시킨다. 즉, 우리의 감각을 자극하고, 새로운 감수성을 인지하고 '적절하게'(아리스토텔레스) 생각하고 행동하게 만든다. 위대한 작가는 세상을 더욱 아름답고 훌륭하게 변화시킨다. 또한 사물에 대한 관점을 변화시켜 아름다움을 더욱 아름답게 해준다. 프랑스 작가 마르셀 프루스트Maecel Proust는 예술이 없으면 교회 풍경이나 작품의 아름다움을 결코 발견할 수 없다고 했다. 그는 동료 작가 아나톨 프랑스Anatol France에게 다음과 같은 감사의 말을 남겼다. "당신은 내가 사물이나 책, 관념 그리고 인간에게서 이전에는 결코 느낄 수 없었던 아름다움을 가르쳐 주었습니다."

우리는 문학을 통해 더욱 의식적으로 살아갈 수 있다. 예를 들어 〈1월 아침의 빛의 유희〉 또는 〈런던에서의 6월의 한 순간〉(버지니아 울프)은 이전까지는 등한시했던 미적인 특징을 느낄 수 있게 해준다. 테오도르 슈토름Theodor Storm의 작품에서는 북부 독일의 바닷가 풍경을 경험할 수 있고, 아달베르트 슈티프터Adalbert Stifter의 〈늦여름Der Nachsommer〉에서는 또 다른 눈으로 알프스를 볼 수 있다.

고트프리트 벤Gottfired Benn은 작가를 "특별한 사건을… 관찰하는 항해사"라고 표현했다. 문학은 다른 사람을 더 잘 이해할 수 있게 해준다. 다른 사람들보다 더 풍부한 감수성을 갖고 있는 작가는 인간의 영혼을 더 깊게 통찰할 수 있다. 문학을 통해 우리는 아직까지 알지 못했던 생각과 생활방식을 접하게 된다. 문학은 '조망의 유효화'이다(페터 한트케Peter Handke).

문학이 다른 사람과 문화, 다양한 세상을 더 잘 이해시켜주는 역할만 하는 것은 아니다. 그와 더불어 삶에 대한 찬가로 특정한 순간에 우리의 존재감을 더 높여준다. 문학이 이야기하고 있는 것은 작품 속 내용에 국한되어 있지 않다. "이는 이해하기 어렵게도 하고 황홀하게도 하는 매우 보편적인 것을 끊임없이 암시한다. 이것을 인생의 경험이라고 말할 수 있을까?" (마르셀 라이히 라니츠키Marcel Reich-Ranicki)

예술이 단지 인생의 아름다운 것들만 주제로 삼았다면 불완전했을 것이다. 살아있는 것을 사랑하기 위해서는 비극, 추함, 부정적인 것도 반드시 필요하다. 고대 그리스에서 열렸던 대규모 디오니소스 축제에서는 비극이 공식적으로 공연되었다. 봄이 시작될 무렵 아테네에서는 자신의 아버지 라이오스를 죽이고 어머니 이오카스테와 결혼한 불행한 오이디푸스 왕과 같은 비극적인 인간의 운명이 무대 위에서 상연되었다. 그리스인들은 이런 비극을 보고 절망하지 않고 오히려 용기를 내기 위해 계속해서 공연을 했다. 말로 표현할 수 없을 만큼 큰 오이디푸스의 고통을 보면서 '나의 고통을 이 사람의 고통과 비교할 수 있을까?' 라고 관객들은 생각했기 때문이다. 고대 그리스인들은 매년 개최되는 공연주간에 조심스럽게 자신의 정서를 표출했고, 오늘날 사람들은 TV를 통해 매일 밤 살인과 대참사와 같은 수없이 많은 강한 자극들을 보며 예술과 삶의 섬세한 특성에 무감각해지고 있다.

위대한 작품들은 우리에게 호소하고 있다. 산책가 루소Jean Jacques Rousseau가 빌러 호수에서 경험한 일을 "자연과 하나가 되고 모든 존재를 연결하는 커다란 세계체제에 동화되었을 때 나는 이루 말할 수 없이 황홀하고 기뻤다"라고 표현한 것처럼 삶의 강렬한 순간이 없으면 삶의 본질은 우리를 벗어나 있을 것이다. 한 위대한 시는 이렇게 말한다. "자연, 사물, 삶 속에는 뭔가 아름다운 것이 있다. 이 아름다움은 우리를 벗어나 있고, 자세히 관찰하고 관심을 기울여보면 항상 새로워 보인다. 우리 또는 사회를 바꾸고자 한다면 우리 먼저 그 시선을 본질적인 것으로 발전시켜야 한다. 이것이 바로 조망이다."

하이데거Martin Heideger는 실용적인 것에 초점을 맞춘 현대적인 시선을 '존재망각'이라고 불렀다. 우리의 사고는 직선적이고 기능적이며 이익을 추구한다. 따라서 우리는 유머와 인내 그리고 집중력을 배울 필요가 있다. 하이데거는 사물을 조망할 수 있는 시선을 다시 얻기 위해서는 '숲길'이나 '들길'로 떠나라고 했다.

함축적인 문학은 이해하기 어렵다. 너무 쉬우면 빨리 무감각해지기 때문이다. 너무도 복잡해진 세상은 단순한 문장으로 표현할 수 없다. 개념어와 일상어와는 달리 문학작품의 언어는 세상이, 특히 인간이 얼마나 신비스러운지를 표현한다. 니체는 "밤은 낮보다 더 깊다"라고 했다. 테오도르 아도르노Theodor W. Adorno는 사무엘 베케트의 〈고도를 기다리며〉나 제임스 조이스James Joyce 의 〈율리시즈〉와 같은 작품은 처음 볼 때는 단지 '어려운' 작품이지만 시간이 흐르면 가치 있는 작품이라는 것을 깨닫게 된다고 했다.

아리스토텔레스는 문학을 통해 인간을 더욱 잘 평가할 수 있다고 말했다. 그에게 문학은 철학적으로 역사의 기록보다 더 중요했다. 아리스토텔레스는 〈시학〉에서 시는 우리에게 "특정한 성향의 인간이 어떻게 그럴듯하게 또는 꼭 필요한 특정한 양식으로 이야기하고 행동하는지를 가르쳐준다"고 서술했다. 바꾸어 말하면 문학은 우리의 직장생활과 일상생활 어디서나 도움을 준다.

어떻게 문학을 통해 교양을 쌓을 수 있는지는 페터 바이스Peter Weiss의 소설 〈저항의 미학Asthetik des Widerstands〉에 소개되어 있다. 이 소설은 1930년대의 젊은 노동자를 다루고 있는데, 그는 노동자교육협회에 소속되어 있는 프롤레타리아 아버지를 통해 문학을 접한다. "그는 나를 도서관에 가게 했다." 곧 이 젊은이는 문학이 자신의 삶에 꼭 필요하다고 느낀다. "나는 문학이 없으면 살수 없다는 생각이 들었다." 칸트는 "알려고 하라!" "생각하는 것을 두려워 말라!"고 말했다. 세상은 예언자, 선교사, 정치가, 철학자 또는 'Yes we can'에 의해서보다는 우리 자신이 변해야 개선될 수 있다. 고트프리트 벤은 "너는 너 자신에게 모든 것을 주어야 한다. 신들은 너에게 아무것도 주지 않는다"라고 말했다. 문학은 한동안 우리의 '부자연스러운 자아'(존 듀이)를 분리시키고, 가능한 높은 위치에서 사물을 바라보게 한다. 문학은, 현실은 결정되어 있지 않고 해석될 수 있다고 우리에게 가르친다.

우리는 스스로 인생을 바꿀 수 있다. 프랑스 사회학자 부뤼노 라투르Bruno Latour는 "우리 삶을 변화시킬 수 있는 새로운 무대를 어떻게 만들 수 있는지에 대한 질문은 가치가 있다"라고 했다. 문학은 삶에 대한 비판의 기준이다.

문학은 우리가 주인공을 모범으로 삼을 수도 있고 그렇지 않을 수도 있는 선택을 할 수 있게 해준다. 좋은 책은 인간의 경험과 분리되어 있지 않다. 헤세의 〈데미안〉이나 〈황야의 이리〉는 어린 시절과 집을 떠난 기억을 떠올리게 한다. 이는 프루스트가 차에 적신 과자를 먹으면서 낡은 표지의 책을 보고는 어느 여름날 그 책을 읽었던 기억을 하는 것과 같다.

이 책에 나와 있는 50개의 인용문은 세계문학의 단면을 보여준다. '새로운 조망 불가능성'(위르겐 하버마스Jürgen Habermas)의 개념으로 묘사된 시대에는 문학이 일상생활에 유용한 것인지에 중점을 둔다. 오늘날은 세상을 보는 시각과 진실을 위한 노력을 요구한다. 문학(철학도 마찬가지로)은 모든 개인의 삶을 위한 정신적 가치와 관련되어 있는 커다란 밑바탕이다. 공자는 다음과 같이 강조했다. "현자는 뭔가 하려고 하지 않으며, 지식도 없다. 즉, 목표를 정하지 않는다."

위대한 문학에서 우리는 개인적으로 무엇을 끌어낼 수 있을까? 어떻게 문학 속 지식을 오늘날 이용할 수 있을까? "위대한 작품만큼 효과적으로 우리를 가르칠 수 있는 것은 없다. 우리가 다수의 의견과 맞서 있을 때 문학은 불굴의 쾌활함으로 즉흥적인 감명을 준다(랄프 월도 에머슨Ralph Waldo Emerson). 라헬 바른하겐은 나폴레옹 전쟁에서 부상당한 군인들을 치료하기 위해 프라하에 있었을 때 이 '불굴의 쾌활함'을 구현했다. 그녀의 일기에 적힌 "나는 삶이 비처럼 내게 내리도록 둔다"라는 말은 어려운 시기에도 용기와 유머를 잃지 않아야 한다고 우리를 일깨운다.

Contents

머리말 04
문학은 삶에 대한 찬가이며, 우리의 존재감을 높여준다

01 〈오디세이아〉 – 호메로스   17
02 〈단편집〉 – 사포   25
03 〈안티고네〉 – 소포클레스   34
04 〈피티아 송가 제8곡〉 – 핀다로스   41
05 〈아이네이스〉 – 베르길리우스   50
06 〈파르치팔〉 – 볼프람 폰 에셴바흐   59
07 〈신곡〉 – 단테   65
08 〈돈키호테〉 – 미구엘 드 세르반테스 사아베드라   72
09 〈햄릿〉 – 윌리엄 셰익스피어   77
10 〈모험가 짐플리치시무스〉 – 한스 야콥 크리스토펠 폰 그리멜스하우젠   83

11	〈현자 나탄〉 - 고트홀트 에프라임 레싱	90
12	〈안톤 라이저〉 - 카를 필리프 모리츠	97
13	〈파우스트〉 - 요한 볼프강 폰 괴테	103
14	〈1810년 3월 11일의 일기〉 - 라헬 레빈 바른하겐 폰 엔제	111
15	〈히페리온〉 - 프리드리히 횔덜린	118
16	〈적과 흑〉 - 스탕달	124
17	〈홈부르크 왕자 프리드리히〉 - 하인리히 폰 클라이스트	131
18	〈보이체크〉 - 게오르그 뷔히너	137
19	〈독일. 겨울밤의 동화〉 - 하인리히 하이네	145
20	〈에피 브리스트〉 - 테오도르 폰타네	154
21	〈죄와 벌〉 - 표도르 도스토예프스키	160
22	〈전쟁과 평화〉 - 레오 톨스토이	167
23	〈베니스의 죽음〉 - 토마스 만	172
24	〈암흑의 핵심〉 - 조지프 콘래드	178
25	〈잃어버린 시간을 찾아서〉 - 마르셀 프루스트	184
26	〈말테의 수기〉 - 라이너 마리아 릴케	190

27 〈데미안〉 - 헤르만 헤세   198

28 〈베를린 알렉산더 광장〉 - 알프레드 되블린   205

29 〈댈러웨이 부인〉 - 버지니아 울프   210

30 〈심판〉 - 프란츠 카프카   219

31 〈율리시스〉 - 제임스 조이스   227

32 〈창조적 고백〉 - 고트프리트 벤   235

33 〈해는 또다시 떠오른다〉 - 어니스트 헤밍웨이   242

34 〈서푼짜리 오페라〉 - 베르톨트 브레히트   248

35 〈동물농장〉 - 조지 오웰   255

36 〈통행허가증〉 - 아나 세서스   261

37 〈고도를 기다리며〉 - 사무엘 베케트   268

38 〈신 없는 청춘〉 - 외덴 폰 호르바트   274

39 〈호밀밭의 파수꾼〉 - 제롬 데이비드 샐린저   281

40 〈로마에서 죽다〉 - 볼프강 쾨펜   289

41 〈장미의 이름〉 - 움베르토 에코   298

42 〈유예된 시간〉 - 잉게보르크 바흐만   305

43 〈영혼의 집〉 - 이사벨 아옌데   310

44 〈나누어진 하늘〉 - 크리스타 볼프   317

45 〈인적 없는 만에서의 나의 한 해〉 - 페터 한트케   323

46 〈암라스〉 - 토마스 베른하르트   330

47 〈미하엘. 미성숙한 사회를 위한 젊은이들의 책〉 - 엘프리데 옐리네크   336

48 〈즉흥시 1,2 그리고 3〉 - 롤프 디터 브링크만   343

49 〈숨그네〉 - 헤르타 뮐러   350

50 〈작은 것들의 신〉 - 아룬다티 로이   358

명작콘서트

01

〈오디세이아〉

호메로스

"그때 오디세우스는 다리가 풀리고 심장이 내려앉았다."

신과 영웅

호메로스(Homeros, 기원전 8세기)는 신들과 영웅들이 활거하던 불가사의한 고대 그리스 세계를 다른 어떤 저술가들보다 더 멋지게 세상에 알렸다. 호메로스의 작품에 따르면, 날이 밝으면 태양신 헬리오스는 그의 여동생 에오스를 떠나보낸다. 아킬레스와 오디세우스 같은 영웅들은 사랑 때문에 많은 것들을 감수해야 했다. 아킬레스는 그리스군의 총지휘관 아가멤논이 자신의 연인 브리세이스를 빼앗아가자 분노로 눈이 멀다시피 했다. 또한 재주 많은 오디세우스는 트로이 전쟁 후 고국에 도착할 때까지 병사들과 여러 해 동안 바다를 헤매야 했다.

호메로스 Homeros

　호메로스의 작품 세계는 열정과 비극, 화려함의 극치를 달린다. 그의 작품은 서양 문학의 정수라고 할 수 있다. 그리스인들은 〈일리아스Ilias〉와 〈오디세이아Odyssee〉를 신성한 책으로 여겼다. 오늘날 이 작품을 읽으면 신과 사람들이 대화를 나누고 모험과 놀라움으로 가득찬 시대로 돌아간 듯한 느낌을 얻는다. 포세이돈은 바다를 지배했고 다른 신비로운 신들은 육지의 자연과 사물에 생명을 부여했다.

호메로스의 서사시들은 음유시인들(떠돌이 가수들)에 의해 소아시아 서부 해안의 궁정 등에서 낭송되었다. 그리스 귀족들은 호화로운 연회에서 듣는 역사 이야기를 매우 좋아했다. 이는 〈오디세이아〉의 "연회에 참석한 사람들은 가수들의 서사시를 들을 때 무척 좋아했다"라는 구절만 봐도 알 수 있다. 호메로스에 대해서는 많은 것이 알려져 있지 않다.

그는 8세기경 소아시아 지역에서 살았는데, 아테네와 이타카섬, 키오스섬 중에서 태어났을 것이라고 추정된다. 호메로스는 키오스섬에 시인학교를 세웠고, 그곳에서 대부분의 작품을 썼다. 그리고 자신이 머물던 많은 장소들 중에서 마지막 체류지였던 이오스섬에서 생을 마감한 것으로 추측된다.

수많은 흉상들은 호메로스를 눈 먼 사람으로 표현하고 있으며, 그리스의 학교에서는 호메로스의 서사시들을 필독서로 지정하고 있다. 라틴어 문학 연구자인 에리히 아우어바흐Erich Auerbach는 호메로스의 서사시들은 '감각적 존재에 대한 기쁨'을 전달한다고 묘사했다. 그의 서사시에서는 전쟁과 열정, 모험과 위험 사이에서 사냥과 연회, 저택과 목동의 집, '현재를 즐기는' 주인공들을 잘 느낄 수 있다.

〈오디세이아〉는 오디세우스의 10년의 방황을 이야기하고 있다. 오디세우스는 뗏목을 타고 바다를 항해하다가 어느 날 스케리아섬을 발견한다. 그러나 갑자기 포세이돈이 바다를 요동치게 만들어 항해사이자 순교자인 오디세우스에게 죽음에 대한 두려움을 느끼게 한다. "그때 오디세우스는 다리가 풀리고 심장이 내려앉는다." 반신(半神) 아킬레스와는 달리 오디세우스는 인간적으로 끌리는 면이 있다. 오디세우스는 자신의 인생에 대해 고민하고 부하들을 보살펴주었다. 그는 전투가 있기 전 부하들에게 식량을 주고 생명을 위협하는 사이렌의 노래를 들을 수 없게 밀랍으로 귀를 막게 했다. 아킬레스는 힘과 활력이 뛰어나지만 오디세우스는 그와 달리 총명함과 상상력, 책임감 그리고 유머가 있다. 〈일리아스〉의 주인공이 주로 명예를 중요시한다면 오디세우스는 인간적인 감정을 중요시한다.

명예보다는 인간적인 감정을 중요시한 오디세우스

오디세우스의 뗏목은 난파당하고 그는 가까스로 파이아케스족의 땅에 도착한다. 그곳에서 나우시카Nausikaa 공주는 아버지 알키노스Alkinoos 왕에게 데려간다. 알키노스 왕이 난파당한 선원들을 위해 베풀어준 연회에서 음유시인 데모도코스Demodokos는 트로이전쟁에 관한 노래를 부른다. 오디세우스는 가슴이 벅차 눈물을 흘리며, 자신이 누구인지 밝히고 그동안 유랑했던 이야기를 들려준다.

줄거리는 크게 두 갈래로 나뉜다. 음유시인이나 오디세우스가 직접 회상하며 들려주는 트로이 함락 이후부터 요정 칼립소의 섬에 이르기까지의 이야기와 칼립소와 작별하고 이타카섬에 도착하기까지 40일간의 이야기다. 이타카에서 오디세우스는 왕권을 차지하려는 왕비의 구혼자들을 물리치고 왕으로서, 아버지로서 그리고 남편으로서 정당한 자리를 되찾는다.

오디세우스는 여행을 시작하면서부터 많은 모험을 겪는다. 북아프리카 해안에서 연꽃을 맛본 부하들은 집으로 돌아가려 하지 않았다. 오디세우스가 강제로 배로 데리고 와 노 젓는 자리에 묶어놓고 나서야 여행을 계속 할 수 있었다. 키클로페스섬에서 그들은 식인 거인 폴리페모스의 손에서 가까스로 빠져나왔다. 오디세우스의 부하 몇 명을 돼지로 만든 마녀 키르케와의 사투를 겪은 후 매혹적인 세이렌을 거쳐 바다 괴물 스킬라와 카리브디스 사이를 통과한다.

세이렌과의 일화는 〈오디세이아〉에서 가장 유명한 이야기다. 세이렌의 아름다운 노랫소리를 들은 선원들은 자신의 의지와는 상관없이 바다에 뛰어들어 목숨을 잃는다. 이런 운명을 피하고 동시에 세이렌의 노랫소리를 듣기 위해 오디세우스는 돛대에 몸을 묶었다. 두 세이렌은 최고의 깨달음과 쾌락을 오디세우스에게 약속했다.

칭송받는 오디세우스여, 아카이아의 위대한 자여 이리 와요.

여기에 배를 정박하고 우리의 목소리를 들어봐요.
이곳을 지나간 검은 배는 단 한 척도 없었으니까요.
그는 우리의 입에서 나오는 달콤한 목소리를 듣고 기뻐하고
풍부한 지식을 갖고 고향으로 돌아갔지요.
우리는 당신의 모든 것을 알고 있어요. 저 넓은 트로이에서
트로이인들과 아카이아인들을 신의 뜻에 따라 이끌고,
많은 것을 먹일 수 있는 땅 위에서
일어나고 있는 일들을 알고 있어요.

돛대에 묶인 오디세우스는 힘껏 몸부림을 친다. 그는 2명의 동료 페리메데스와 에우리로커스에게 눈짓으로 자기를 풀어달라고 했다. 그러나 그들은 오디세우스를 더욱 단단히 묶는다.

〈일리아스〉에서와 같이 〈오디세이아〉에서도 인간의 삶은 신의 영향에서 자유롭지 못하다. 오디세우스는 칼립소 곁에서 8년간 머물렀다. 그의 수호신 아테네는 오디세우스의 최대 적인 포세이돈이 없을 때 신들의 모임에서 오디세우스가 이타카로 돌아갈 수 있도록 한다. 신의 사자 헤르메스는 칼립소에게 신의 명령에 따라 뗏목을 만들어 오디세우스가 고향으로 돌아갈 수 있도록 했다.

어떤 작품도 호메로스의 〈오디세이아〉만큼 큰 영향을 미치지 못했다. 베르길리우스Vergils의 〈아이네이스*Aeneis*〉와 제임스 조이

스의 〈율리시스〉, 〈신곡〉에서의 단테의 여행, 세르반테스의 〈돈키호테〉 등이 〈오디세이아〉의 영향을 받은 작품들이다. 괴테의 〈베르테르Werther〉에는 다음과 같은 구절이 나온다. "나는 조용히 상류사회에서 나와 카브리올레(2륜 마차)를 타고 언덕에 올라 일몰을 보며 호메로스를 읽기 위해 M으로 달렸다… 모든 것이 다 완벽했다."

철학자 테오도르 아도르노Theodor W. Adorno와 막스 호르크하이머Max Horkheimer가 '오디세우스가 스스로를 돛에 묶음으로써' 실제 삶을 그르쳤다고 해석한 것은 유명하다. 그렇다면 오디세우스는 어떻게 해야 했을까? 자신을 지키기 위해 몸을 묶지 않았다면 세이렌의 노래에 취해 바다에 빠졌을 것이다. 살기 위해 그리고 많은 위험을 감수하지 않기 위한 그의 행동은 '현대적'이라고 이해할 수 있다.

이에 대해 여류작가 수잔 나이먼Susan Neiman은 이렇게 말했다. "오디세우스는 우리와 비슷해서 그에게서 쉽게 우리 자신을 볼 수 있기 때문에 불안함을 느낀다… 우리는 그의 단점을 알고 있다… 우리는 타협한다… 우리의 판단은 불확실하다… 우리의 동기는 불분명하고 종종 욕구 사이에서 갈팡질팡한다." 나이먼은 특히 귀향이라는 모티브에서 오디세이아의 현실성을 발견했다. "우리는 집을 간절히 그리워하며 그곳에 도달하기까지는 많은 시간이 필요하다."

오디세우스처럼 오늘날의 우리도 가능한 한 많은 것을 경험하고 싶어 한다. 다른 대륙과 문화를 알고 싶어 여행을 하고 이를 통해 일생 동안 많은 경험을 한다. 그러나 전세계를 모두 여행하고 많은 경험을 스스로 해야 하는 것은 아니다. 인간은 유한한 존재이므로 제한된 범위를 받아들여야 한다. 일생 동안 반드시 전세계를 가봐야 한다고 생각하는 몇몇 사람들처럼 오디세우스도 모험과 탐험에 대한 욕망의 한계를 인정하지 않았다.

단테의 〈신곡〉에 따르면 오디세우스는 말년에 그의 부하들과 함께 에덴동산을 찾으러 서쪽으로 떠난다. 배는 폭풍에 휘말려 커다란 암석에 부딪치고 만다. 결국 천국 앞에 있는 정화의 산에서 오디세우스는 부하들과 함께 난파된다.

명 작 콘 서 트
02

〈단편집〉
사포

"어떤 사람은 기병대를,
또 다른 사람은 보병이나 군함을 타는 해군을
이 땅에서 가장 멋지다고 할지 모른다.
그러나 나는 그것을 사랑하기 때문이라고 생각한다."

모든 것들에 대한 사랑

문화철학자 에곤 프리델Egon Friedell 은 사포(Sappho, 기원전 600년 경)를 세계문학의 첫 번째 여류시인이자 가장 위대한 시인이라고 했다. 그녀는 2,500년 전 레스보스섬에 살았는데, 그곳은 서정시의 발상지라고 할 수 있다. 왜냐하면 그곳에서 특히 많은 시의 형식어가 발달했기 때문이다. 플라톤은 사포를 10번째 뮤즈라고 평가했다.

사포의 서정시는 호메로스의 호전적인 세계와는 다르다. 그녀의 시는 동성애까지 포함한 사랑을 찬양하며, 신에 대한 존경을 표현한다. 무엇보다 사랑하는 사람과 이별했을 때의 감정을 가장 많은 주제로 삼았다. 사포의 결혼식 축가는 신랑 신부의 빛나는 아름다움을 노래한다. 비평가들은 사포가 주관성을 강조하는 서양문화의 바탕을 마련해주었다고 주장한다. 뿐만 아니라 고대인들의 경험을 언어로 표현해 높이 평가받을 수 있도록 했다.

사포는 시에서 의식적으로 자신의 이름을 언급했다. "사포, 누가 당신을 괴롭히는가?" 여신 아프로디테는 묻는다. 이는 지금까지 문학에서 잘 표현되지 않았던 형식이다. 여신 아프로디테는 사포의 친구이자 조언자이다. 그리스 신들은 언제라도 도울 수 있도록 항상 인간 가까이에 있다. 그리스 하늘은 아직도 신들로 가득하다.

사포는 기원전 635년경 레스보스섬의 에레소스에서 태어났을 것이라 추측된다. 그녀는 6살 때 아버지를 잃었고, 안드로스섬의 케르킬라스Kerkylas라는 부유한 사람과 결혼해 딸 클레이스Kleis를 낳았다. 폭군 미르실로스Myrsilos가 레스보스의 수도 미틸레네를 장악했을 때 사포는 정치적 분쟁을 피해 가족들과 함께 시칠리아로 망명을 갔다. 수년이 지난 후 그녀는 과부가 되어 딸과 함께 고향으로 돌아왔고 그곳 여학교의 교장이 되었다.

레스보스의 주민들은 사포를 믿고 딸들을 맡겼다. 헤라와 아프로디테의 숭배모임 —레스보스에는 그런 소녀들의 모임이 여러 개 있었다

— 의 대표로서 사포는 여학생들에게 규칙을 잘 지키고 품행을 바르게 하며 향연에서는 다른 사람의 관심을 끌도록 행동하라고 가르쳤다.

소녀들은 이 학교에서 미래에 갖춰야 할 여성의 역할을 배웠다. 그녀들은 현악기 연주와 노래, 귀족의 품행을 배웠다. 이러한 사포의 소녀 교육은 소년들의 교육에도 도움이 되었다. 그리스의 소년들과 마찬가지로 소녀들 또한 스승과 성적인 관계를 맺었다. 사포가 살던 시절에는 이런 일들이 추잡한 일이 아니었다. 따라서 소녀가 결혼으로 사포의 곁을 떠나게 되었을 때 이별의 고통은 아주 컸다. 오늘날까지 여성끼리의 동성애를 'sapphisch'(레즈비언의)이라고 표현한다. 그렇다고 사포가 남성에게 적대적인 것은 아니었다. 그녀의 시 중에서는 남자에게 바치는 시도 있고 수많은 결혼식 축가도 있다.

사포는 리라를 연주하며 찬가를 낭송했다. 오늘날의 서정시는 여기서 유래되었다. 사포는 에로스를 떡갈나무가 쓰러질 정도의 폭풍우와 달콤씁쓸하고 뿌리칠 수 없는 뱀에 비유했다. "사지가 분리되는 듯하고 달콤씁쓸한 에로스는 대적할 수 없는 괴물에게 나를 내몰았다." 그녀는 열정적인 사랑을 이렇게 표현했다. "나는 너를 스치듯이 보고 갑자기 말을 멈추었네, 점점 더 혀는 굳어지고. 내 피부 아래에 여린 불꽃이 흘러나오고… 땀이 줄줄 흘러내리고 머리부터 발끝까지 전율하며 풀보다 더 파래졌다네."

독일의 철학자 프리드리히 키틀러Friedlich Kittler는 사포와 그리스인의 개방성을 성에 대한 문제로 보았다. 사포가 여성이나 소녀를 동경한 것은 분명하지만 이것이 그리스인이나 사포를 과장해서 말할 수 있는 근거가 될 수는 없다. 어떤 그리스인도 사포를 '창녀'나 '동성연애자'로 부르지 않는다. 이는 몇몇 로마인들이 기독교도에 관해 침묵한 것과 같다. 그리스에서는 아무도 다른 사람의 성적 취향에 대해 관심을 갖지 않는다.

전쟁보다는 사랑에 대해 고민하라

유감스럽게도 사포의 작품으로는 〈아프로디테에게 바치는 송가Ode an Aphrodite〉만이 전해진다. 기독교 정통파의 목사들이 그녀의 작품을 부도덕하다는 이유로 파기했기 때문이다. 로마 황제 아우구스투스의 궁정에서 영향력 있는 학자들이 그녀의 시구를 낭독하지 않았다면 〈아프로디테에게 바치는 송가〉 또한 잊혀졌을 것이다. 이 시는 아름다운 여인이 여류시인을 떠나는 것을 표현하고 있다. 시인은 사랑하는 여인을 되찾기 위해 그녀를 도와줄 수 있는 육체적 사랑의 신 아프로디테를 필사적으로 부른다. 자존심이 세고 까다로운 사포가 여신에게 화를 내는 장면은 눈에 띈다. "아프로디테… 당신을 부릅니다, 고통과 분노로 참을 수 없어요, 나의 주인이여, 나의 마음이여, 아니에요, 이리 오세요!"

이 시구를 읽고 사람들은 대부분 그녀가 여신을 부른다고 느낄 것이다. 시의 7연에는 어떻게 여신이 마차를 타고 갑자기 사포에게 가는지를 표현하고 있다. "아름답고 빠른 참새들이(다산성의 상징인 참새) 당신을 끌어내리네, 붕붕거리며 하늘을 가로질러 검은 땅위로 날고 있네." 아프로디테는 '영원한 얼굴'로 웃으며 사포가 무엇을 참고 있는지 묻는다.

"오 사포, 누가 너를 거절하느냐? 오늘은 그녀가 잠시 가지만 곧 너를 따를 것이다. 그녀는 너의 선물을 싫어하지만 곧 그녀 스스로 너에게 선물을 주리라. 그녀가 오늘은 애정이 없지만 그녀가 원하지 않더라도 곧 너를 사랑하게 되리라." 아프로디테는, 사랑은 이미 사포에게 향해 있다고 말했다.

결혼 적령기에 있는 젊은 여자들이 찬가를 부르고 원을 만들어 춤을 추던 소위 칼리스테이아 축제는 여학생들에게는 특별한 기회였다. 이 축제에서 아름다움과 매력을 보여주었고 사포는 스승이자 조언자로서 도움을 주었다. 사포는 소녀의 빛나는 얼굴, 윤기 있는 머리카락, 날씬한 발목, 아름다운 몸매, 민첩한 걸음걸이, 달콤한 목소리, 가벼운 발걸음 등을 평가해주었다. 또한 의상도 아주 중요시했다. "사람들을 놀라게 할 작은 윗옷을 가져와라."

고대 비문에는 "레스보스의 소녀들은 자신의 명예를 위해 춤출 수 있는 여신 헤라의 작은 숲으로 가야 한다"라고 쓰여 있다. 사포는 소녀들이 칠현금을 연주하도록 했다. 레스보스에서는 올림피아제 경기에서의 남성의 이상형을 여성적인 것으로 옮겨놓았다. 사포는 전쟁이나 운동 경기가 아닌 매력, 아름다움 그리고 사랑을 찬미했다.

빛나는 화려함과 축제의 환희는 사포의 노래가 갖는 특징이다. 그녀가 쓴 시의 비밀은 고대 그리스 문화연구자 볼프강 샤데발트 Wolfgang Schadewaldt에 의해 발견되었다. 그녀의 서정시는 일상적인 것들에 대한 매력을 노래한다. "아주 단순한 사건들, 이별, 달밤 바닷가를 바라보는 보편적인 시선이 말로 형언할 수 없는 상황으로 변했다." 사포에게 매력과 화려함은 대상 자체에 포함되어 있다. 그녀의 시에서 장미, 꽃, 춤, 향기, 신의 음료, 금, 태양은 그 자체가 훌륭한 분위기를 자아낸다. 사포의 시를 읽는 사람은 님프의 정원과 마법으로 만들어진 존재가 가득한 그리스 섬으로 떠나게 될 것이다.

위대한 시인들은 사포의 시구에 표현되어 있는 특별한 감성과 우아함을 칭찬했다. 사포의 시는 어느 것도 절망으로 끝나지 않고 마지막엔 위로를 준다. 우리는 인생에 패배와 최악의 상태가 있다는 사실을 기억하고 있다. 인간은 신과 비교해 불리한 상황에 있다. 인간은 죽는다! 인간은 슬퍼하고, 고난을 납득하지 못하며, 삶의 의미를 설명하지 못한다. 왜 살고, 왜 죽는가?

그러나 사포는 실존하는 고난보다는 그녀가 가르치던 여학생이 떠나는 고통을 더 슬퍼했다. "…진심으로 나는 죽으려 했다.

떠날 때 그녀는 흐느껴 울며 '아, 이 얼마나 끔찍한가, 사포여, 마지못해 나는 당신을 떠납니다'라고 나에게 말했다." 유명한 〈아나크토리아 노래Arignotalied〉처럼 이제는 서로 생각으로 연결되어 있는 것만이 위로가 된다.

이 작품에서 사포는 사랑하는 제자 아티스Atthis와 결혼해 바다 건너로 간 옛 제자 아나크토리아를 생각했다. 달밤에 사포는 멀리 떨어져 있는 아나크토리아가 아티스를 생각하고 있을 것이라고 추측했다.

이슬이 많이 내렸구나.
장미꽃은 피고,
싱싱한 풀과 달콤한 향기의 토끼풀도 무성하네.

이리저리
헤매면서 당신만을 생각하네,
아름다운 아티스를.
그녀의 마음은 당신을 그리워하네.
원망이 그녀의 심장을 파고드네.

이 시를 읽는 자는 여름밤 지중해에 있는 기분이 들 것이다. 달빛 속에서 아나크토리아는 이리저리 헤매고 달은 자연을 환하게 비춘다. 은색 달빛이 넓은 바다와 수려한 경치, 꽃, 향기, 달콤한 토끼풀을 비추지만 이 모든 것들은 버림받은 애인의 마음을 달래주지 못한다. 우리는 파도소리를 들을 수 있을 것이라고 생각한다. 하지만 그녀의 외침이 바다 건너까지 들릴까? 사포는, 아나크토리아는 그녀의 옛 친구 아티스를 생각할 것이라고 믿는다. 떨어져 있는 존재가 공간적 장애물을 극복할 수 있는 정신적인 힘인 것이다.

사포는 은유를 사용하지 않았다. 우회적으로 표현하지 않고 사물 자체를 언어로 표현했다. 이는 우리를 매혹시키는 아름다운 음악과 같다. 세상은 고유의 빛을 가지고 있다. 여류시인 마리에 루이제 카슈니츠Marie Luise Kaschnitz는 사포의 서정시를 이렇게 표현했다. "그녀의 시를 읽으면 그 당시와 같이 우리에게는 섬, 몰약, 금이 필요하다."

사포의 삶과 죽음에 대해서는 잘 알려져 있지 않지만 기원전 570년 경 상사병으로 에레소스의 절벽에서 떨어져 죽었다.

당신을 에워싸고 있는 것이 무엇인지, 사랑이 무엇인지를 고민하라. 다른 사람이나 다른 나라를 정복하는 것에 대해 생각하지 말고 가장 먼저 내 자신과 내 삶, 이를 개선할 수 있는 방법에 대해 고민해라. 요제프 폰 아이헨도르프Joseph von Eichendorff는 다음과 같은 시를 지었다. "다른 것보다 먼저 한 마리 노루를 사랑한다면 홀로 방목하지 마라." 이는 당신에게 사랑하는 것이 무엇인지 고민하라는 의미를 내포하고 있다.

  확실한 것이 아무것도 없다면 우리는 사람을 사랑하는 우리의 삶을 고민해야 한다. 사포는 첫째로 소녀들을 의식있는 여성으로 가르치고자 한 스승이었다. 특히 음악교육과 미적 교육 그리고 문화 교육을 강조했다. 그녀의 가르침은 전문지식을 중요시하는 우리의 교육 시스템에서는 무시되고 있다. 중요한 것은 사포가 일찍이 언어 표현에 있어서의 명백함과 친절함 그리고 예의와 같은 소위 간단한 문화적 소양에 많은 가치를 두고 가르쳤다는 점이다.

명 작 콘 서 트

03

〈안티고네〉
소포클레스

"이상한 것은 많지만 사람보다 더 이상한 것은 없다."

인간의 근원적 존재

　그리스인들은 극장 건설에 심혈을 기울였다. 극장은 시야가 확 트인 야외에 세워졌다. 관람석은 원형으로 산비탈에 지어졌고 원의 절반을 차지했다. '비극Tradegy'이란 말의 기원은 정확하지 않다. 대부분 'traodoi'에서 유래되었고, '산양의 노래'에서도 유래되었다(그리스어 tragos는 '산양'이라고 부른다). 비극은 주신(酒神) 디오니소스의 죽음과 부활을 찬미하는 디오니소스 축제에서 생겨났다. 종교극에서 합창단은 신의 고통을 노래했다. 이는 후에 인간의 고뇌로 바뀌었다. 2만~3만 명의 관객들은 매일 주인공을 죄로 옭아매고 신의 세계 질서로부터 부과된

소포클레스 Sophokles

운명을 참아야 하는 비극을 모방했다.

소포클레스(Sophokles, 기원전 497/496~406/405)의 유명한 〈안티고네*Antigone*〉도 같은 종류의 작품에서처럼 비극적인 운명을 감수한다. 그녀의 두 아들이자 오이디푸스의 아들인 에테오클레스Etookles와 폴리네이케스Polyneikes는 테베 외곽에서 싸우다 서로 상대방의 손에 죽고, 그 후 크레온Kreon이 새로운 왕이 된다. 그는 테베를 지키고자 했던 에테오클레스의 장례는 치르도록 했지만 테베에 반역한 폴리네이케스는 장례를 치르지 못하게 했다.

안티고네는 여동생 이스메네Ismene와 함께 죽은 오빠를 묻으려 했다. 그러나 이스메네는 너무 두려워 안티고네 혼자 장례를 치르게 했고, 황야에 누워 있는 시체를 모래로 덮었다. 크레온과의 논쟁에서 안티고네는 오빠의 장례를 치르도록 한 신의 법규를 알려주었다. "문서화되지는 않았지만 확고한 신의 명령을 뛰어넘을 정도로 당신의 명령은 중요하지 않습니다."

크레온은 국가의 적을 매장하지 말라고 명령했다. 안티고네는 그의 고집을 비난했다. "당신의 고집이 부끄럽지 않습니까?" 그녀는 벌로 지하감옥에 갇힌다. 예언자 테이레시아스Teiresias가 죽은 자의 신들이 벌할 것이라고 경고하자 크레온은 의혹에 사로잡힌다. 합창에서도 폴리네이케스의 장례를 치르고 안티고네를 풀어주라고 충고한다. "가서 젊은 여자를 감옥에서 풀어주고 매장되지 않은 자에게 무덤을 만들어주어라!"

그가 안티고네를 풀어주려고 했을 때는 이미 너무 늦었다. 그녀가 목을 매 죽은 것이다. 그 뒤 안티고네의 약혼자인 하이몬Haimon은 아버지 크레온을 죽이려 했고, 실패로 돌아가자 자신의 칼로 목숨을 끊는다. 크레온은 부인 에우리디케Eurydike를 단도로 찔러 죽이고, 결국 미치게 된다. "아무 길도 보이지 않는다. 나를 붙잡는 것은 아무것도 없다. 비틀거리는 것만을 나는 붙잡고 있다. 참을 수 없는 운명이 내게로 온다."

왜 그렇게 많은 두려움과 고통이 있을까? 그리스인들이 비극을 보는 이유는 무엇일까? 이 질문에 대해 니체는 〈비극의 탄생〉에서 그리스인들은 더 나은 삶을 살기 위해 스스로 극장에 가서 무서운 것을 본다고 답했다. 아마도 감옥에 갇힌 안티고네의 고통에 비하면 내 문제는 전혀 나쁘지 않다고 말할 수 있기 때문이다. 크레온의 운명은 다른 사람의 입장 또한 인정해야 한다고 가르친다. 고대 그리스인들은 무대 위의 불행을 보면서 아리스토텔레스가 카타르시스라고 이름 지은 신성한 전율을 느꼈다.

아리스토텔레스에 의하면 비극은 동정과 공포로 인한 흥분을 통해 관객을 정화시켜준다. 실제 삶에서 발생할 수 있는 참을 수 없는 상황이 무대에서 공연되면 긴장이 풀린다. 바꾸어 말하면 비극은 두려움과 슬픔으로 생긴 인간의 흥분을 자유롭게 분출할 수 있게 해준다.

한 계 상 황 에 서   인 간 은   어 떻 게   행 동 하 는 가

소포클레스는 기원전 497년 아테네의 콜로노스에서 부유한 부모의 아들로 태어났다. 해마다 열리는 디오니소스 축제의 연극시합에 처음 참가한 그는 비극작가의 대가 아이스퀼로스Aischylos를 이기고 우승했다. 이후 시합에 30번 참가해 18번 우승을 차지했다. 그밖에 소포클레스는 아테네에서 정치가로 —페리클레스Perikles

와 함께 지휘관으로 선출되었다— 고위 성직자 직을 맡기도 했다. 약 100여 개의 작품 가운데 7작품만이 보존되어 있다. 스승이었던 아이스퀼로스와는 달리 소포클레스는 인간의 잘못보다는 한계 상황에서 인간이 어떻게 행동하는가를 고민했다.

안티고네는 동요하지 않고 그녀의 길을 가는 것 이외에 아무것도 할 수 없었다. 안티고네는 현세의 크레온의 명령보다 '문서화되지 않은 신의 명령' —오빠의 장례식을 치르라는— 을 더 존중했다. 그녀는 자신의 가치관과 이상에 확고한 자신감이 있었기 때문에 크레온 앞에서 자신의 행동을 부정하지 않았다.

"이상한 것은 많고 사람보다 더 이상한 것은 없다"라는 인용문은 2막 합창곡에 나온다. 고대 그리스 합창은 극적인 사건을 암시하고 인간이 불손해지는 것을 막아주는 역할을 했다. 즉, 오만하고 불손한 인간이 익숙한 것(상투적인 것)에서 벗어날 것을 강요했다. 형용사 'deinos'는 '유능한', '무서운' 또는 '끔찍한'으로 번역할 수도 있고 '특별한'이라고 번역할 수도 있다. 인간은 위험을 무릅쓰고 황야와 바다로 가고, 동물들을 길들이며 총명함과 현명함으로 자연의 힘과 맞선다.

그러나 인간은 죽은 조카 폴리네이케스의 장례를 치러주어야 하는 도덕적 의무를 권력을 이용해 무시하는 크레온처럼 자만하는 경향이 있다. 철학자 헤겔의 "동등한 권리를 가진 두 가지 원칙"의 반대는 〈오이디푸스 왕〉에 이어 두 번째로 중요한 소포클레스 비극의 본질이다. "안티고네는 국가의 권리를 어겼고, 크레온은 가족의 권리를 어겼다."

인간은 많은 불행과 고난에 맞서 싸우고 있으며 문화와 예술에서 많은 것을 이루어내고 있다. 하지만 도덕과 윤리에 관해서는 아주 약하다. 즉, 인간을 "악으로 몰아넣었다가 금방 선으로 몰아넣는다." "이상한 것은 많고 사람보다 더 이상한 것은 없다"라는 인용문을 볼프 비어만Wolf Bierman은 오늘날의 현실에 맞게 표현했다. 그는 〈인간의 위대함〉이라는 시에서 말했다. "화산폭발, 해일 또는 나라를 파괴시키는 지진과 같은 자연재해와 비교할 때 인간의 파괴성이 그보다 훨씬 더 크다", "인간의 파괴력은 이 모든 것을 능가한다." 고대 합창에서조차 언어와 기술이 유익한지 또는 해가 되는지에 대한 답을 열어놓고 있는 반면 비어만은 히로시마와 나가사키의 원자폭탄 투하와 같은 20세기의 인간이 만든 힘의 위험을 명시했다.

기술적 지식과 함께 학자들의 책임 또한 증가하고 있다. 철학자 한스 요나스Hans Jonas는 1970년대 〈책임의 원칙〉에서 이에 대해 언급했다. 오늘날 프랑스 철학자 미셸 세르는 미래의 의사들이 의학 공부를 마친 후 하는 히포크라테스 선서를 다른 모든 학과에서도 해야 한다고 주장했다. 즉, 모든 대학 졸업생들은 배운 지식을 인류를 위해 사용해야 한다는 것이다. 이를 위해서는 안티고네라는 인물로 대표되는 강한 성격이 필요하다. 그녀의 위대함과 용기는 인간의 이상을 믿지 않는 세상에 본보기가 된다.

안티고네는 법률과 명령이 도덕적 특성과 인간의 요구에 일치하는지 생각한다. 〈안티고네〉가 자율성이라는 개념을 개인에게 적용한 유일한 고대 원문을 다루었다는 사실은 의미 있는 일이다. 안티고네는 권력자 크레온이 아닌 인간적 존재의 상위 법률을 따랐기 때문에 스스로 죽음을 택했다.

명작콘서트

04

〈피티아 송가 제8곡〉

핀다로스

"하루 존재… 인간은 그림자의 꿈!
그러나 신이 주신 광채는 사람들을 비추는 빛이며
삶을 속죄하게 한다."

신과 인간의 결합

그리스 시인 핀다로스(Pindar, 기원전 518~438)의 시는 올림피아제 경기와 피티아Pythian 경기에서 승리한 수상자의 명예를 주제로 삼고 있다. 피티아 경기는 4년에 한 번 델포이에서 아폴로 신의 명예를 위해 개최되는 음악회와 운동 경기였다. 5세기 초 로마 황제 테오도시우스 2세Theodosius II의 명령으로 폐지된 고대 올림피아제 경기는 여러 면에서 오늘날의 스포츠와 유사하다. 또한 당시에는 경쟁, 특별한 업적의 과시, 오락, 거래 등이 주요 관심사였다. 심지어 일종의 흥분제도 있었다. 단

거리 경주자들은 더 빨리 달리기 위해 영양을 먹었고 격투사들은 상대편을 쓰러뜨리기 위해 많은 양의 황소를 먹었다.

고대 그리스에서 이 경기에서의 승리는 인간에게 부여될 수 있는 최고의 것이었다. 승리자는 선물로 고향 도시를 받았다. 그러나 2인자에게는 "증오스러운 귀향, 불명예스러운 험담 그리고 눈에 띄지 않는 길이 예견되었다."(핀다로스)

고대 그리스에서는 항상 모든 사건의 뒤에 제의가 있다. 핀다로스에게 인간의 행위를 신의 행위와 비교할 수 있는 것은 중요했다. 핀다로스는 인간은 죽지 않는 신과 달리 병과 죽음으로 고통받는 '하루 존재'라고 표현했다. 그러나 인간은 잠깐 동안 —그가 명예와 승리를 얻었다면— 신의 빛을 경험할 수 있다. 승리자가 되면 인간은 높은 위치에 오르고, 거의 반신(半神)이 된다. "신이 주신 광채는 사람들을 빛나게 하는 빛이며 삶을 속죄한다." 존재 자체는 명예 안에서 빛나고, 이는 신과 인간을 결합해준다. 핀다로스는 특히 아폴로 신에게 시인으로서 의무감을 느꼈다.

기원전 497년에 핀다로스는 고대 그리스에서 가장 큰 시인 경연대회인 디오니소스 찬가대회에서 승리했다. 6세기 이후로 그리스에서는 문학이 직업화되었다. 신의 축제나 제의 행사 그리고 올림피아제 경기와 같은 공식 행사에는 시가 노래로 낭독될 수 있는 기회가 많이 주어졌다. 예를 들어 디오니소스 찬가대회에서는 합창단이나 50명에 이르는 가수들이 플루트 반주에 맞춰 다양한 손짓을 하며 노래를 불렀다. 이는 후에 노래melos와 말logos로 분리되었다.

핀다로스는 전설에 휩싸인 테베의 귀족 가문 출신이었다. 테베는 여신 세멜레Semele가 도취의 신 디오니소스를 낳았고 오이디푸스 왕이 지배했던 곳이기도 하다. 전설에 의하면 핀다로스는 꿀로 인해 시인이 되었다. 잠자는 아이의 입술에 꿀이 떨어졌고 그 아이는 후에 "꿀처럼 달콤한 이야기와 시"를 지을 수 있었다. 핀다로스의 가족은 그가 테베와 계속 싸우고 있는 민주적인 아테네에 가는 것을 허락했다.

그곳에서 그는 시인 수업을 받았다. 시문학은 배울 수 있는 것이 아니라 신에게 부여받은 재능이라고 믿었다. "시를 짓는 것은 누군가에게 풍부한 능력의 피를 주는 것이다." 여러 면에서 핀다로스는 거만해 보인다. 그는 신으로부터 주도권을 부여받은 귀족 정치주의자로 유명했다. 신으로부터 물려받은 '피'는 귀족이 누릴 수 있는 특권으로 그리스인들 앞에서 정당화되었다.

높은 가문의 사람들은 의무적으로 자기자신을 표현해야 했다. 고대의 상류계급에서는 삶을 하나의 양식이나 형태로 만들고자 했다. 귀족은 존경 받는 것을 중요하게 여겼다. 특히 스포츠를 통해 체력이 좋고 매력적이라는 평가를 받고 싶어 했다. 에게해 주변에서 행해진 마차경기, 경마 그리고 보트 경기는 능력과 소유물을 제대로 평가할 수 있게 했다. 송가와 찬가로 영웅적 행위를 기리는 것이 표현의 의무에 속했다. 이로 인해 시인들은 많은 돈을 벌었다. 물론 높은 가문 출신의 핀다로스는 돈을 버는 것에는 관심이 없었다. 그는 송가에서 운동선수의 승리를 찬미했다.

"두 번째 피티아 송가에 등장해라"는 유명한 핀다로스 작품 속 구절이다. 이는 모든 사람들이 자신의 능력을 펼쳐보여야 한다는 뜻이 아니라 가문과 교육에 부합하는 능력을 보여줄 것을 요구한다. 그는 찬가에서 자신도 속해 있는 귀족 계층은 오랜 관습을 충실히 유지해야 한다고 주장한다. 또한 승리자에게 교만하지 말고 행운은 조정할 수 있으며 언제라도 인간에게서 그 행운을 다시 빼앗을 수 있는 존재는 오직 신이라는 것을 알아야 한다고 말했다. 바보만이 성공했을 때 자신의 총명함을 칭찬한다. 성공은 "오직 신만이 줄 수 있고, 들어올릴 수도 끌어내릴 수도 있기 때문이다."(핀다로스)

> 종종 침묵하는 것이 인간에게 현명하다

핀다로스의 생애는 정확하게 전해지지 않는다. 그는 페르시아 전쟁에서 테베가 중립을 지켜야 한다고 주장했다. 그러나 테베는 페르시아 편에서 아테네와 맞서 싸웠다. 핀다로스는 페르시아 편도 아테네의 민주주의 편도 아니었다. 그는 이런 분열에서 벗어나기 위해 테베를 떠나 한동안 아이기나에 있는 친구 집으로 몸을 피했다. 그리스가 살라미스와 플라타이아이 전투에서 페르시아를 무찔렀을 때 테베는 귀족정치주의자들의 자발적인 지원으로 그리스의 공격을 막을 수 있다고 위협했다.

아마도 이때 핀다로스는 윤회에 대한 오르페우스-피타고라스의 직관을 알게 된 시칠리아에서 머물렀을 것이다. 환생하고자 하는 수많은 영혼들은 내세에 있는 신들의 왕국으로 되돌아갈 수 있다는 희망을 가지고 있다. 현세의 삶에 대해 핀다로스는 오히려 비관적이었다. 다행히도 그에게는 인생에 대한 전체적인 계획이 없었다.

"오래 수고하지 않고 큰 것을 얻은 자는 경솔한 자들 가운데에서 올바르게 자신의 삶을 준비하는 현자일 것이다. 그러나 이는 인간이 할 수 있는 일이 아니다. 신이 베풀어준 것이다. 한 사람을 위로 던지면 그는 다른 사람을 불쌍한 사람들 가운데로 떨어지게 한다."

핀다로스는 오랜 신화를 작품의 소재로 썼다. 그는 신화에 등장하는 신과 신의 특성을 자유롭게 변경했다. 따라서 그는 신들 사이의 싸움이나 특히 신들의 끔찍한 행위에 대해 말하지 않았다. 호메로스의 작품에 나오는 많은 죄와 인간적인 특성들은 핀다로스에게는 혐오의 대상이었다. 제우스가 아름다운 알크메네의 집에서 남편 암피트리온으로 변장하고 함께 밤을 보내는 장면이나 황소의 모습으로 왕의 딸 에우로페에게 접근하는 장면을 예로 들 수 있다. 핀다로스는 그러한 신들의 어리석은 행동에 대해 시인들이 차라리 침묵을 지켜야 한다고 생각했다. "당신의 얼굴을 볼 수 있는 확실한 진실은 많지 않다. 그리고 종종 침묵하는 것이 인간을 위해 가장 현명한 일이 될 수 있다."

호메로스와 달리 핀다로스는 영웅 오디세우스에 대해 특히 혐오감을 가진 듯하다. 아마도 그가 꾀가 너무 많고 대담하지 않기 때문일 것이다. 보수적인 핀다로스는 고대 귀족윤리를 열광적으로 옹호했다. 그에게는 부, 아름다움, 건강 그리고 특히 명예가 최고의 재산이었다. 핀다로스는 항상 가수는 행동을 크게 해야 한다고 강조했다. 그렇지 않으면 영광이 빨리 잊혀지기 때문이다. 사포의 시에서 주제로 삼고 있는 사랑과 우정은 핀다로스 시의 주제가 될 수 없었다.

현명한 시인은 사물을 올바르게 해석한다

핀다로스는 그리스 시인들 중 가장 위대한 시인이었다. 그의 문체는 어둡고 어려웠지만 명성은 그리스인들 사이에 빠르게 퍼져 나갔다. 그의 시에는 —승리자를 찬미하고 승리의 기쁨을 표현하는 것 이외에— 핵심이 없다. 핀다로스는 시를 신의 영감을 담는 그릇이나 전달자로 보았다. 즉, 현명한 시인은 사물을 올바로 해석한다는 것이다. "시인은 머물러 있는 것을 실현시킨다"라고 핀다로스의 숭배자 프리드리히 횔덜린Friedrich Hoelderlin은 말했다. 시인만이 무엇이 중요한지 알 수 있는 감각을 갖고 있다. 세계 질서는 영원하기 때문에 시인을 필요로 하지 않는다. 하지만 가수들의 찬미하는 손짓은 세계의 모든 것의 감각을 통찰할 수 없는 많은 이들에게 중요한 암시가 된다.

핀다로스는 세계 질서의 명철함을 알지 못하는 사람들에게 이를 전달해주는 역할을 했다. 영웅은 사라지지만 그를 찬미하는 노래와 예술 작품은 영원히 남아 그를 기억하게 해준다. 프리드리히 키틀러Friedrich Kittler는 훌륭한 시인과 철학자들을 '영원한 존재'라고 불렀다. 작가의 임무는 상반되고 저항하는 세부적인 것들을 어떻게 세계가 아름답게 조화를 이루게 하는지 보여주는 것이다. 핀다로스는 "뮤즈는 금과 상아를 서로 붙인다"라고 말했다. 그는 종종 그의 시를 "엮어 짠 화환"이라고 했다(부르노 슈넬).

'모두가 참여한다'라는 올림피아제 경기의 모토는 핀다로스에게 중요하지 않았다. 그에게는 누가 경기에서 월계관을 받았는지가 중요했다. 승리자의 찬미도 가치가 있지만 영웅노래로 인해 영웅을 모두 존경함으로써 공동체의 정체성이 수립될 때 정치적으로도 중요한 의미를 가졌다. 올림피아, 델피, 네메아, 코린트에서 행해진 축제공연은 그리스인들을 동일시할 수 있는 행사였다. 시인은 송가를 통해 정치적으로 결합시킬 수도 있고 신과 연결시킬 수도 있는 일종의 예언자라고 할 수 있다.

핀다로스의 송가에는 승리를 찬미할 뿐만 아니라 대결자의 슬픈 귀향도 이야기하고 있다. 승리자의 기쁨은 패배자의 눈물과 대립하고 있다는 사실은 잘 인식하지 못한다. 후자에 대해 핀다로스는 이렇게 썼다. "그들이 어머니 품으로 돌아왔을 때, 주변에는 웃음이 없었고, 골목길을 따라 적을 피해 몸을 구부리고, 불행에 괴로워했다."

파블로 피카소는 시합에서 진 패배자의 쓰라린 경험을 세 번째 핀다로스 삽화를 통해 보여주었다. 이 그림에는 한 경기 참가자가 경기에 지고 난 후 우울한 기분으로 세상 앞에 숨어 있는 모습이 표현되어 있다. 네 번째 그림은 찬란한 승리자를 보여준다. 원래 모습과는 달리 희망과 자신감이 넘쳐 모든 것을 집어 삼킬 듯한 모습이다. 이는 핀다로스의 〈피티아 송가 제8곡 *Achte Pythische Ode*〉에 표현되어 있다. "신선한 젊음을 가진 그는 아주 화려하게 핀 꽃처럼, 남자다운 대담함의 날개를 타고 희망에 가득 차 훌쩍 뛰어오른다."

핀다로스가 표현한 하루 존재 인간을 피카소는, 패배를 이기고 다시 ―성공과 명예를 꿈꾸며― 새로운 세계를 만들어내는 재빨리 스쳐가는 그림자라고 표현했다. 헤밍웨이는 "결코 자신감을 잃지 않는다, 이것이 내 성공의 비밀이다"라는 아름다운 말을 남겼다.

오늘날의 명예는 무엇을 의미할까? 이에 대해 1983년 〈르몽드〉는 설문조사를 실시했다. 10명의 작가에게 다음과 같이 질문을 했다. "동시대의 작가들의 명예는 무엇이라고 생각하는가?" 여러 가지 대답이 나올 수 없었을 것이다. 모리스 블랑쇼(Maurice Blanchot, 1907~)는 진실한 작가는 암흑 속에서 작업하고 세상의 빛을 오히려 꺼린다고 말했다. 미셸 세르(Micel Serres, 1930~)는 명예를 "최악의 페스트"라고 대답했다. "말 그대로다. 명예는 전염병처럼 빠르게 퍼져 많은 시체를 남긴다… 명예는 그와 관계되지 않은 것을 죽이고, 뜻에 따르지 않는 것을 죽인다… 명예로운 남성들은 항상 민족과 온유한 자들을 죽이고 노예로 만들었다. 명예는 잔인하고 다치게 하며 병들게 한다."

미국의 팝아트 예술가 앤디 워홀은 이렇게 말했다. "미래에 모든 사람들은 15분 만에 유명해질 것이다." 이는 유명한 인물을 암살한 암살범이나 잔인한 살인을 저지르는 미치광이들의 끔찍한 행동을 통해 입증되고 있다.

명 작 콘 서 트

05

〈아이네이스〉

베르길리우스

"사랑하는 아버지!
자, 어서 내 목덜미에 타십시오!"

죽음의 고통

한쪽 다리가 불구가 된 아버지 안키세스Anchises를 등에 업고 한 손으로는 아들을 잡고 트로이에서 달아나는 아이네아스Aeneas의 그림은 전설적이고 상징적인 의미로 수많은 예술가들에게 자극이 되었다. 지안 로렌조 베르니니Gian Lorenzo Bernini는 이를 소재로 유명한 조각품을 만들었고, 라파엘의 〈아이네아스는 그의 아버지 안키세스를 구하고 아들 아스카니우스와 동행한다〉라는 벽화는 로마의 바티칸 궁전을 장식하고 있다.

베르길리우스(Vergil, 기원전 70~19년)는 3가지 이유에서 그 장면에 매료되었다. 첫째, 로마문화를 비롯해 다른 모든 문화에서 세대

베르길리우스 Vergil

관계가 얼마나 중요한지를 알려주었기 때문이다. 둘째, 개혁사상 때문이다. 베르길리우스는 새로운 삶을 시작할 수 있도록 가족을 피난시켰다. 셋째, 그는 신을 잊지 않았다. 왜냐하면 그가 도망갈 때 가정의 수호신 페나텐Penaten을 모시는 함을 갖고 떠났기 때문이다. 이전에는 안키세스가 아들을 염려했지만 지금은 아이네아스가 약한 아버지를 돕고 전통을 이어갈 차례이다. 지구상의 모든 문화에는 부모와 노인에 대한 존경을 중요시한다. 그러나 현대사회는 이런 기본 원칙을 잊고 산다.

베르길리우스의 〈아이네이스Aeneis〉는 로마제국의 생성에 관한 신화를 묘사하고 있다. 아이네아스는 트로이에서 가장 용감한 영웅 헥토르Hektor와 어깨를 나란히 한 인물이다. 트로이가 불타고 있을 때 그는 신의 지시에 따라 배를 타고 바다로 도망쳤다. 트로이를 빠져나올 때 아이네아스는 아내 크레우사Kreusa를 잃어버린다. 그녀를 찾으려 다시 불타는 도시로 갔지만 찾을 수 없었다. 아이네아스의 배는 20척에 달했지만 트로이를 떠나면서 어디로 가야할지 몰랐다.

크레타에서 페나텐은 아이네아스에게 그의 목적지는 새로운 세계적 제국의 시조가 될 이탈리아라고 알려주었다. 그는 오디세우스와 비슷한 모험을 한 후 부하들과 함께 아버지 안키세스가 노환으로 죽은 시칠리아에 도착한다. 아이네아스 일행이 이탈리아로 떠난 후 트로이아인들은 튀니지로 돌격하고, 카르타고의 여왕 디도는 이들을 받아들인다. 그녀에게 극진한 대접을 받으면서 아이네아스는 트로이의 몰락과 바다에서의 모험 그리고 이탈리아에 새로운 제국을 세워야 하는 임무를 이야기한다.

그리스인들에게 호메로스의 〈일리아스〉와 〈오디세이아〉가 중요한 가치가 있는 것처럼 로마인들에게는 베르길리우스의 서사시가 중요하다. 아이네아스의 방황은 베르길리우스가 로마 이야기를 준비할 수 있는 기초를 만들어준다. 현재, 미래, 과거는 서로 밀접하게 연관되어 있다. 〈아이네이스〉의 줄거리는 기원전 12세기 이야기이고 베르길리우스는 기원전 1세기에 살았다. 이 모든 기간이 그의 서사시에 펼쳐져 있고 항상 미래에 대한 비난이 들어가 있다. 아이네아스의 임무는 아우구스투스가 지배하는 로마제국의 문화가 절정에 이를 때까지 그리스 문명의 횃불이 로마로 계속 퍼져나가게 하는 것이었다. 베르길리우스에게 아우구스투스 제국은 일종의 종말이었고 황금시대의 시작이었다. 이때 그는 로마제국의 가장 중요한 임무는 민중들에게 문명과 평화를 가져다주는 것이라고 생각했다.

그리스 문명의 횃불이 로마로 퍼져나가게 하라

베르길리우스는 기원전 70년 로마 내전이 있던 시기에 이탈리아 만투아 근교의 안데스에서 부유한 부모의 아들로 태어났다. 그의 아버지는 연설가 교육을 위해 ―그 당시 높은 경력을 가지기 위해 변호사가 되려 했다― 그를 우선 밀라노로 보내고 그 다음 로마로 보냈다. 로마에서 베르길리우스는 그리스 사상가 에피쿠로스Epikur의 철학에 몰두했고 유명한 시집 〈목가집〉을 썼다. 이는 '목가시'라고도 불렸는데 이 시집에서 그는 '아르카디엔'이라는 특유의 시적인 세계를 만들었다. 아르카디엔은 원래 펠로폰네소스 반도에 있는 산악지대로, 목동과 사냥꾼의 땅이자 목양신의 고향이다. 베르길리우스의 작품 이후로 아르카디엔은 진정한 사랑과 우정, 평화가 있는 전원시와 동의어가 되었다. 그의 작품에서 베르길리우스는 무엇보다 평화와 단순한 농촌생활을 찬미했다.

그러나 베르길리우스는 그렇게 조용한 시간을 보내지 못했다. 내전으로 군인들이 무질서하게 토지를 분배하면서 아버지의 영지를 잃고 나폴리에 있는 농지에 갈 수 있게 해달라고 간청해야 했다. 후에 마에케나스(이 이름에서 '예술 문화에 대한 보호'를 의미하는 '메세나'가 유래되었다)는 베르길리우스의 가장 큰 후원자가 되었다. 베르길리우스는 시골생활을 칭찬하고 이탈리아를 시골로 묘사한 〈농경시〉를 쓰라는 임무를 받았다.

농경시에서 그는 농사일은 "근심으로 인해 인간의 영혼을" 날카로워지게 한다고 서술했다. 아우구스투스 황제에게 4일 동안 낭독해줘야 했던 이 작품 후에 베르길리우스는 황제의 행위를 찬양하는 시를 쓰라는 임무를 받는다. 그러나 〈아이네이스〉는 로마황제가 원했던 것과는 다른 작품이었다.

〈아이네이스〉에서 가장 사랑받는 4권은 카르타고 여왕의 사랑을 다루고 있다. 아이네아스는 디도Digo와 사랑에 빠졌고 그녀 옆에서 미래의 궁전을 짓는 데 도움을 주고 싶었다. 이때 신의 사자 메르쿠어Merkur가 주피터의 명령으로 아이네아스에게 말한다. "거기에서 고귀한 카르타고를 위한 기초를 만들고 있구나, 여자에게 매어 아름다운 도시를 만들고 있구나. 아! 너의 왕국과 계획은 잊었는가!… 무엇을 생각하는가? 이런 게으름으로 무엇을 약속할 수 있는가?" 메르쿠어와 주피터로 인해 아이네아스는 본래의 임무를 기억해내고 다시 여행을 떠난다.

그는 디도에게 말하지 않고 조용히 카르타고를 떠나려 한다. 무언가를 예감한 디도는 그에게 변명을 요구한다. "신의 없는 사람, 당신은 이렇게 터무니없는 일을 해놓고 조용히 내 나라에서 빠져나가려 하는가? 우리의 사랑이 당신을 잡을 수 없단 말인가?… 디도가 끔찍하게 죽어도 떠날 것인가?… 그렇게 서둘러 북쪽 폭풍우를 지나 바다 한가운데로 나갈 것인가?"

그러나 아무 소용이 없었다. 아이네아스는 자신의 결정을 따라야 했다. 아이네아스가 떠나고 얼마 지나지 않아 카르타고 여왕은 스스로 목숨을 끊는다. 1년 전 안키세스를 매장한 시칠리아에서 아이네아스는 계속되는 반격을 이겨내야 했다. 트로이의 여성들은 그에게 복종하지 않고 배에 불을 지른다. 그러나 결국 아이네아스는 임무를 달성하기 위해 후에 로마가 생겨날 지역에 도달한다. 트로이인들이 티베르강 하구에 도착했을 때 투르누스Turnus가 지배하는 이탈리아민족연합이 그들을 쫓아내기 위해 기다리고 있었다. 격렬한 전투에서 아이네아스는 투르누스를 죽이고 공주 라비니아Lavinia를 얻고 라티움 부족을 통일시킨다.

〈아이네이스〉에는 위대한 로마의 명예를 위한 서사시보다 아우구스투스에 대한 찬가가 더 적게 등장한다. 물론 권력투쟁의 희생자에 대한 동정심은 표현되어 있다. 아이네아스가 서사시의 끝에 부상을 입고, 살려달라고 간청하는 투르누스를 무자비하게 죽이는 잔인한 주인공이긴 하지만 이 시를 읽고 이해하는 자는 베르길리우스가 말하는 메시지를 발견할 수 있다. 그는 로마는 세워졌지만 많은 손실을 남겼다는 말을 하고 싶었을 것이다.

등에는 아버지를, 손으로는 아들을 잡고 있는 3대 장면은 피에타 자세의 상징이 되었고, 이는 경건함이 아닌 의무감이라고 할 수 있다.

〈아이네이스〉에는 역사적 임무에 대한 희생자의 권력뿐만 아니라 슬픔과 공감이 있다. 미래의 로마는 —베르길리우스에 의하면— 권력, 자부심, 책임의식 그리고 인간의 정과 같은 여러 원칙에 의해 세워졌다. 후자는 특히 6권에서 아이네아스가 저승에서 약혼자 디도를 다시 만났을 때 보여지고 있다.

그가 디도를 진심으로 사랑했다는 것은 분명하다. 그는 눈물을 흘리며 열렬히 사랑한 그녀의 이해를 구했다. "불행한 디도, 당신이 죽었고 스스로 너의 생을 마감했다는 보고가 진실이었구나. 아! 나는 너를 죽게 했다!" 아이네아스는 디도의 죽음에 대한 책임을 인정했지만 그녀를 떠난 것은 자신의 의지가 아니었다고 맹세했다. 상처 입은 디도는 마음이 풀리지 않고 대리석 기둥으로 굳어진다. 그리고 나서 그녀는 아이네아스를 피해 전 남편 쉬카이오스Sychaeus가 기다리는 작은 숲으로 사라진다. 아이네아스는 눈물을 흘리며 그녀를 호위하고 진심으로 디도와 화해하고 싶어 한다. 그러나 운명은 달랐다. 그 장면은 미래 로마와 카르타고의 전쟁을 보여주고 두 민족 간의 화해가 실패로 돌아가는 것을 표현한다.

이 장면을 오디세우스가 저승을 방문하는 장면과 비교해보면 호메로스와 베르길리우스의 뚜렷한 차이점을 볼 수 있다. 오디세우스도 저승을 방문하지만 아이아스와 아킬과의 만남은 극적이지도 않고 정신적인 깊이도 없었다. 호메로스의 오디세우스는 순수한 호기심으로 저승을 방문한 것처럼 보인다. 반면 베르길리우스의 아이네아스는 진심으로 그의 잘못을 만회하기 위해 저승에 간다. 영국의 추기경 헨리 뉴먼Henry Newman에 따르면 베르길리우스의 시는 '고통과 우울함을 그러나 더 나은 날에 대한 희망'을 표현하고 있다.

고대 어문학자 프리드리히 클링그너Friedrich Klingner는 베르길리우스를 "시인들 가운데 위대한 애인"이라고 불렀다. 베르길리우스에게는 존경받는 것보다 존경하는 것이 더 중요하다. 아이네아스가 아버지 안키세스를 존경하고 디도를 사랑하는 것을 끝내지 않는 것처럼 말이다. "당신을 사랑하도록 나에게 허락하는 것으로 충분하다. 이루어진 사랑, 이것은 어디에서 나에게 올까?" 저승 여행이 끝날 무렵 아이네아스는 죽은 아버지를 만난다. 아버지는 아들을 보고 눈물을 흘리며 말한다. "결국 왔구나, 사랑하는 내 아들, 힘든 길을 이겨냈구나. 너의 얼굴을 볼 수 있게 허락되었다." 아이네아스가 대답한다. "당신의 슬픈 그림자, 아버지, 나에게 다시 나타나서 나를 부르는군요."

오늘날 세대 간의 관계는 어떤가? 프랑스 철학자 베르나르 스티글레르Bernard Stiegler는 미디어에 교육을 맡기는 일이 증가하면 위험하다고 지적한다. 그의 의견에 따르면 성인이 실제로 자녀 교육을 돌보고, 전통에 대해 이야기해주고 함께 시간을 보내면 올바른 사회가 될 수 있다. 교육이 미디어로 대체되면 부모와 자녀의 관계는 완전히 바뀐다. 미디어로 인해 성인은 어린애처럼 되고 청소년들은 어른처럼 행동하는 치명적인 결과를 낳는다.

오늘날 세대 간에 거래가 발생하는 것은 스티글레르가 언급한 말을 확실하게 보여주는 예이다. 프랑스 TV 방송국 Canal J는 공격적 캠페인을 통해 젊은이들의 관심을 얻고자 했다. 2개의 벽보에는 한 아이 옆에 할아버지와 아버지가 있다. 그 밑에는 "아이들은 '이들보다 더 잘 벌 수 있다.' 그들보다 더 낫다"라고 쓰여 있다. 이로 인해 아버지와 할아버지들은 웃음거리가 되었다. 이는 베르길리우스가 "사랑하는 아버지, 자 어서 내 목덜미에 타십시오!"라고 표현한 것과는 정확하게 반대다.

명작콘서트
06

〈파르치팔〉

볼프람 폰 에셴바흐

"아, 신은 무엇인가?"

명예와 부끄러움

사회에서 성공하는 것은 자신의 영혼을 구제하는 것과는 완전히 다르다. 볼프람 폰 에셴바흐(Wolfram von Eschenbach, 1170~1220)는 젊은 기사 파르치팔을 예로 신과 세상의 마음에 동시에 들게 할 수 있다는 것을 보여주고자 했다. 파르치팔은 문자 그대로 '골짜기를 지나 한가운데로', '한가운데를 지나서'라는 의미를 갖고 있다. 실제로 파르치팔은 많은 그릇된 길을 지나 마지막으로 행복을 찾게 된다.

〈파르치팔Parzival〉은 기원후 1200년경 만들어진 기사 서사시이다. 이 기사 서사시는 교육과 성향이 아직 완성되지 않은 젊은이가 높은 목표를 달성하고 아르투스 왕의 기사 계급 ─기사시대의 이상상(理想像)─ 에 속할 때까지 수많은 모험을 통해 기사 명예를 증명하려고 떠나는 이야기이다. 같은 시대에 생겨난 연가(기사 가수가 상류층 여성의 총애를 얻으려 부른 노래)와 같이 기사 서사시는 험한 세상에서 감정을 정제할 수 있고 여러 문화를 접할 수 있게 해주며 겸손을 알게 해준다.

어머니 헤르체로이데는 평화로운 숲에서 아들 파르치팔을 키운다. 그녀는 아들이 아버지 가무레트와 같은 ─그는 십자군전쟁 때 동양에서 죽었다─ 운명을 겪을까봐 걱정한다. 그러나 완전무장한 3명의 기사를 보자마자 파르치팔에게는 다른 선택의 기회가 없었다. 이는 전력을 다해 파르치팔을 세상으로 밀어낸다. 젊음이 가질 수 있는 거만함으로 파르치팔은 유명한 붉은 기사를 죽이고 갑옷을 보관한다. 그러나 갑옷만으로는 기사가 될 수 없었다.

늙은 구르네만츠의 궁정 예법에 관한 수업을 받고 파르치팔의 영혼은 발전한다. 훌륭한 기사는 교양이 있고, 절제하며, 어려운 이들을 돕고 ─"어려운 상황에 있는 많은 이들을 도와주어라"─ 신하에게 친절을 베풀며 친근한 기분을 발산한다. 기쁠 때에도 파르치팔은 부끄러움을 잃지 않는다. 전우들에게 의리가 있어야 하고, 무술 시합에서는 명예를 얻어야 한다. 또한 대화에서는 새로운 것이 아니면 '많이 질문하지 않아야' 한다.

궁정 예법을 배운 후 파르치팔은 성배가 있는 문잘배슈 성으로 간다. 저녁식사의 모든 음식과 음료수는 성배에 의해 신비로운 방법으로 만들어졌다. 파르치팔은 성배의 왕 안포르타스의 후계자가 되기로 마음먹는다. 그러나 그는 그러한 마음이 동정이 아닌지 의심스러웠다. 왜냐하면 안포르타스는 죽음을 동경하지만 성배를 보면서 삶을 유지하고 있기 때문이다.

  기사계급은 홀에 모두 모였다. 어린 파르치팔은 왕이 무엇 때문에 고통스러워하는지 묻고 싶었지만 구르네만츠의 훈계를 생각하고 입을 다문다. 식사 후 성배는 엄숙하게 밖으로 나간다. 다음 날 아침 성은 비어 있다. 예법을 잘못 이해한 파르치팔은 동정심 많은 안포르타스에게 도움을 청할 기회를 놓치고 만다. 성배의 왕이 자신이 열망하던 대로 죽었다면 파르치팔은 그의 후계자가 되었을 것이다.

  동정과 사랑의 감정이 인생에서는 더 중요하다

볼프람 폰 에센바흐는 중세의 가장 대표적 시인 발터 폰 데어 포겔바이데Walther von der Vogelweide와 어깨를 나란히 했다. 그는 중부 프랑켄의 에센바흐 지역과 남동 지방의 안스바흐(1917년 이후부터 볼프람스-에센바흐)에서 태어난 것으로 추측된다. 에센바흐의 자기소개서에는 가난에 대해 많이 서술되어 있다. 그는 직업 시인으로 후원자에게 지원을 받았다. 에센바흐는 소설에서 자신에 대해 이야기하기 시작한다. 주인공은 사람들이 굶주리고 있는 포위된 도시 보르페르로 간다. 중세에는 사람들이 전쟁 때뿐만 아니라 흉작으로 종종 굶주려야 했다. 에센바흐도 가난해서 좋은 교육을 받지 못했지만 열심히 노력해 존경받는 시인이 되었다.

 파르치팔이 아르투스 모임에 들어간 날, 모여 있는 기사들 앞에 문잘배슈에 대한 반사회적 태도를 질책하기 위해 성배의 사자 쿤드리에가 나타난다. 파르치팔은 모임에서 내쫓기고 자신의 운명을 원망하며 외친다. "아, 신은 무엇인가? 신이 모든 것을 일으킬 수 있을 만큼 강하다면 나를 이런 웃음거리로 만들지 않았을 것이다." 파르치팔은 진실하지 못했고 동정심이 없고 다른 사람을 이해하지 못한 실수를 깨닫지 못한다. 아직 다른 이의 고통을 느낄 수 있는 능력이 없기 때문에 신에게조차 싸움을 통고한다.

 이 모든 일들은 그가 성배의 왕권을 물려받기엔 적합하지 않다는 것을 보여준다. 파르치팔은 성금요일에 펠츠클라우제 폰타네드 샐비지로 가서 성배의 왕의 형이자 두 번째 스승 트레프리첸트에게 가르침을 받고서야 실수를 깨닫고 후회한다. 트레프리첸트는 파르치팔에게 신이 내려준 운명은 받아들여야 한다고 가르친다.

 파르치팔은 결국 안포르타의 후계자가 될 때까지 4년 반 동안 그곳을 헤맨다. 에센바흐의 작품은 후에 나타난 발전소설이나 교양소설의 선구자라 할 수 있다. 많은 모험과 경험을 한 후 파르치팔은 마침내 원탁모임의 존경받는 구성원이자 성배의 수호자가 된다. 그의 이야기에서는 특정한 능력과 행동규칙을 습득하는 것으로는 충분하지 않고 본질적으로 동정과 사랑 같은 경험과 감정이 인생에서는 중요하다는 것을 배울 수 있다.

파르치팔은 우선 규칙은 오직 주어진 상황에 따라 사용해야 한다고 생각했다. 가슴과 동정심, 동감, 희망으로 가득 찬 소망 없이 원탁의 기사가 되려고 한 파르치팔은 그의 길을 간다. 오랜 경험 끝에야 비로소 성배의 왕으로서 필요한 내적 성숙을 가질 수 있었다. 한층 성숙해져 성배의 성에 도착한 그는 진실함과 겸손함을 보여줌으로써 동정에 관한 질문을 할 수 있었다.

파르치팔은 울기 시작했다.
'성배는 어디 있습니까? 나에게 가르쳐주세요!
하나님이 나에게 자비를 베풀었는지 보여주세요.
파르치팔은 삼위일체성에 존경을 표하기 위해
그 방향으로 세 번 무릎을 꿇었다.
그는 괴로운 마음으로 그 아픈 어른께서
도움을 받으실 수 있도록 기도했다.
그리고 그에게 말한다. "숙부님, 어디 아프신가요?"

100년 후 작곡가 바그너 Richard Wagner는 1882년 초연된 악극에서 파르치팔의 신화를 다루었다. 최근에는 마르쿠스 보테Markus Bothe와 노라 크후온Nora Khuon이 파르치팔을 소재로 다루었고 프랑크푸르트에서는 어린이를 위한 파르치팔을 무대에 올렸다. 훌륭한 기사는 무엇인지를 다루는 위트가 넘치는 작품이었다. 이는 원작과 비교해 많은 거부반응을 일으키기도 했지만 그런 이유로 아이들은 더욱 흥미로워했다.

명작콘서트

07

〈신곡〉
단테

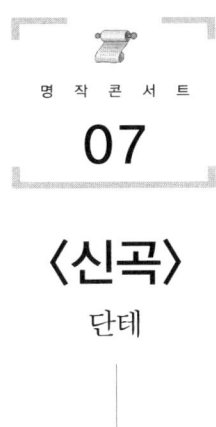

"여기에 들어가는 자는 모든 희망을 버려라!"

천국과 지옥

1300년 4월 8일 성 금요일 시인 단테 알리기에리(Dante Alighieri, 1265~1321)는 35세에 저승으로 마지막 길을 떠난다. 중년의 위기에 닥쳐 자살을 결심한 그는 캄캄한 남쪽 숲에서 길을 잃고 환희, 오만과 탐욕의 상징인 표범, 사자 그리고 암컷 늑대에게 쫓긴다. "올바른 길에서 벗어난" 그는 모범이 되는 고대 시인 베르길리우스를 만난다. 그는 지옥과 연옥이 있는 저승으로 단테를 데려간다. 이교도 베르길리우스는 단테를 천국으로 이끌지 않고 일찍 죽은 단테의 첫사랑 베아트리체에게 넘겨준다.

그녀는 첫 번째 지옥의 고리에서 베르길리우스를 찾아 길 잃은

단테 알리기에리 Dante Alighieri

친구를 도와달라고 요청한다. 이 이상한 여행을 할 수 있을지 불안한 마음을 지닌 채 이탈리아의 가장 훌륭한 시인은 지옥과 연옥, 천국의 여행을 시작한다. 베르길리우스는 돌투성이 길을 앞서 간다. 이들은 비문이 쓰여 있는 견고한 지옥문으로 들어간다. "나는 고통의 도시로 들어가는 문. 나는 영원한 고통으로 가는 문… 여기에 들어가는 자는 모든 희망을 버려라."

지옥은 저주받은 자들이 영원히 머무는 곳이다. 단테만이 살아서 방문할 수 있었다. 그는 지옥의 고리를 통과해 세상의 다른 끝에 있는 예루살렘으로 간다. 이곳에서 단테와 베르길리우스는 정화의 산을 지나 천국으로 올라간다. 여기에서 살아있는 단테와 죽은 베르길리우스의 길은 갈라지고 베아트리체가 천국의 길을 안내한다. 베아트리체는 '천국으로 이끄는 자'라는 뜻이다.

단테에 대해서는 많이 알려져 있지 않다. 플로렌스에서 교육을 받았고, 볼로냐와 파리에서 학업을 계속했는지는 확실하지 않다. 1300년 단테는 플로렌스에서 정치적인 고위 관직에 선출되었지만 —그는 카피타노 델 포폴로Capitalo del Popolo의 구성원이었으며 100인위원회의 의원이었다— 교황을 신봉하는 네리(흑당)와 황제를 신봉하는 비안키(백당) 사이의 충돌에 연루되었다. 단테는 개혁에 초점을 맞춘 비안키에 가입했다. 그는 교회를 변호했지만 계속되는 세속화를 비난했다. 1302년 로마에 머물던 단테는 화형을 선고받는다. 그런 이유로 단테는 사랑하는 고향에 다시 돌아갈 수 없었다. 그의 대표작품 〈신곡 Die Göttliche Komödie〉은 1321년 그가 죽을 때까지 방랑하며 쓴 작품이다.

〈신곡〉에서 중세 후기의 세계상은 규범 안에서 계단 모양으로 펼쳐져 있다. 모든 현세와 저승의 존재 영역에는 계급제도가 지배한다. 지옥에는 루시퍼가 중심에서 지배하고 수많은 부하 악마들이 그를 돕는다. 자연은 식물과 같은 무생물과 인간을 포함한 동물로 나뉜다. 인간은 다른 동물과는 달리 신의 영혼의 불꽃(마이스터 에크하르트)을 지니고 있다. 이와 유사하게 사회는 계급 —성직자, 귀족, 하층(평민, 농민, 일용근로자)— 으로 나뉘어져 있다. 사회는 좁은 그물 모양의 봉토체계로 연결되어 있다. 왕이 가장 위에 있고 종교적 및 비종교적 영주, 복종하는 계급으로 이루어져 있다. 영주는 왕이나 황제에게서 받은 재산을 종속되어 있는 봉신(공작, 백작, 주교, 수도원장)에게 다시 빌려준다. 이렇게 사람들이 서로에게 묶여 있는 봉토피라미드가 탄생했다. 천국에도 천사, 대천사, 아버지 하느님으로 이루어진 계급제도가 있다.

죄인에 대한 형벌은 가혹하지만 정당하다

〈신곡〉에서 신의 공평함을 말해주는 수단인 지옥의 형벌을 묘사한 장면은 가장 인상 깊다. 두 번째 지옥의 고리에는 호색가들이 아주 가까이 모여 있지만 영원히 사랑해서는 안 되는 쓰라린 고통을 겪는다. 그곳에서 단테는 한 쌍의 연인 파올로와 프란체스카를 만난다. 이들은 현세에서 간통하는 내용이 담긴 〈란슬롯〉을 함께 읽고 황홀해 한다. 결국 질투심 많은 프란체스카의 남편에 의해 살해된다. 세 번째 지옥의 고리에서는 지옥의 개 케르베로스가 3개의 입으로 짖어대고 죄인의 영혼은 사지가 찢겨진다.

　단테와 베르길리우스는 다음 광경을 보기 위해 계속해서 간다. 불꽃비가 뜨거운 모래벌판 위에 내린다. 그곳에서 죄인들은 독신자(篤信者)인지 고리대금업자인지 또는 남색가인지에 따라 등을 대고 눕거나, 쪼그리고 앉아 있거나 달린다. "그리고 모래바다 위에 불꽃비가 아래로 천천히 떨어지고… 영원한 불 아래로 가라앉는다… 불쌍한 손들! 한순간도 쉬지 않고 춤을 췄으니 여기저기에서 새롭게 타오르는 고통을 몸에서 떨쳐내고 있다. 그러나 불쌍한 영혼들이 '악의 구덩이'에서 당하는 고통은 이것이 전부가 아니다. 날개달린 악마는 루카에서 온 명망가와 같은 사기꾼을 붙잡아 끓는 역청에 담그면서 놀린다. "고향 개울과는 다른 여기에서 헤엄쳐라!"

〈신곡〉의 기본 경향은 뚜렷하다. 죄인에 대한 형벌은 가혹하지만 정당하다. 왜냐하면 가장 무거운 형벌을 통해 도덕적 질서가 유지될 수 있기 때문이다. 시인은 형벌이 왜 그렇게 가혹한지, 신은 어디에 있는지에 대해 항상 궁금하게 생각한다. 분명 신의 질서는 지켜져야 한다. 하지만 특수한 경우에는 자비를 베풀 수도 있지 않은가? 단테가 천국의 고리에 들어갔을 때도 이 질문을 한다. 모든 존재는 신의 결정에 종속되어 있고 '커다란 존재의 바다에서 여러 항구를 향해 떠난다'는 답을 얻기 위해 단테는 베아트리체에게 신의 질서의 의미에 대해 묻는다.

신의 질서는 모두 의미가 있다. 단테가 천국과 지옥을 여행하면서 겪은 경험은 그가 플로렌스에서 겪은 모든 부당한 일에서 다시 삶을 믿을 수 있게 했다. 확실히 〈신곡〉은 오디세이다. 즉, 단테는 현세의 목표를 이루려 하지 않고 삶의 의미를 찾는 중이다.

1944년 2차대전 중 사르트르Jean-Paul Sartre는 희곡 〈닫힌 사회〉를 썼다. 이 작품은 단테의 소재를 시대에 맞게 각색한 작품이다. 사르트르에 의하면 인간은 마귀나 악마에 의해 고통을 당하는 것이 아니라 정직하지 못한 스스로에 대해 고통스러워한다.

3명의 죽은 사람들이 한 호텔방(지옥)에 있다. 셋은 모두 자신의 잘못에 책임지려 하지 않은 이전의 삶에 대한 환상을 만든다. 가르생은 자신을 영웅이자 평화주의자라고 느낀다. 하지만 실제로 그는 비겁하게 전쟁터에서 달아나 탈영자로 사형을 당했다. 에스텔은 남편을 배반하고 아이를 낙태했다. 그녀는 폐렴으로 죽었다. 동성애자 이네스는 한 남자의 아내를 유혹했고, 그 때문에 남자는 자살했다.

이들은 자신들이 지옥에 있다는 사실을 깨닫고 가장 최악의 상황을 각오하지만 기대했던 고문기구나 신체적 형벌은 없다. 그 대신 서로를 고통스럽게 하는 대화를 나눈다. 현대의 인간은 스스로가 가장 훌륭한 고문자이다. 스스로를 그리고 다른 사람의 삶을 지옥으로 만든다. 동성애자 이네스는 에스텔에 대한 사랑으로 쇠약해지지만 에스텔은 이네스에 대해 알려고 하지 않고 가르생에게 관심을 갖는다. 가르생은 지적인 자신을 이네스가 호감을 갖도록 애쓰지만 실패한다.

사르트르의 인물들은 서로서로 그만둘 수도 없고 서로에게서 도망갈 수도 없다. 심지어 자살할 수도 없다. 이미 죽은 사람들인 것이다. 이 작품에서 사르트르의 유명한 명언이 나온다. "지옥이란 다름 아닌 타인이야." 사르트르는 우리가 자기자신과 타인을 속이는 행동을 그만두지 않으면 지옥은 우리 가운데 있다고 주장한 것이다.

명작콘서트

08

〈돈키호테〉

미구엘 드 세르반테스 사아베드라

"그는 그가 본 모든 것이 어리석은 기사도와
경험했던 모험에 대한 환상이라는 것을 알고 있었다.
이렇게 그는 적응하지 못했다."

엉뚱한 모험

세르반테스(Miguel de Cervantes Saavedra, 1547~1616)의 걸작 〈돈키호테 *Don Quijote*〉는 몰락한 젊은 귀족이 기사소설의 세계에 빠진 이야기를 다룬 작품이다. 주인공은 50세에 기사가 되기로 결심한다. 돈키호테 또는 자칭 '슬픈 모습의 기사'는 배우지 못한 농부 산초 판사를 '종자(從者)'로 삼아 함께 모험을 떠난다. 돈키호테는 실제로는 매춘부인 '성주의 딸'에게 기사 임명식을 받는다.

이제부터 돈키호테에게 일어나는 모든 일들은 기사도에 대한 낭만적 꿈과 관련되어 나타난다. "그는 그가 본 모든 것이 어리석은 기사도와 경험했던 모험에 대한 환상이라는 것을 알고 있었다. 이렇게 그는 적응하지 못했다"라고 세르반테스는 주인공을 묘사한다. 돈키호테는 풍차를 거인으로, 모든 술집을 성이라고 착각한다. 양떼를 거대한 군대로 보고 칼로 싸운다. 순박한 소녀는 귀부인과 성주의 딸로 신분이 상승한다. 그럼에도 불구하고 우리의 주인공은 호감이 가는 인물이다. 오늘날까지 자신의 꿈을 계속 고집하는 사람을 돈키호테라고 한다.

소설 속 주인공처럼 세르반테스는 마드리드 근처 알깔라 데 에나레스의 지방귀족 출신이다. 의사이자 이발사인 그의 아버지는 돈을 벌기 위해 자주 이사를 다녔다. 어린 세르반테스는 바야돌리드, 마드리드, 코르도바, 세비야 그리고 다시 마드리드에서 살았다. 1569년에는 교황의 사절로 스페인을 방문한 추기경의 비서가 되어 로마로 가고 같은 해 나폴리에서 스페인 함대에 고용된다. 1571년 해병대 대원으로 레판토 해전에 나가 터키군과 싸운다. 그곳에서 3번의 총상을 입고 왼손을 잃었다.

1575년 스페인으로 가는 도중 해적에게 붙잡혀 알제리에서 노예생활을 했고 1580년이 되어서야 삼위일체수도회를 통해 몸값을 내고 풀려났다. 많은 빚을 진 세르반테스는 세금 수금원으로 일했다. 하지만 국고금의 횡령으로 1597~98년과 1602년에 걸쳐 두 번이나 감옥에 갇혔다. 감옥에서 그는 〈재치 있는 젊은 귀족

라만차의 돈키호테〉를 썼다. 이 작품은 큰 성공을 거두었다. 그러나 세르반테스는 곧 돈을 다 잃고 1616년 마드리드에서 죽음을 맞이했다. 오늘날 125,000유로의 상금을 수여하는 세르반테스상(스페인 문화부 주관)은 스페인어권 나라에서 가장 권위 있는 문학상이다.

돈키호테는 마구간에서 늙은 말을 데려와 로시난테라는 이름을 붙여주고 첫 번째 모험을 떠난다. 이 첫 번째 시도는 가엾게도 실패한다. 돈키호테는 한 술집에서 노새를 모는 마부에게 두들겨 맞아 반쯤 죽은 채 이웃에게 발견된다. 친구가 기사소설들을 없앴지만 그는 산초 판사와 함께 다시 모험을 떠난다. 그 다음 유명한 풍차와의 싸움이 나온다. 많은 모험을 하고 몽둥이를 휘두른 후 1부의 끝에 주인공은 고향으로 돌아간다.

모험은 낭만적이지만 위험하다

2부에서는 복잡해진다. 세르반테스가 이 작품을 쓰는 동안 동시대 인물인 알론조 페르난데즈 데 아벨라네다Alonso Fernández de Avellaneda가 무단으로 돈키호테 속편을 출판했기 때문이다. 이런 이유에서 세르반테스는 이 작품의 '진짜' 속편을 쓴다. 돈키호테와 산초 판사는 끝까지 많은 모험을 한다. 큰 결투에서 돈키호테는 승리하고 집으로 돌아갈 것을 약속한다. 고향에서 그는 마침

내 망상에서 깨어나고 삶을 바꾸기로 결심한다. "지금까지 나는 제정신이 아니었지만 이제는 정신을 차렸다. 만차의 돈키호테는 바로 나였고 지금의 나는… 선인 알론조 키하노다." 그러나 그는 곧 병으로 죽는다.

항상 배고픈 산초 판사(스페인어 panza는 '배'를 뜻한다)와 성격이 완전히 반대인 주인 사이의 대립으로 〈돈키호테〉는 더욱 매력적인 작품이 되었다. 종종 산초 판사는 돈키호테가 꾸민 '모험' 때문에 몽둥이를 가져간다. 돈키호테가 산초의 약삭빠름 덕분에 도움을 받는 것처럼 산초는 돈키호테의 학식 덕분에 도움을 받는다. 돈키호테의 환상은 대부분 해가 되지 않지만 위험할 수 있다. 예를 들어 멀리서 금빛 모자를 쓴 누군가를 본다. 그리고 그는 소설 속에서 금빛 투구를 쓴 유명한 기사 맘브린Mambrin이라는 망상에 사로잡힌다. 돈키호테는 즉시 가공의 적에게 돌진한다. "창을 내리고 어떤 말도 하지 않고 그를 찌르려고 로시난테를 타고 전속력으로 달려간다." 실제로는 순진한 이발사가 비를 피하려 놋쇠로 만든 접시를 머리에 쓴 것이었다.

한스 울리히 굼브레히트Hans Ulrich Gumbrecht는 이렇게 강조했다. "현재의 신분관계가 유지되었다면 돈키호테는… 신체적인 폭력을 준비했을 것이다." 그럼에도 불구하고 돈키호테는 호감이 가는 주인공으로 남아 있다. 그의 모험은 항상 비극적으로 끝나지는 않는다. 예컨대 이발사는 달아나기 때문이다.

소설의 두 주요 인물이 세워져 있는 세르반테스 기념비는 마드리드의 스페인 광장을 장식하고 있다. 오늘날까지 사라지지 않는 마법은 〈돈키호테〉에서 시작된다. 명백한 실패를 알고 있으면서도 항상 자신의 이상을 신, 명예, 진실, 사랑, 충성에 두는 사람들이 있다. 그러나 대체 무엇이 사실적인 세계인식에 해당하는가?

칠레의 철학자이자 생물학자인 움베르토 마투라나Umberto Maturana에 따르면 모든 인간의 뇌는 자신만의 정신세계를 세운다. 인지는 활동적이고 구조적인 과정이다. 이에 대해 마투라나는 자기생산Autopoiese(그리스어로 auto와 poiein은 '자아 형상')이라는 개념을 사용한다. 대부분의 사람들은 돈키호테가 '풍차'처럼 나중에 아무것도 아닌 걸로 밝혀진 적수나 문제들과 싸웠다는 것을 알고 있다. 즉, 가엾은 기사는 우리에게 사물과 사고에 너무 빠져들지 말라고 경고하는 것이다.

명작콘서트

09

〈햄릿〉

윌리엄 셰익스피어

"사느냐 죽느냐 그것이 문제로다."

삶과 죽음의 기로

〈덴마크 왕자 햄릿의 비극Hamlet〉은 셰익스피어(William Shakespeare, 1564~1616)의 희곡 중 가장 의미있는 작품으로 4,000구절에 달하는 아주 긴 명작이다. 초기 그의 비극 —〈오셀로〉, 〈리어왕〉, 〈맥베드〉— 의 소재는 중세 문헌에서 인용되었다. 덴마크 왕자 햄릿은 아버지의 장례식에 참석하기 위해 비텐베르크의 대학에서 고향 헬싱괴르로 돌아온다. 그 사이 햄릿의 어머니 거트루드는 숙부(전 남편의 동생) 클로디어스와 결혼하고 숙부는 왕이 된다.

햄릿은 밤마다 성의 테라스에서 아버지의 영혼을 보고, 아버지

셰익스피어 William Shakespeare

는 클로디어스가 그의 생명과 왕위 그리고 아내를 차례로 빼앗아 간 사실을 햄릿에게 알려 복수를 하게 만든다. 햄릿은 유랑극단이 궁정에서 왕을 살인하는 작품을 공연하게 하는 술수를 써 클로디어스가 왕을 살인한 자라는 것을 폭로한다. 클로디어스가 햄릿의 아버지에게 한 것과 똑같이 살인을 사주하는 장면이 나왔을 때 클로디어스 왕은 불안에 떨며 그 자리를 떠난다. 그리하여 햄릿의 마지막 남은 의혹은 사라진다. 하지만 햄릿은 클로디어스를

죽여야 할지 망설인다.

프로이트는 이런 망설임에 대해 유명한 해석을 내놓았다. 프로이트에 의하면 모든 소년들은 자신의 어린 시절에 오이디푸스 콤플렉스를 경험한다. 즉, 무의식적으로 어머니를 사랑하고 아버지를 라이벌로 생각해 없애려 한다.

클로디어스는 ―프로이트의 말처럼― 그것을 정확하게 행동으로 옮겼다. 이는 햄릿이 무의식적으로 항상 하고자 했던 ―아버지에게서 벗어나려고 했던― 것이었다. 이런 이유로 햄릿은 자신과 클로디어스를 동일시하게 된다. "햄릿은 그 남자에 대한 복수만이 아니라… 어린 시절의 소망을 실현할 수 있다."

햄릿은 클로디어스 대신 벽지 뒤에서 엿듣고 있던 궁정의 최고 장관 폴로니어스를 잘못 죽인다. 이 때문에 폴로니어스의 딸 오필리어는 미쳐서 강에 빠져 죽는다. 이제 오필리어의 오빠 레어티즈는 햄릿에게 복수하기로 마음먹고 준비한 검으로 대결해 그를 죽이려 한다. 그러나 싸움에 열중해 무기가 바뀌고 레어티즈 역시 죽는다. 거트루드는 햄릿 모르게 준비한 독배를 마시고 클로디어스의 살인에 대해 아들에게 이야기하지 못한 채 죽는다. 결국 햄릿은 왕을 부활시킨다. 하지만 결투에서 독을 바른 검에 찔린 햄릿은 죽는다. 이제 노르웨이 왕자 포틴브라스가 덴마크의 새 왕이 된다. "남은 건 침묵뿐이군." 햄릿의 마지막 말이다.

셰익스피어는 1564년 영국 스트래트퍼드 온 에이번에서 태어났다. 1582년 8살 연상의 앤 해서웨이와 결혼해 3명의 자녀를 두었다. 1580년 말 연극배우가 되었고 유랑극단에 소속되어 런던으로 간다. 영국 여왕 앞에서의 공연을 통해 그는 많은 재산을 갖게 되고 궁정에서 후원하는 글로브 극장의 공동 소유자가 된다. 후에 셰익스피어는 극장에 대한 자신의 몫을 팔아 스트래트퍼드로 돌아가 부유한 생활을 하다가 1616년 52세의 나이로 세상을 떠났다. 18세기 중반 셰익스피어는 독일에서 커다란 관심을 끌었다. 헤르더Herder는 〈햄릿〉을 '희곡의 신'이라 칭찬했고, 괴테는 1771년 한 연설에서 그를 칭찬했다.

우유부단하지만 잔인한 방랑자

햄릿은 이해하기 어려운 성격의 인물이다. 한편으로는 클로디어스를 죽이기를 망설이는 우유부단한 인물이고 다른 한편으로는 폴로니어스를 잘못해서 죽인 후에도 후회의 기미를 보이지 않는다. 그는 이미 첫 번째 바닷가를 지나가는 장면과 후의 묘지 장면에서 보이듯이 세상을 돌아다니는 방랑자다. 그의 몰락은 기만으로 만들어진 세계의 허약성을 설명해준다. 음모와 거짓, 허상의 세계에서 무엇을 믿어야 할까? 실망으로 인해 햄릿은 일종의 무관심과 경직 상태에 빠진다.

몸과 정신이 파괴되었음에도 불구하고 파우스트와 함께 유럽

문학에서 중요한 인물에 속한다. 괴테의 소설 〈빌헬름 마이스터의 수업〉에서는 햄릿에 대한 존경심을 표현하고 있다. "위대한 행동은 영혼 위에 있고, 그 영혼은 행동을 감당할 능력이 없다." 특히 독일에서는 햄릿이 무대 위 인물로 인기가 있었다. 햄릿은 자신의 분열로 인해 독일의 '파우스트적인' 존재를 구체화시켰다. "두 개의 영혼이여 아, 내 가슴에 머물러라"(괴테). 물론 니체는 무기력하게 만드는 주연배우의 변덕을 비판했다.

독백 "사느냐 죽느냐"는 연극사에서 가장 의미 있는 독백으로 간주된다. 우선 햄릿은 죽는 것을 장점으로 강조한다. "그것은 진정으로 원하는 목표다. 죽는 것은 잠자는 것, 그뿐 아닌가!" 우리가 본능적이고 직관적으로 행동한다면 이 세계의 불행과 직면했을 때 빨리 죽으려 했을 것이다. 성찰은 본능과 행위 사이에서 떠밀린다. 인간은 저쪽 건너편에서, 즉 "나그네가 한번 가서 돌아오지 못하는 저 미지의 세계"에서 자신을 기다리고 있는 것을 두려워한다. 햄릿은, 너무 많은 성찰은 결국 실천하지 못하게 만든다는 사실을 깨닫는다.

이성이라는 세균은 인간을 판단력이 없고 게으른 존재라고 비난한다. 모든 사물이나 사람을 저울질하는 자는 결단력을 잃는다. "사리분별이 우리를 겁쟁이로 만드는구나." 훗날 니체는 이론적이고 깊이 생각하는 유럽 사람은 위험에 처해 있다고 말했다. 니체는 자신이 살던 근세 시대의 팔걸이의자에 앉아 있는 철학자나 강단에 서 있는 사회학자보다는 체사레 보르지아나 니콜로 마키아벨리와 같은 르네상스 시대의 실천력 있는 사람에 더 가깝다.

너무 많은 생각과 저울질은 실천 의지를 약하게 만든다. 어떤 면에서 보면 현대 인간은 햄릿과 비슷한 상황에 처해 있다. 우리는 인터넷을 통해 바람처럼 빠른 속도로 모든 분야의 정보를 얻는다. 햄릿과 같은 경우 —그는 아버지의 살인자에 대해 알았다— 오늘날에는 지식이 문제가 아니라 지식에서 끌어올려야 하는 결과이다. 현대 인간은 과잉 정보를 고통스러워한다. 예를 들어 기후변화와 같은 문제에 대해 어떤 학자는 과장하고 어떤 학자는 무해한 것으로 만든다.

우리는 누구를 믿어야 할까? 우리는 무엇을 해야 할까? 이런 경우에 그 중심에 있는 진실은 난관을 극복하도록 도와주지 않는다. 바로 그 이유로 대부분의 사람들은 문제를 간단히 밀어내버린다.

명작콘서트

10

〈모험가 짐플리치시무스〉

한스 야콥 크리스토펠 폰 그리멜스하우젠

"안녕! 세상아, 너에게 변함없는 것은 아무것도 없구나."

세계의 변화

17세기에는 민중의 거친 악한소설들이 만들어졌다. 악한소설에서 주인공은 모험을 좋아하고 세상과 충돌하며 사회를 지배하고 있는 관습을 자신만의 방식으로 비판한다. 〈모험가 짐플리치시무스*Der abenteurliche Simplicissimus*〉는 독일 문학에서 최초로 1인칭으로 쓰인 소설이다.

주인공 짐플리시우스 짐플리치시무스(순진한, 아주 순진한)는 농촌에 사는 무지한 청년으로 세상에 대해 아무것도 모르는 인물이다. 이 작품은 전원시 형태의 〈파르치팔〉과 항상 비교된다. 파르치팔이 세상에서 처음 만난 사람은 신의 광채가 나는 기사인데

반해 짐플리시우스가 만난 사람은 잔인한 기병이다. 그는 슈페사르트에 있는 아버지의 농장을 습격한 떠돌아다니는 기병이다. 이 낙오병은 농장을 약탈하고 불태우고, 밧줄로 묶인 하인에게 "분노가 가득 들어 있는 우유통을 쏟아 붓고, 어디에 돈을 숨겼는지 말할 때까지 집 주인을 고문했다." 이 작품의 시작 장면은 30년전쟁(1618~1648)이 얼마나 끔찍했는가를 뚜렷하게 보여준다.

낙오병의 습격 후 짐플리시우스는 숲으로 도망간다. 그곳에서 은둔자(마지막에 알게 된 진짜 아버지)를 만나고 그리스도교의 교리를 배운다. 짐플리시우스는 읽고 쓰기를 배우고 일요일마다 은둔자와 함께 미사에 참석한다. 2년 후 늙은 은둔자는 곧 죽음이 찾아오리라는 것을 알고 짐플리시우스에게 말한 뒤 함께 무덤을 판다. 은둔자가 죽자 짐플리시우스는 조용히 그를 묻는다.

그 후 숲에서 지내던 짐플리시우스는 모험을 하고 싶어 숲을 떠난다. 바보 짐플리시우스는 궁정의 광대가 되어 하나우의 시 지휘관 집에서 기거한다. 시 지휘관은 짐플리시우스에게 나쁘지 않은 인물이다. 하나우에서 그는 소위 '마음의 벗'을 친구로 얻는다. 그 후 짐플리시우스는 전쟁이 일어나는 동안 한번은 황제의 깃발 밑에, 한번은 신교도 편에 선다. 전쟁 동안 정당들은 일정한 전투 지역 없이 부대를 끌고 다니며 작전을 수행한다. 한동안 짐플리시우스는 '죄스트(Seost, 도르트문트 부근의 작은 도시)의 사냥꾼'으로서 행패를 부린다. 그러나 스웨덴 포로가 되어 쾰른을 거쳐 파리로 간다. 그곳에서 '훌륭한 독일인Beau Allemand'이 되어 사회의 중심에 있게 된다.

얼마의 시간이 지난 후 짐플리시우스는 더 이상 자신의 역할을 감당할 수 없다는 사실을 깨닫는다. 그는 다시 자기자신을 찾기 위해 파리를 떠난다. 결국 그는 농부로 정착한다. 궁중 서사시와 달리 독일어로 쓴 최초의 의미 있는 소설에서 ―바로크 시대에 들어서야 작가들은 독일어로 쓰기 시작했다― 그리멜스하우젠(Hans Jakob Christoffel von Grimmelshausen, 1622~1676)은 군인과 소시민, 농부와 같은 '하류층의' 관점으로 세계를 묘사했다. 그리멜스하우젠의 작품을 통해 우리는 30년전쟁의 공포를 잘 들여다볼 수 있다. 30년전쟁은 독일의 경제와 문화를 뒤로 가게 만들었다. 토마스 만 Thomas Mann은 〈짐플리치시무스〉에 완전히 열광했다. "이 작품은 자기도 모르는 숭고함을 지닌 서사문학이다. 다채롭고, 거칠고, 가공되지 않고, 재미있고, 반하게 하는 작품이다."

이별이 아닌 평화로운 삶에 대한 그리움

짐플리시우스의 "안녕! 세상아, 너에게 변함없는 것은 아무것도 없구나"라는 말은 본래의 삶에서 나타나는 이별이 아닌 평화적이고 더 나은 삶에 대한 그리움을 표현한다. 5부에서 짐플리시우스는 자신의 개선을 굳게 약속하고 스위스로 순례를 떠난다.

전쟁의 공포를 느끼지 않는 스위스를 천국으로 착각하기도 했다. "이 나라는 마치 내가 브라질이나 중국에 있는 것처럼 낯설다. 이곳에서 나는 평화롭게 행동하고 거니는 사람들을 보았다. 울타리 안에는 많은 가축들이 있었고, 농장에는 닭, 거위, 오리들이 노닐었다. 거리에는 여행객들이 있고, 술집에는 많은 사람들이 앉아 즐거워했다. 이곳에서는 적을 두려워하지도, 약탈을 걱정하지도 않았다." 스위스의 이런 모습을 보고 짐플리시우스는 외로운 슈바르츠발트 꼭대기에서 은둔자가 될 것을 결심한다.

짐플리시우스가 잘못을 깨닫고 '잘못된 세상'에 등을 돌렸을 때 마음의 평화를 찾았다. 세상은 인간을 어리석고, 샘이 많고, 나쁜 존재로 만든다. 토머스 홉스Thomas Hobbe의 "인간은 인간에 대해 늑대다"라는 말이 이를 입증한다. 변질된 세상과 신의 뜻에 맞는 삶으로부터의 탈출만이 인간을 구할 수 있다.

본래 그리멜스하우젠은 이 대목에서 끝내려고 했다. 그러나 주인공을 다시 밖으로 내보낸다. 삶은 짐플리시우스에게 새로운 여행을 하라고 유혹한다. 결국 그는 선원이 되어 고요한 남쪽 바다 섬에 표착한다. 그곳에서 자신을 유일한 주인으로 모시고 신의 뜻에 맞게 조용히 살아간다.

네덜란드 배 한 척이 우연히 이 섬에 정박하면서 이야기는 끝을 맺는다. 짐플리시우스는 선장에게 회고록을 넘겨주고 선장은 그 회고록을 유럽으로 가지고 간다. 회고록에는 짐플리시우스의 삶이 총정리되어 있다. "나는 아버지가 돌아가신 후 이 세상으로 나갔다. 그때 나는 순진하고 순수했으며 강직하고 성실하고 진실하고 겸손했고 소극적이고 평범하고 순결하고 수줍음이 많고 신앙심이 깊었다. 하지만 곧 사악하고 교활하고 거짓말을 하고 교만하고 불안해하며 아주 타락했다. 이런 악습은 모두 스승님이 가르쳐준 것이 아니었다… 나는 현재만을 보고 미래에 대해 생각하지 않았다. 더구나 나는 신이 보는 앞에서 변명을 했다!"

그리멜스하우젠은 본래 귀족 출신인 신교도 가족의 아들로 1622년 헤센의 겔른하우젠에서 태어났다. 아버지의 죽음 이후 (1626년경) 빵집 주인이자 포도주 상인인 할아버지 집에서 자랐다. 어머니는 아버지가 죽은 1년 후 재혼해서 프랑크푸르트로 떠났다. 1634년 황제 부대가 그리멜스하우젠 집을 약탈했으며 그는 12세의 나이로 군에 끌려가 4년 동안 군인이 되었다. 1637년 베스트팔렌, 특히 죄스트에서 그리멜스하우젠은 황제의 지휘 아래 싸웠다. 1645년 바서부르크에서 연대장 서기 일을 하며 작가가 되었으며 1646년 결혼했다.

그는 생의 마지막을 슈바르츠발트의 렌헨에서 보냈다. 그곳에서 음식점과 지방관 일을 했다. 이때 독일어로 된 최초의 베스트셀러 〈짐플리치시무스〉가 탄생했다. 1676년 8월 17일 그리멜스하우젠은 렌헨에서 죽음을 맞이했다. 1896년 〈짐플리치시무스〉는 황제 치하의 시대와 바이마르공화국에서 개성 있고 풍자적인 잡지들의 수호성인이 되었다.

1600~1720년은 바로크 시대로 특징지을 수 있다. 바로크 시대에는 상반된 것들이 서로서로 강하게 충돌했다. 한편에는 호화로운 생활과 화려한 귀족의 성이 존재하고 다른 한편에는 가난과 농부의 불행이 존재했다. 전쟁을 배경으로 바로크 시대의 작가들 —파울 플레밍Paul Flemming, 안드레아스 그리피우스Andreas Gryphius, 마틴 오피츠Martin Opitz, 크리스티안 호프만 폰 호프만스발다우Christian Hoffmann von Hoffmannswaldau— 은 죽음의 공포와 삶의 애착 사이에서 마음을 빼앗기는 인간을 보여준다.

바로크 시대의 주요 테마는 덧없음의 사고이다. 즉, 모든 삶은 덧없고 헛되다는 말이다. "우리, 인간은 무엇인가? 무서운 고통의 저택"이라고 그리피우스는 말했다. "인간이여, 본질적이 되어라!" 이 문장으로 시인 안겔루스 질레지우스는 피상적인 삶에서 신에게로 되돌아갈 것을 호소했다. 오늘날 "안녕! 세상아, 너에게 변함없는 것은 아무것도 없구나"라는 말은 팽배한 물질주의와는 완전히 다른 단순한 삶을 자각하라는 의미이다. 우정은 상류사회에서 서로의 이익으로 맺어진 관계보다 더 지속적이다.

철학자 벤야민Walter Benjamin은 바로크 시대와 현대 사이에는 몇 가지 유사점이 있다고 말했다. 현대에서와 마찬가지로 바로크 시대에도 확실성에 대해 문제를 삼았고, 행복에 대해 깊이 동경했다. 바로크 시대의 희곡작가들에게는 알레고리가 지나치게 많았다. 벤야민에 따르면 바로크 시대의 예술가들은 주관적이고 우연한 시각으로 대상에 일반적인 의미를 부여함으로써 구체적인 것의 본질을 약화시키고 일종의 세계 파괴를 가속화시켰다.

  이러한 바로크 시대의 세계 파괴는 현대와 유사하다. 상품과 광고가 인간의 방향감각을 잃게 한다. 축제와 슬픔 사이에서 이리저리 흔들리는 바로크 시대의 작가들이 주관적인 힘으로 세계에 의미를 부여하고자 했듯이 현대의 개인들은 ―우울증과 기쁨 사이에서 흔들리는― 지속적인 몽상가가 되었다.

명작콘서트

11

〈현자 나탄〉

고트홀트 에프라임 레싱

"올바르게 행동하는 것보다 경건한 몽상에 빠지는 것이
더 쉽다는 것을 너는 이해할 수 있겠느냐?"

생각과 행동

생각하는 것 자체와 학문의 진보에 대한 믿음이 계몽주의의 가장 중요한 가치이다. 계몽주의는 먼저 영국(로크, 흄)과 프랑스(루소, 볼테르)에서 확립되었다. 인간의 목표를 기독교가 추구하는 것과는 동떨어진 현세의 실제적 삶에 맞추고자 했다. 독일에서는 특히 고트홀트 에프라임 레싱(Gotthold Ephraim Lessing, 1729~1781)이 종교의 관용을 주장했다.

레싱은 19세에 글을 쓰기로 결심했다. 그러나 레싱과 같은 비판적인 작가는 당시와 후대에 검열과 갈등을 일으켰다. 함부르크의 목사장 요한 멜키오르 괴쩨Johann Melchior Goeze와의 논쟁 ―이성과

고트홀트 에프라임 레싱 Gotthold Ephraim Lessing

신앙의 대립을 논했다— 이후 브라우슈바이크 볼펜뷔텔Herzog von Braunschweig-Wolfenbuettel 공작은 레싱에게 종교적 문제를 거론하지 말 것을 명했다. '존엄한 제후'는 "그가(레싱) 제후의 허가 없이 종교문제를… 허락하지 않을 것이다." 이로 인해 레싱은 종교극 〈현자 나탄Nathan Der Weise〉(1779)을 쓰기로 결심했다. 이 작품은 3가지의 세계 종교, 즉 유대교, 기독교, 이슬람교의 관용과 공존을 다룬다.

주인공 나탄은 유대인이 박해를 받던 시기 십자군 기사에 의해 아내와 7명의 아들을 잃는다. 그렇지만 나탄은 복수심을 참고 기독교도인 고아 레하를 양녀로 받아들인다. "올바르게 행동하는 것보다 경건한 몽상에 빠지는 것이 더 쉽다는 것을 너는 이해할 수 있겠느냐?" 나탄이 출장에서 돌아와 레하와 나눈 대화에서 나오는 말이다. 레하는 나탄이 집에 없는 동안 불타는 집에서 자기를 구해준 자가 천사였다고 믿는다. 나탄은 레하의 그런 믿음을 반박하며 기적에 대한 믿음을 비판한다. 기적에 대한 믿음은 단지 게으름일 뿐이다. 나탄은 레하를 신랄하게 비난한다.

기적을 믿는 것이 실제로 구해준 사람에게 감사의 뜻을 표하는 것보다 편하다. 또한 나탄은 레하가 천사에 의해 구조되었다고 믿을 뿐 뭔가 더 좋은 것을 하지 않는 그녀를 비난했다. 이런 생각은 나탄의 은유적 표현에 나타난다. "쇠항아리가 은항아리로 생각되게 하려고 은 집게로 불구덩이에서 들어올리려 한다."

나탄은 베풀기 좋아하는 성격 탓에 많은 빚을 진 술탄 살라딘의 궁정에 초대된다. 술탄은 나탄에게 3가지 종교 중에 어떤 종교가 진실한지 묻는다. 이에 대해 신중한 나탄은 '반지 우화' 이야기를 비유로 들어 대답한다.

한 남자가 반지를 갖고 있었다. 그 반지는 믿을 만한 후손에게 물려주는 귀한 반지였다. 남자에게는 세 아들이 있었다. 세 아들 모두 똑같이 사랑했기 때문에 남자는 같은 반지 2개를 더 만들도록 금세공사에게 부탁했다. 금세공사가 만든 반지는 어떤 게 진짜인지 구분할 수 없을 정도였다. 그는 세 아들에게 반지를 하나씩 나눠주었다. 그러나 그가 죽은 후 아들끼리 싸움이 벌어졌다.

세 아들 모두 자기가 진짜 반지를 갖고 있다고 믿었던 것이다. 재판관은 아버지가 세 아들에게 반지를 나눠준 것이니 싸우지 말라고 충고했다. 쓸데없는 싸움 대신 그 반지의 능력을 이용해 사람들에게 좋은 일을 하라고 권고했다. "반지의 청렴하고 편견 없는 사랑을 구하라! 너희들이 앞 다투어 반지의 능력을 보여주어라! 온순하고 진심으로 화합하며 선행을 베풀고 성실하게 순종하는 이 반지는 신을 도울 것이다!"

절대적인 진실은 결코 이해할 수 없다

레싱은 개신교 목사의 아들로 오버라우지츠에 있는 작센의 카멘츠에서 태어났다. 1742~1746년까지 마이센에 있는 제후왕립학교 성아프라 St. Afra를 다니다가 17세에 신학, 의학, 철학을 공부하기 위해 라이프치히로 갔다. 그곳에서 레싱은 연극을 접하고 첫 번째 희극 〈젊은 학자〉를 썼다. 또한 술집을 드나들고 도박을 했다. 1748년 베를린으로 가서 —독일에서는 최초로— 자유 문필가와 다양한 잡지의 편집자로 일했다. 7년전쟁(1756~1763) 때는 프레슬라우에 있는 슐레지엔의 총독과 타우엔치엔 장군의 비서로 일했다. 그 경험이 희극 〈미나 폰 바른헬름Minna von Barnhelm〉(1767)에 들어 있다.

〈미스 사라 샘슨Miss Sara Sampson〉(1767)과 〈에밀리아 갈로티 Emilia Galotti〉(1772)로 레싱은 시민 비극이라는 장르를 만들었다. 1767년 최초 상설 무대인 국립극장이 생긴 함부르크에서 극평론가로 일했다. 1767~68년 동안 국립극장의 지시로 쓴 연극 비평 모음 〈함부르크 연극평〉에서 레싱은 셰익스피어의 정신을 기려 독일 연극을 쇄신시키고자 했다.

1770년 레싱은 유명한 볼펜뷔텔의 궁정도서관에서 사서로 일했다. 이는 레싱이 처음으로 가진 고정적인 일자리였다. 1776년 지인의 미망인 에바 쾨니히와 결혼했으나 1년 후 그녀는 출산 후유증으로 죽는다. 이에 대해 "나도 다른 사람들처럼 좋은 걸 갖고 싶었지만 그러지 못했다"라고 레싱은 말했다. 그녀의 죽음 후 레싱은 권태기가 오고 형식적으로는 도서관 사서 일을 열심히 하면서 신학의 끊임없는 분쟁에 대해 연구했다. 1781년 52세의 나이로 뇌졸중으로 사망했다.

레싱은 프리메이슨연맹의 회원이었다. 프리메이슨 운동은 계몽주의가 발전된 것이다. 프리메이슨 지부는 모든 사람들을 환영했다. 회원들은 짜라투스트라, 예수, 공자 또는 부처를 신봉하는 자들이다. 프리메이슨연맹에는 유일한 조건이 있다. "전세계의 정해지지 않은 '전능한 존재'를 믿어야 한다"는 것이다.

관용사상에 대해 레싱은 확실히 현실적이다. 인간의 재산은 그의 신앙고백에 좌우되지 않고 인도적인 성향에 의해 좌우된다. 레싱은 종교적 몽상을 비판했다. 특히 자아비판을 했다. 이성과 열정 간의 논쟁에서는 단호하게 이성의 편을 들었다. 레싱에 따르면 작가는 독자를 단지 즐겁게 해주는 것이 아니라 "깊은 생각을 통해 진실을 찾을 수 있도록" 가르쳐야 한다. 그는 절대적인 진실은 결코 이해할 수 없다는 명제를 주장했다.

레싱의 극본에 다음과 같은 유명한 말이 있다. "진실을 소유하고 있거나, 소유하고 있다고 착각하지 않고 열심히 노력한 후 진실을 얻는 행동이 인간을 가치 있게 만든다. 진실은 소유가 아닌 연구를 통해서만 그 능력이 확대되기 때문이다… 소유는 인간을 조용하게 하고, 게으르게 하며, 거만하게 한다."

레싱은 관용사상을 주장했기 때문에 이 사상과 관련된 오해들로부터 경고를 받았다. 오늘날 많은 이들은 관용이 모든 것을 허락하는 원칙이라고 이해한다. 모든 사람들은 자기가 원하는 대로 살고자 한다. 취향은 사람마다 다르다. 이와 반대로 레싱은 칸트처럼 계몽주의를 적극적으로 주장했다. 레싱은 자신이 살았던 시대의 문제에 대해 입장을 표명했고 거기에는 칸트가 말한 계몽주의의 표어가 들어 있다. "감히 알고자 하라!", "용감하게 당신의 지성을 사용하라!"

객관적인 진실은 없기 때문에 올바른 것을 위해 싸우는 것은 중요하다. 이 세상에 객관적인 시선 또한 없다면 모든 견해도 똑같이 가치가 없어진다. 그 누구도 현실에서 다른 사람들의 해석을 피할 수 없다. "최후의 진실은 없으므로 우리가 여기에서 그리고 지금 진실로 받아들이거나 진실이 아니라고 거부하는 것이 중요하다."(파벨 코우바 Pavel Kouba)

명작콘서트

12

〈안톤 라이저〉

카를 필리프 모리츠

"인간의 존재는 얼마나 슬픈가 —
친밀한 교제를 통해 삶의 황무지에서 서로의 짐을
덜어주어야 하는 대신 이 하찮은 존재는
서로를 더 참을 수 없게 만든다."

자기연민

　　　　위의 말은 카를 필리프 모리츠(Karl Philipp Moritz, 1756~1793)의 소설 속 주인공 안톤 라이저가 쓴 편지 앞부분이다. 인류는 서로 싸우는 것보다 도와주는 것이 더 낫다는 지극히 단순한 의견을 말하고 있다. 〈안톤 라이저Anton Reiser〉는 독일 최초의 발전소설 또는 교양소설이다.

　안톤 라이저는 하노버에서 부유한 시민의 집에 얹혀살면서 장학금을 받아 김나지움을 다니는 지독히 가난한 학생이다. "어떤 사람은 안톤의 머리 모양이 너무 좋다고 했고, 어떤 사람은 손질을 너무 안했다고 말했다. 어떤 이들은 그의 행색이 너무 초라하다고 하는가 하면 또 다른 이들은 남의 도움을 받는 주제에 너무 깨끗이 입고 다닌다고 비난했다." 안톤은 예민하고 자극에 쉽게 반응하는 젊은이다.

 그는 약간의 무시를 받거나 그런 느낌이 드는 몸짓을 느끼면 자기연민에 빠진다. 그래서 안톤은 누군가와 관계를 맺는 일에 큰 어려움을 갖고 있다. 이러한 과민 반응 때문에 안톤은 언제나 사람들의 주목을 끈다. 하노버에서 알게 된 필리프 라이저Philipp Reiser가 그의 유일한 친구이다. 필리프는 라이저와 이름이 같고 작가의 제2의 자아이다. 둘은 서로의 다른 점까지도 잘 이해한다. 필리프는 일찍부터 이성에 관심이 있는 반면 안톤은 열등감 때문에 이성에 관심을 갖지 못한다.

 '부족한 자신감'은 안톤을 괴롭힌다. 동급생 대부분이 그와 비슷하게 가난한 형편임에도 불구하고 안톤은 자신의 가난을 심하게 불평한다. 그는 어떤 사람은 높은 계급으로 또 어떤 사람은 낮은 계급으로 태어난다는 현실이 너무 불공평하다고 생각한다. 그러나 구체적으로 사회를 비판하지는 않는다. 그는 단지 의미 있고 자신감 있는 생활을 불가능하게 만드는 사회구조가 있음을 깨닫는다. 하지만 안톤은 그 이유를 정확하게 분석하지는 않는다. 그의 자신감 부족은 무대 위에서 연극배우로 연기를 하거나 시를 쓰고 열심히 낭독하는 등 뭔가 성공을 통해 극복해야 한다는 생각을 하게 한다.

연극에서 배역을 맡아 낭독을 했을 때 안톤은 현실과 동떨어져 있고 일상의 근심에서 해방된 기분을 느낀다. "연극은 원래 환상의 세계이며, 모든 싫은 것과 압박에 대한 도피처였다." 그러나 안톤 주변에는 항상 질병과 가난함, 싸움이 지배하고 있었고 이 내향적인 젊은이는 문학에서 도피처를 찾는다. 특히 괴테의 〈베르테르의 슬픔〉은 커다란 매력으로 다가왔다.

다시 한번 이웃에게 상처를 받은 안톤은 며칠 동안 웅크리고 앉아 독서를 한다. "독서를 통해 새로운 세계가 열렸다. 그 행복한 체험을 겪으면서 안톤은 실제 삶에서 일어난 불쾌한 것들을 어느 정도 보상받을 수 있었다." 그러나 다시 새로운 희망이 나타날 때까지 몰락되는 것처럼 보인다. 안톤의 고독에 대한 동경은 크다. 이는 그의 이름 안톤(은자로 살았던 성 안토니우스 St. Antonius에서 나온 이름)에서도 말해주고 있다. 다른 사람과의 교제를 어려워하고 부끄러워하는 감정은 안톤을 거의 강제적으로 꿈의 세계와 환상의 세계로 이끈다. 그는 고독을 고통스럽게 느끼지만 얼마 후에는 일종의 희열을, 슬픔의 기쁨을 느낀다.

본래의 자아를 찾는 안톤은 불확실함으로 각인된 현대 인간과 여러 면에서 비슷하다. 모리츠의 소설에는 훌륭한 인격이 형성되기 위한 교육을 강조한다. "종종 그는 슬픈 마음으로 학교에 갔다. 하지만 학교에 있으면 근심을 모두 잊는다. 사실 학교에 있는 시간이 가장 행복한 시간이었다. 학교에 있을 때 그는 그다지 불행하지 않았다. 그의 생각이 발전하기 시작했기 때문이다. 충분히 긴장되고 행복했다 — 그는 먼저 생각의 기쁨을 맛보았다."

왜 인간은 서로를 더 힘들게 만드는가

카를 필리프 모리츠는 독일어 언어권에서 최초의 심리적인 작가에 해당한다. 그는 〈안톤 라이저〉에서 자신의 유년 시절과 청소년 시절을 실제로 묘사했다. 그는 1756년 군악대원이자 하사관의 아들로 하멜른에서 태어났다. 아버지는 정적주의자 마담 귀용Guyon의 신봉자였으며 아들을 강압적으로 키웠다. 모리츠는 아버지의 친근한 눈빛을 이렇게 묘사했다. "그에게는 아주 특별한 것이었다. 그것은 그가 상상했던 것과는 달랐다."

12세에 모리츠는 브라운슈바이크의 구두장이 밑에서 무자비하게 착취를 당했다. 자살 시도가 있은 후에야 부모는 새로 이사간 하노버로 모리츠를 데리고 왔다. 그곳에서 목사가 재능을 알아보고 부모의 뜻과는 상관없이 김나지움 교육을 받도록 해주었다. 거지처럼 가난한 모리츠는 동냥에 의지해 살았고 자신감을 잃어갔다. 아름다운 빛의 왕국인 연극 무대 위에서 모리츠는 소설 속 주인공처럼 일종의 대리만족을 얻었다. 극단에 가입하지만 곧 해체되고 다시 알거지가 된다.

22세에 모리츠는 마침내 위수도시 포츠담에서 교사 자리를 얻는다. 헌신과 열정을 다해 일하지만 혹독한 교육 체계는 모리츠를 다시 자살로 몰고 간다. 다행히 역경을 극복하고, 계몽교육학으로 유명한 베를린의 그라우 수도원으로 옮겨 그곳에서 교감 자리까지 승진한다. 1786년에는 도망가듯이 이탈리아로 여행을 떠난다. 2년의 행복한 시간을 보낸 로마에서 모리츠는 괴테와 친분을 맺는다. 1789년 베를린에서 미술 이론 교수가 되어 결혼도 하고 부와 명예를 얻지만 1793년 37세의 나이에 결핵으로 죽는다.

모리츠의 발전소설은 당시 수공업자의 삶에 대해 많은 것을 알려주고 북독일의 도시와 시골에 사는 가난한 사람들의 생활을 여실히 보여준다. 따라서 이야기책에서도 거의 찾아볼 수 없었던 18세기 말엽의 현실이 적나라하게 드러난다. 종종 몇 주 동안 커다란 빵 한 덩어리로 견뎌내는 굶주린 사람들의 생존 싸움을 다루었다. 모리츠는 모자 제조인, 구두장이, 오보에 연주자, 배우, 식초 제조인 등을 묘사한다. "인간의 존재는 얼마나 슬픈가 — 친밀한 교제를 통해 삶의 황무지에서 서로의 짐을 덜어주어야 하는 대신 이 하찮은 존재는 서로를 더 참을 수 없게 만든다." 왜 인간은 그런 어려운 상황에서 서로를 더 어렵게 만들며 사는 것일까? 서로 돕는 것이 더 의미 있지 않을까?

베를린의 작사가 리오 라이저Rio Reiser는 모리츠의 소설 속 주인공의 이름을 따라 자신의 이름을 지었고 작가 아르노 슈미트 Arno Schmidt는 〈안톤 라이저〉를 "모든 자서전 중 가장 훌륭한 자서전"이라고 칭찬했다. 〈안톤 라이저〉는 예를 들어, 따돌림 현상 같은 현대적인 소재를 다루었다. 소설은 라이저에 대해 이렇게 말한다. "그는 대열에서 아주 밀려났다 —그는 홀로 서 있다가 그곳을 떠났다— 그리고 항상 더 고립되고 자기 안으로 움츠러들 수 있는 곳만을 찾았다. 혼자 방에서 공부하고, 책 읽고, 생각하는 것만이 그의 낙이었다. 하지만 수업시간에 다른 사람과 함께 공부해야 할 때는 활기가 없어지고 짜증났다."

라이저처럼 오늘날의 청소년들은 다양한 이유로 비디오게임, TV, 술과 마약에 붙잡혀 있다. 사회가 점점 복잡해지면서 그들은 인공적인 세계로 달아난다. 라이저는 자살까지 시도할 정도로 끊임없이 자신을 낮춘다. "왜냐하면 수치스러움을 가장 큰 불행으로 여기기 때문이다." 문학의 위로가 없었다면 아마도 그는 견디지 못했을 것이다. 그에게 은둔은 부정적이지만은 않다. 심지어 여러 날의 고독한 시간 동안 그는 자신의 존재에 깊은 깨달음을 얻는다. 빈둥거리고 지루해하는 시간도 가치가 있다. 주인공의 고독에 대해 소설에서는 이렇게 묘사한다.

"그에게 존재의 개념은 모든 인간의 사고의 한계로 다가온다." 한가한 시간은 생각을 깊게 할 수 있게 해준다. 반면 행동이 늘어나면 생각을 죽인다.

명 작 콘 서 트
13

〈파우스트〉
요한 볼프강 폰 괴테

"두 개의 영혼이여, 아! 내 가슴에 머물러라."

인간의 영혼

괴테(Johann Wolfgang von Goethe, 1749~1832)의 〈파우스트Faust〉는 자신의 지식이 제한되어 있음을 깨달아야 하는 학문의 인간과 사고력의 인간을 구체적으로 표현한 작품이다. 파우스트는 서재에서 깨달은 많은 지식이 세상의 비밀을 다 알게 해줄 수 없다는 사실에 절망한다. 그는 마술을 부려 "무엇이 세상을 가장 깊은 곳에서 결합시킬 수 있는가"를 알고자 했지만 모두 실패로 돌아갔다. "나는 신과 같지 않다! 나는 먼지를 파헤치며 가는 벌레와 같다." 파우스트는 이런 기분을 뼛속 깊이 느낀다.

그는 분열된 지성인의 총체다. 한편으로 파우스트는 먼 곳을 동

괴테 Johann Wolfgang von Goethe

경하고 신을 바라보지만 다른 한편으로는 현세의 친구들과 마음 껏 즐기기를 원했다.

두 개의 영혼이여, 아! 내 가슴에 머물러라,
하나의 영혼이 다른 영혼에서 헤어지려고 하네.
하나는 상스러운 사랑의 쾌락을 추구하고,
다른 하나는 과감히 세속의 흙먼지에서 일어나
숭고한 조상들의 영역에 오르려고 하네.

이런 감각의 위기에 메피스토Mephisto가 파우스트 앞에 등장하고 그와 계약을 맺는다. 파우스트가 자신의 욕망과 타협을 한다면 메피스토는 그 자리에서 그의 영혼을 가질 수 있다. "나는 어느 순간 이렇게 말할 것이다. 멈추어라! 너는 정말 아름답구나! 그때 너는 나를 결박해도 좋다. 나는 기꺼이 멸망할 것이다." 계약을 한 후 메피스토는 파우스트를 '감각적 쾌락'에 빠뜨린다. 메피스토는 파우스트에게 어디든 들어갈 수 있는 요술망토를 주고 함께 라이프치히에 있는 아우어바흐 지하 술집에서 취하도록 마신다. 그러나 파우스트는 오히려 술친구에게 혐오감을 느낀다.

그리하여 메피스토는 파우스트를 마녀의 부엌으로 데려가 젊어질 수 있고 사랑에 미치게 만드는 마법의 물약을 준다. 마법의 물약을 마신 후 파우스트는 그레첸Gretchen을 만난다. 파우스트에게 그레첸은 단지 성적 쾌락의 대상일 뿐이지만 그레첸은 실제로 파우스트를 사랑하게 된다. 메피스토는 절대적으로 반대 성향을 가진 파우스트와 그레첸의 만남을 정리한다. 파우스트는 끝없이 무한한 것을 추구하는 반면 그레첸은 한눈에 알아볼 수 있는 작은 세상에 만족하며 산다.

그레첸은 파우스트가 파악하기 어려운 성격을 가진 남자임을 느끼고 마르테스 정원에서 그 유명한 '그레첸 질문'을 던진다. "그럼 말씀해주세요. 종교를 어떻게 생각하시나요? 당신은 진심으로 좋은 사람이지만 종교는 별로 중요하게 생각하지 않는 것

같아요." 그레첸은 파우스트에게 마음이 끌리지만 메피스토 앞에 서는 은밀한 공포를 느낀다. 파우스트는 오히려 화가 나 대답한다. "놔둬요. 당신은 내가 착하다는 걸 느끼고 있어… 이성적이라고 부르는 것은 종종 더 공허하고 의미가 없어."

파우스트는 신을 믿고 싶은 것이다. 우리는 전능한 존재에 대해 알지 못한다. 단지 "모든 것을 보전하는 하느님", "모든 것을 포용하는 하느님"이고 모든 인간이 그에 곁에 있으면 좋은 대접을 받을 수 있다는 것만을 알고 있다. 파우스트는 범신론을 주장한다. 세상은 신성하고 신이 모든 존재를 에워싸고 있다고 범신론은 말한다. 괴테는 교회도 성찬식에도 가지 않았으며 친구에게 말하듯 기도하지도 않았다.

정원 장면에서부터 소위 '그레첸 비극'은 예정대로 진행된다. 파우스트는 그레첸을 유혹해 임신시킨다. 곧 파우스트는 여러 사람 때문에 양심의 가책을 받으며 메피스토의 도움으로 그레첸의 오빠 발렌틴을 죽인다. 그녀의 어머니는 메피스토가 준 독한 술을 마시고 죽고, 그레첸은 아이를 물에 빠뜨린다. 메피스토는 파우스트를 거칠고 상스럽고 음탕한 축제를 경험할 수 있는 브로켄산으로 데려가려 한다. 감옥 장면에서 파우스트는 인간적인 면을 다시 발휘한다. 하지만 그땐 이미 늦었다. 그레첸은 감옥에서 미쳐버린다. 그녀가 "하인리히! 나는 당신이 무서워요!"라고 말할 때까지 그레첸은 파우스트를 알아보지 못한다. 그녀는 자신의 행동을 후회하고 파우스트와 도망가는 대신 사형을 받아들인다. 이렇게 극의 1부는 끝난다.

　괴테는 1749년 8월 28일 교양 있는 황실고문관 아버지와 쾌활한 어머니의 아들로 프랑크푸르트 암 마인 라이히스슈타트에서 태어났다. 완고한 아버지는 괴테의 폭 넓은 학식을 걱정했다. 그는 현대어인 이탈리아어나 프랑스어도 배우지 않고 라틴어나 그리스어, 히브리어도 배우지 않았다. 라이프치히에서 괴테는 법학을 공부하다가 병에 걸려 스트라스부르크로 옮겨 학업을 계속했다. 엘자스에서의 2년이 가장 행복했었다고 괴테는 회고했다.

　1775년 헤어조그 칼 아우구스트는 괴테를 법률 고문으로, 후에는 장관으로 임명하기 위해 바이마르로 초대했다. 1782년 괴테는 귀족에 임명되었다. 1786~88년 동안 그는 이탈리아 여행을 떠난다. 그 여행에서 고대의 '고요한 위대함'에 몰두한다. 로마에서는 화가로 자처해 예술가의 삶을 산다. 그의 작품 〈이탈리아 기행〉이 이를 잘 보여준다. 바이마르로 돌아온 괴테는 오로지 예술 및 바이마르 궁정극장의 감독 일에만 몰두했다. 쉬지 않고 극장 감독이자 자연 연구가 그리고 작가로 열심히 활동했다.

　또한 색채론과 광학에도 몰두했다. 삶의 막바지에 괴테는 신분에 맞지 않는 크리스티안 불피우스를 집으로 데려와 1806년 결혼했다. 그는 쉴러와 같은 작가들과 친분을 맺었다. 이로써 바이마르는 독일의 정신적 중심지가 되었다. 1832년 3월 22일 괴테는 죽고 바이마르 후작 묘지의 쉴러 옆에 매장되었다.

11,000개의 시구로 구성된 〈파우스트〉는 연극 역사에서 가장 성공적인 작품이다. 1846년 헥토르 베를리오즈Hector Berlioz는 오페라 〈파우스트의 저주〉를 작곡했고, 구스타프 그륀트겐스가 연출한 〈파우스트〉는 많은 사람들의 사랑을 받았다. 이 작품에서 빌 크바트플리그가 파우스트 역을 맡았고 그륀트겐스 자신은 메피스토 역을 맡아 연기했다.

자 유 도 생 명 처 럼 날 마 다 싸 워 서 얻 어 야 한 다

60세에 괴테는 파우스트 이야기에 몰두했다. 대중적인 이야기책 〈요한 파우스트 박사의 이야기 *Historia von D. Johann Fausten*〉가 그 소재였다. 1772년 괴테는 단두대에 오른 영아 살해범 수잔나 마가레타 브란트의 재판에 영감을 받아 〈파우스트〉의 첫 번째 장면을 썼다. 괴테는 아마도 유죄판결을 받은 그녀의 사형 집행에도 참석했을 것이다. 1774년에 〈파우스트〉의 첫 번째 판이 나왔으며 괴테가 죽기 직전에 오늘날 우리가 알고 있는 〈파우스트〉가 출판되었다.

2부의 시작에서 메피스토는 파우스트를 우아한 곳으로 데려간다. 그곳에서 파우스트는 꽃 위에 누워 깊은 잠을 자고 새로운 삶의 에너지와 활동 욕구가 생긴다. 계속되는 여행에서 메피스토는

권력, 명예, 부로 하여금 파우스트를 만족시키고자 한다. 파우스트와 메피스토는 파산한 궁정에 지폐를 발행해 나라의 재정난을 해결해준다. 2008년 세계 금융위기 때와 똑같이 돈이 제 가치를 못했기 때문이다. 이제 메피스토는 돈의 도움을 받아 보편적 인간이 되려는 파우스트를 조롱한다. 돈과 부는 파우스트가 찾는 것이 아니었다.

결국 파우스트는 계속 방황을 한다. 작품의 끝에서야 파우스트는 삶의 의미를 깨닫는다. 실명한 파우스트는 해안지역을 간석지로 개간해 옥토로 바꾸는 생각을 한다. 이를 위해서는 많은 일꾼들이 도와야 한다. 그래야만 사람들이 살 수 있는 거주지를 만들 수 있다. "지혜의 마지막 결론은 이런 것이다. 자유도 생명처럼 날마다 싸워서 얻어야 한다." 목표를 정하고 장애물을 스스로 극복한다면 괴테 스스로에게도 가치 있는 삶이었을 것이다. 만족하는 인간은 죽은 사람이나 마찬가지라고 괴테는 생각했다.

파우스트는 미래의 더 나은 사회와 최고의 순간을 생각하며 희망을 안고 죽었다. 내기의 결과로 파우스트의 영혼은 악마에게 주어야 한다. 그러나 파우스트는 '특별한 방법'으로 신을 섬겼기 때문에 천사의 도움으로 구원받는다. 삶의 의미는 모든 것을 완전히 꿰뚫어보는 것에 있지 않고 매일매일의 일상에서 차츰 나아지는 것에 있다. "우리는 항상 노력하는 자를 구원할 수 있다."

파우스트는 자신의 삶의 의미를 인도주의에서 찾았다. 괴테는 믿음에 대한 상실과 근대의 속박에서 벗어난 영혼을 통해 나타나는 위험성을 보았다. 그는 어떤 경우에도 예부터 전해오는 생각으로 돌아가려 하지 않았지만 현대 인간의 '형이상학적인 노숙 상태'(게오르그 루카치Georg Lukacs)에서 의미 있는 삶을 찾기는 힘들다는 것도 알았다.

  그런 까닭에 그레첸의 질문은 깊은 의미가 있다. "그럼 말씀해 주세요. 종교를 어떻게 생각하시나요?" 괴테는 계몽된 인간은 노력해야 한다고 답했다. "자유로운 땅에서 자유로운 백성들과 더불어 살고 싶은 것이다."

명 작 콘 서 트
14

〈1810년 3월 11일의 일기〉
라헬 레빈 바른하겐 폰 엔제

"나는 삶이 비처럼 내게 내리도록 둔다."

실용적 사고와 환상

1833년 말, 얼마 전 타계한 여류작가 라헬 바른하겐 폰 엔제(Rahel Levin Varnhagen von Ense, 1771~1833)의 편지들과 일기장에서 발췌해 만든 책이 출판되었다. 이 책은 그녀의 남편 카를 아우구스트 바른하겐 폰 엔제가 구성했다. 하이네는 이 책을 열광적으로 환영했다. 친구들 사이에서 그녀는 라헬 레빈으로 불렸다. 이는 미혼 때의 성으로 오래전부터 불렸던 이름이었다.

이처럼 즐겁게 이야기하고 편지를 쓰는 방식의 책은 사람들을 놀라게 했다. 오스트리아 시인 프란츠 그릴파르처Franz Grillparzer

는 라헬의 책에 대해 이렇게 썼다. "나는 내 인생에서 이처럼 흥미롭고 훌륭한 이야기를 들어본 적이 없다."

괴테는 칼스바트(체코에 있는 온천도시)에서 그녀를 "아름다운 영혼"이라고 지칭했다. 20세기 들어 철학자 한나 아렌트는 〈라헬 바른하겐: 낭만주의 독일 유대인의 전기〉라는 라헬의 일대기를 썼다. 이 책에서 그녀는 라헬의 "나는 삶이 비처럼 내게 내리도록 둔다"를 특히 강조했다.

아렌트는 〈1810년 3월 11일 일기 Ungedruckte Tagebuchnotiz vom 11. März 1810〉에 대해 라헬이 그녀가 살았던 시대 상황에 노출되어 있다고 해석했다. 19세기 초 여성이 공적 생활에 참여한다는 것은 매우 어려운 일이었다. 시인, 철학자, 신학자, 자연과학자, 음악가 그리고 상인들과 만나는 살롱이 여성들이 유일하게 활동할 수 있는 공간이었다.

라헬은 부유한 유대인 은행가이자 보석상인인 마르쿠스 레빈 Marcus Levin의 딸이었다. '보호장'을 취득함으로써 그녀의 아버지는 베를린에 정착할 수 있는 허가를 받았다. 그러나 이는 가족이 다른 국민들과 동등하다는 뜻은 아니었다. 또한 보호받는 유대인은 두 번째 계급 시민이었다. 이들은 대부분의 직업과 고위관직에서 일할 수 없었다. 라헬은 이런 차별을 오랫동안 참으며 살았다. 한 편지에서 그녀는 자신의 꿈에 대해 묘사했다. 그 꿈에서 그녀는 유대인이 아닌 친구 헨리에테 슐라이어마허와 베티나 브렌

타노에게 외친다. "너희들은 치욕을 알고 있니?… 나는 아무런 나쁜 짓도 하지 않았어. 나는 죄가 없어."

아버지의 죽음 후 라헬은 베를린 극장과 독일 대성당 근처에 있는 부모 집의 다락방에 첫 살롱을 만들었다. 그곳에서 사람들은 작은 그룹을 지어 이야기를 나누고 책을 낭독해주며 음악을 듣고 우정을 쌓았으며, 연극, 배우, 오페라 등에 대해 토론을 벌였다. 귀족, 시민, 학자, 예술가, 동료 훔볼트Humboldt, 티크Tieck, 프리드리히 슐라이어마허Friedrich Schleiermacher, 장 폴Jean Paul, 아델베르트 폰 샤미소Adelbert von Chamisso, 프리드리히 드 라 모트 푸케Friedrich de la Motte Fouque, 프로이센 왕 프리드리히 2세의 조카 루이 페르디난트Louis Ferdinand 왕자 등이 거의 매일 세기의 전환에 대해 이야기를 나누었다.

1813년 러시아 편을 들어 프로이센이 나폴레옹에게 선전포고를 했을 때 라헬은 브레슬라우를 거쳐 프라하로 도주했다. 나폴레옹을 반대하는 입장에서 그녀는 도시로 들어오는 피난민들과 부상당한 군인들을 돌봐주었다. 구조 활동기구를 조직해 돈을 모아 약품을 마련하고 가난한 이들을 위해 음식을 만들어주었다. 그녀는 탈진 상태가 될 때까지 그 일을 했다.

미래의 남편에게 보내는 편지에는 이렇게 썼다 "나는 올 여름 감정의 변화가 아주 심했다. 두려움, 걱정, 동정. 그리고 내가 이곳에서 본 것들!!! 나는 결코 전쟁을 본 것이 아니다!… 이제 우리는 여기에서 평온을 찾았다. 하지만 독일과 네덜란드 이곳저곳에서 칼을 휘두르고 사람들에게 총을 쏘고 있다. 고통스러운 살, 혈관 그리고 몸에. 사람들은 궁핍하게 살고 학대한다!"

1814년 라헬은 4일 후 있을 프로이센 외교관 카를 아우구스트 바른하겐 폰 엔제Karl August Varnhagen von Ense와의 결혼을 위해 베를린에서 세례를 받았다. 당시에는 법률상의 결혼이라는 것이 없었기 때문에 세례를 받아야 했다. 1815년 빈 회의에 참석하는 남편을 따라 그녀는 빈을 여행했다. 1816년 남편 엔제는 칼스루에의 바덴 궁정에서 프로이센의 기업 경영자로 임명되었다. 그때 바덴에서는 합법적인 왕위 계승자에 대한 음흉한 음모가 진행되었다. 사람들은 어린 왕위 계승자를 성에 가두었다. 몇 년 후 그가 풀려났을 때 '카스파 하우저'가 말하는 것을 잊었다는 사실이 밝혀졌다. 라인하르드 마이Reinhard Mey는 카스파 하우저에 대한 노래를, 페터 한트케Peter Handke는 희곡을 썼다.

신선하고 작고 추상적인 길을 우리는 갈 것이다

1819년 라헬의 진보적 태도로 인해 우편물을 빼앗기고 부부는 베를린으로 돌아왔으며 프랑스 거리에 새로이 살롱을 열었다. 그녀의 두 번째 살롱이었다. 루드비히 뵈르네Ludwig Börne, 헤겔, 하이네, 퓌클러 무스카우 후작Pückler-Muskau, 베티나 폰 아르님

Bettina von Arnim 등이 손님이었다. 1821년 이후 그녀의 편지를 엮은 출판물들이 다양한 잡지에 실렸다. 라헬은 1833년 3월 7일 62세의 나이로 사망했으며 베를린의 삼위일체교회 묘지에 안장되었다.

안네테 폰 드로스테-휠스호프Annette von Droste-Hülshoff, 카롤리네 폰 귄데로데Karoline von Günderode, 베티나 폰 아르님과 함께 라헬은 독일 낭만주의에서 네 번째로 중요한 여성이다. 그녀의 작품은 대부분 편지와 일기 형식으로 이루어졌으며 19세기로의 전환기에 여성들을 위한 작품이었고 문학에서는 거의 유일했다. 대부분의 편지는 가족이나 친구들에게만 읽혀지지 않고 더 많은 독자들에게 제공되었다.

그 당시 사람들의 편지가 얼마나 예술적으로 쓰여졌는지는 발터 벤야민의 편지 모음 〈독일사람: 일련의 편지〉를 보면 알 수 있다. 벤야민은 편지에서 이전 시대의 삶에 대한 지식을 얻을 수 있다고 생각해 특히 편지를 모아 선집을 출간했다.

낭만주의의 대표자로서 라헬은 현대 능력주의 사회의 실용주의적 사고에 관해 환상의 의미와 목적 없는 놀이의 의미를 강조했다. "신선하고 작고 추상적인 길을 우리는 갈 것이다. 아직 우리는 이 길을 모른다. 그리고 이 길에서 구름을 따라가고, 빛의 마술을 즐긴다. 또한 흥분하면 어둠에도 뒤따를 것이다!" 낭만주의의 의도는 세계를 시로 표현하는 것이었다. "노래는 모든 사물 안에서 자고 있다"라고 시인 요제프 폰 아이헨도르프Joseph von Eichendorff는 묘사했다. "낭만주의화 하는 것은 일시적인 것에 끝없는 의미를 주는 것이다"라고 프라이헤어 폰 하르덴베르크(Freiherr von Hardenberg, 일명 노발리스)는 설명했다.

독일, 특히 뮌헨, 예나, 베를린에서 낭만주의자들은 작은 모임을 만들어 자신의 가사를 낭독했다. 라헬의 살롱에서도 새로운 문학적 경향이 토론되었다. 그녀의 그리움(이는 낭만주의자의 핵심 개념 중 하나이다)은 유명한 '푸른 꽃'이나 상상 속의 제국이 아니라 삶과 환상이 풍부한 대화를 통해 이루어진 기쁨에 해당한다.

교육, 직업 그리고 공적 활동과 관련해 여성들에게 불평등했던 시대에 라헬은 훌륭한 개성을 보여주었다. 사교는 그녀에게 도덕적인 가치였다. "인간이 다른 존재를 받아들이고 자기자신처럼 여길 때 대체 무엇을 이룰 수 있는가? 다양하고 풍부한 여러 교제에서보다 언제 더 다른 존재와 함께 할 수 있을까?"

라헬은 즉흥성과 이야기를 알리는 재능이 풍부했다. 이런 재능을 올바른 목적에 사용했다. 프라하에서 정부가 소홀히 한 전쟁 부상자들을 돌봐주고 있었을 때 그녀는 이렇게 말했다. "나는 마음속에 한 가지 계획을 갖고 있다. 그것은 모든 유럽 여성들이 전쟁에 결코 참여하지 않겠다고 주장하고 모든 고통 받는 자들을 도와주는 것이다."

한나 아렌트는 라헬을 실존주의의 초기 선구자로 파악했다. 그녀의 책에서 라헬은 결코 운명에 순응하지 않고 세상에 나와 새롭게 '구상하고' '계속 발전시켰다'고 설명했다. 실존이란 말은 라틴어 existere에서 유래되었고 "걸어나오다", "나타나다", "세상으로 오르다" 등의 많은 뜻을 갖고 있다. 라헬의 삶은 우리에게 인간은 특정한 시대, 특정한 나라, 특정한 조건 가운데에 있지만 거기에 머물러서는 안 된다고 가르쳐준다.

우리는 매순간 삶을 새롭게 변화시키고 방향을 정할 수 있다. 시몬 드 보부아르와 한나 아렌트처럼 라헬의 원칙 "모든 것은 스스로의 생각에 달려 있다"는 오늘날까지 스스로 결정하는 삶에 대한 모범이 된다.

명 작 콘 서 트
15

〈히페리온〉
프리드리히 횔덜린

"사랑의 한순간에 비해 수천 년 동안 사람들이 행하고 생각했던 모든 것은 다 무엇인가?"

고립과 전체

시인 프리드리히 횔덜린(Friedrich Hoelderlin, 1770~1843)에게 최초의 사랑의 경험은 특히 가치가 있다. 그는 그리스에서 다루던 서간체 형식의 소설 〈히페리온*Hyperion*〉에서 당시 팽배하던 물질주의에 대해 묘사했다. 그리스에 한 번도 가보지 않은 횔덜린은 여행기를 읽고 얻은 지식으로 이 작품을 썼다.

소설의 주인공은 터키의 통치에 대항해 싸우는 젊은 그리스인이다. 고대의 영웅적 정신과 미덕에 대한 히페리온의 이상은 전우의 야만적 행동을 통해 드러나고 히페리온은 전우들 사이에서 침묵하며 지낸다.

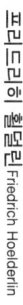
프리드리히 횔덜린 Friedrich Hoelderlin

　스미르나에서 그는 실패한 혁명가 아라반다Alabanda를 만난다. 귀족계급을 폐지하고 시민사회를 세워야 한다는 주장에 아라반다와 히페리온은 의견을 함께 한다. 그러나 아라반다는 이를 혁명을 통해 이루려 한 반면 히페리온은 민중의 교육을 통해 이루고자 한다. 이로 인해 둘은 의견충돌을 일으킨다.

　히페리온은 디오티마를 알게 된 고향 섬으로 돌아간다. 그러나 그는 제2권의 시작에서 아라반다의 주장에 따르기로 결심하고 그와 함께 터키인들과 맞서 자유를 위한 투쟁을 벌인다. 그러나 자유를 위한 투쟁가그룹 내에서 약탈과 불법 개입이 발생하자 —프랑스혁명 시기에 자코뱅 단원의 '불법'을 암시한다— 실망한 히페리온은 그리스를 떠나 독일로 간다.

그곳에서 히페리온은 독일인에 대한 심한 말을 발견한다. "예부터 야만인이었던 독일인들은 부지런함과 지식, 종교를 통해 더 야만적이 되었다. 신적인 감정을 느끼기에는… 희미하고 조화롭지 않고, 버려진 그릇조각 같다." 횔덜린은 그의 시에서 자연에는 성스러운 조화가 있고 이러한 보편적 조화와 신의 관점을 경험한 인간은 이를 더욱 발전시켜야 한다는 사실을 인간에게 상기시키고자 한다.

한평생 횔덜린은 숲 속의 성스러운 고요함을 찬미했다. 숲과 자연에서 그는 모든 아름다운 삶에 냉담해진 인간을 보호하고자 했다. 동시에 시 '저녁 환상'에서 볼 수 있듯이 의미 가득한 공동체를 원했다. 이 시에는 인간들이 일상의 유쾌하고 화목한 분위기에서 한 잔의 와인을 나누어 마시는 평화로운 분위기가 묘사되어 있다. 그러나 서정적인 나는 행복할 수 없다. "모두 즐겁게 보내는데 왜 내 가슴속 가시만은 잠들지 않을까?" 이 구절을 읽고 많은 이들은 횔덜린이 불행한 사람이었다고 생각한다. 이와 반대로 독문학자 피터 드 맷Peter de Matt은, 횔덜린은 다른 사람들이 거의 경험하지 않은 행복한 순간을 경험했다고 믿는다.

"횔덜린: 단지 비탄이나 우울함, 밀려오는 절망만이 아니다. 횔덜린: 이는 또한 행복이고 충만함이고 완전한 세계의 경험이다. 횔덜린의 작품을 단지 비극적으로만 보는 사람은 그가 얼마나 강인하고 대단한 자연을 경험하고 있는지 모른다."(피터 드 맷)

인간은 고립되어 있지 않고 전체의 일부가 되어야 한다

횔덜린은 1770년 네카 강변 라우펜에서 태어났다. 2살 때 아버지를 잃고 6살 때 의붓아버지를 잃었다. 어머니에게 보낸 편지에서 횔덜린은 아버지를 잃은 두 번의 경험은 인생에 깊게 각인되어 있다고 썼다. 덴켄도르프와 마울브론에서 학교를 다닌 후 튀빙겐의 수도원에서 신학을 공부했다. 이곳에서 철학자 프리드리히 빌헬름 조셉 쉘링 Friedrich Wilhelm Joseph Schelling, 헤겔과 친교를 맺는다.

1796~98년 횔덜린은 프랑크푸르트에서 가정교사 일을 한다. 그곳에서 고용주의 부인 쥬세테 콘타르트 Susette Gontard와 사랑에 빠진다. 그후 바드 홈부르크, 뉘르팅겐, 슈트트가르트, 스위스와 보르도에서 가정교사로 일한 후 정신착란에 빠진다. 이를 암시하는 시 구절이 있다. "여름을 허락해주소서, 권력자들이여! 나의 노래가 익을 수 있도록 가을을 허락해주소서!" 1806년부터 횔덜린은 튀빙겐의 목수 집에서 지냈다.

쉴러와 베토벤처럼 횔덜린은 프랑스혁명의 열광적인 추종자였고 낡은 계급사회를 반대했다. 물론 그에게는 순수한 정치보다는 정신적인 혁명의 시작이 중요했다. 애인 디오티마와 산책을 한 후 친구 벨라르민에게 이렇게 쓴다. "사랑의 한순간에 비해 수천 년 동안 사람들이 행하고 생각했던 모든 것은 다 무엇인가?" 횔덜린은 합리적인 사고보다는 인간이 감정적으로 변할 때 세상은 더 좋아진다고 생각했다. 그는 화해된 세상의 유토피아를 꿈꿨으며 시에서 종종 신 또는 반신을 언급함으로써 인간은 고립되어 있지 않고 커다란 전체의 일부가 되어야 한다고 말한다.

자연은 횔덜린에게 죽은 물질이 아닌 생명이 있는 존재다. 현대 인간은 세계의 일부라는 사실을 다시 배워야 한다. 파트모스 찬가에 나오는 "가까이 있으며 파악하기 어려운 이는 신이다"라는 표현을 통해 횔덜린은 사상의 전환은 항상 가능하지만 유감스럽게도 현대 인간은 근면함의 그릇에서 탈출할 수 없다고 말했다.

1765년 이후 영국에서 발현된 산업혁명은 즐겁지 않은 세계에 대한 횔덜린의 비판적 배경이 되었다. 열차, 기계화된 직조기와 분업화된 큰 공장(낡은 수공업 대신)은 노동세계를 변화시켰다. 19세기 산업화의 과정과 도시화는 온 대륙을 휩쓸었다. 프리드리히 쉴러는 〈미적 교육에 관한 편지〉에서 현대 세계에서 인간의 감정적인 욕구가 소홀히 다루어지는 것을 처음으로 경고했다. 인간이 노동과 생산에 대해서만 생각한다면 문예를 위한 공간은 없어진다. 현대 노동자는 노동의 과정에 온 힘을 다 쏟는다. 예술과 가치 있는 삶에 대해 생각할 시간은 없다.

횔덜린은 기술적 진보 이상으로 시적인 말이 사랑에 효과적인 작용을 할 수 있기를 희망했다. 우리는 그의 이름을 이상주의와 열정과 연관 지어 생각한다. "아, 꿈을 꿀 때 인간은 신이고, 깊이 생각할 때는 거지다. 감격이 사라지면 인간은 잘못을 저지른 아들이 아버지에게서 쫓겨나 아버지가 동정심으로 던져주는 얼마 안 되는 동전을 바라본다."

마르틴 하이데거Martin Heideger는 횔덜린을 "시인의 시인"이라고 표현했다. 일생 동안 횔덜린은 단순하고 만족하는 삶에 대해 꿈꿨다. 그에 따르면 평온, 건강, 자연 그리고 즐거움이 그런 삶에 속한다.

명작콘서트

16

〈적과 흑〉

스탕달

"다르다는 것은 미움을 낳는다."

다름과 미움

〈석과 흑Le Rouge et le Noir〉은 허구의 프랑스 도시 베리에르에 사는 작은 재제소 주인의 아들 줄리앙 소렐Julien Sorel의 상승과 추락을 다룬 이야기이다. 줄리앙은 모든 것을 열망하는 야심 많은 젊은이다. 그는 나폴레옹처럼 미미한 존재에서 출발해 가능한 한 높은 사회 계급으로 반드시 상승하려 한다. 브장송의 신학교에 입학했을 때 그는 다른 학생들보다 자신이 지적으로 더 우월하다고 느꼈다. 그의 이성은 이런 오만은 해가 된다고 타이른다. "'자만심에 나는 다른 농촌에 사는 아이들과는 달리 내 자신이 훌륭하다고 느껴왔다."

어느 날 아침 줄리앙은 이렇게 중얼거렸다. "그런데 이제는 다르다는 것은 미움을 낳는다는 사실을 알 만한 나이가 되었다." 성공을 위해 그는 눈에 띄지 않고 적응한 듯이 행동해야 했다. 그는 관습에 적응하려고 열심히 노력했다. 그러나 다른 이들의 눈에 띄지 않는 것은 쉽지 않았다. 그의 눈빛에서 이미 평범한 사람이 아니라는 것을 보여주었기 때문이다.

플로베르, 발자크와 함께 스탕달(Stendhal, 1783~1842)은 프랑스 사실주의의 3대 작가에 속한다. 그는 그르노블의 상류 시민계급 변호사의 아들이었다. 16세에 문학에서 명성을 얻고 공직을 구하기 위해 파리로 갔다. 친척 피에르 다루Pierre Daru는 그가 군대와 내각의 행정기구에서 일하도록 도와주었다. 1880년 장교로 나폴레옹의 이탈리아 출정에 참가하고 1806~08년 사이에 프랑스 군대와 함께 독일에 체류했다. 1811년 이탈리아에서 음악(모차르트, 하이튼, 로시니)과 조형예술에 깊은 관심을 갖게 된다.

1812년 나폴레옹의 러시아 출정에 참가하고 워털루에서 패배한 후 '세계에서 가장 아름다운 곳' 밀라노로 이주한다. 오스트리아 정부에 의해 추방당하자 1821년 파리로 다시 돌아오고 그곳에서 나폴레옹의 추종자로서 왕정 복구사회의 보수적인 성향을 비판했다. 1831년부터 이탈리아 치비타베키아에서 프랑스 영사로 일하다가 5년 후 파리로 3년 간의 휴가를 떠난다. 이때 걸작 〈파르마의 카르투지오 수도원La Chartreuse de Parme〉이 탄생했다.

이 작품은 우리를 나폴레옹 전쟁 시기로 데리고 간다. 또한 이 소설은 파브리체 델 동고라는 행운을 추구하는 젊은이를 다루고 있다. 치비타베키아로 돌아온 그는 1841년 첫 번째 뇌졸중을 겪고 1년 후 두 번째로 뇌졸중이 와 1842년 파리에서 사망했다.

스탕달은 발자크에게 보낸 편지에서 자신의 작업 방법에 대해 썼다. "나는 내가 잘 아는 사람을 고르고 그는 나에게 말한다. 그가 더 많은 영혼을 갖고 있다면 무엇을 했을까?" 괴테는 첼터에게 보낸 편지에서 스탕달에 대해 썼다. "그는 재능이 많은 인간 중의 한 명일 것이다. 그는 장교, 종업원 또는 간(肝)이 되어 모든 것을 동시에 전쟁의 빗자루로 이리저리 쓸어 모았다." 〈적과 흑〉에 대해서는 "훌륭한 관찰과 심리학적 통찰력을 가진 작품으로 사람들은 몇 가지 믿을 수 없는 상세한 내용에 대해서도 작가를 이해할 수 있게 한다"라고 평가했다.

괴테가 바르게 추측했듯이 스탕달은 모험적인 삶을 살았다. 필명은 그가 존경한 예술사학자 요한 요하힘 빈켈만Johann Joachim Winckelmann이 태어났던 스탕달에서 유래한다. "겸손으로부터 자신의 몸을 지키기 위해 인간은 자신의 가치를 잘 알아야 한다"라고 빈켈만은 지적했다. 빈켈만과 같이 스탕달은 교회의 하느님에 대한 경건한 마음을 위선이라고 느끼고 멀리했다.

스탕달은 〈적과 흑〉에 '1830년의 연대기'라는 부제목을 붙였다. 1830년은 샤를 10세에 맞선 7월혁명이 있었던 해이다. 그밖에 그는 이 작품을 통해 1815년 빈 회의 후 왕정복고 시기의 프랑스 풍속화를 독자에게 보여준다. 프랑스 지방도시에서는 —스탕달이 말하기를— 사람들을 몰래 감시한다. 가장 나쁜 것은 "소문이 나는" 것이다. 스탕달은 시치미 떼기와 서로의 감시 그리고 밀고자는 지배계급의 관심 속에 있다고 추측했다. 소설 제목의 빨간색(적)은 혁명의 과격성을 상징하는 것으로 줄리앙은 자신의 목표를 달성하기 위해 앞으로 나아간다. 검정색(흑)은 보수적 사회를 상징하고 줄리앙은 왕정복고 시대를 위해 행동했다.

스탕달의 소설에는 종종 구체적 모델이 있었다. 〈적과 흑〉에서는 법원신문에 보도된 사건이 모델이었다. 앙투안트 베르테라는 이름의 가정교사는 부도덕하게 문하생 어머니에게 접근했고 그로 인해 해고되었다. 그리고 나서 그녀 때문에 쫓겨났다고 생각해 미사 도중 권총으로 쏜다. 그리고 몇 달 후 사형을 당했다.

소설에서는 한 목사가 어린 줄리앙의 지적 능력을 발견하고 신부직을 권한다. 그 마을은 시장 드 레날de Rênal과 목사 후보생 말론Malon이 지배하고 있다. 드 레날은 돈밖에 모르는 사람으로 부유한 여성과 결혼했다. 그가 마을을 지나갈 때면 농부들은 공손하게 인사한다. 그는 줄리앙의 능력에 대해 듣고 셋째 아들의 가정교사로 데려온다. 이 시점부터 줄리앙은 귀족사회에서의 신분 상승을 계획한다. 그는 나폴레옹을 존경했지만 드 레날은 이미 굳어진 왕권주의자였기 때문에 그 앞에서 나폴레옹에 대해 욕설을 퍼붓는다.

　드 레날 부인과 줄리앙 사이에 정사가 이루어지고 이 일은 곧 온 마을에 소문이 퍼지고 시장은 익명의 편지 한 통을 받는다. 그로 인해 줄리앙은 브장송의 신학교로 보내진다. 신학교 교장 피라르Pirard 사제는 철저히 성실한 사람이다. 그러나 그는 얀센파 교도였기 때문에 가톨릭 수도회로부터 파면을 당한다. 그는 파리에 있는 구체제의 귀족으로 즐거움을 추구하고 재기 넘치는 인물인 드 라 몰de la Mole 후작 집으로 피신한다.

　　높이 오르는 자는 떨어질 수 있다

　왕정복고 시기의 상류층에는 하품이 나올 정도의 지루한 분위기가 지배적이었고 프랑스혁명 이선으로 역사의 바퀴를 돌리려 했다. 그들은 정치 상황이 다시 바뀔 수 있었기 때문에 구체적으로 자신의 의견을 말하는 것을 두려워했다. 1793년 자코뱅당의 지배가 반복될 수 있다는 공포는 귀족 사이에 더욱 깊이 자리 잡았다. 드 라 몰 후작은 경찰에게 매수당하지 않는 비서가 필요했다. 피라르 사제는 줄리앙을 추천하고 그는 곧 파리로 간다. 새로운 분야에서의 출세가 처음에는 낯설었지만 얼마 지나지 않아 적응을 한다. 때때로 상류사회에서 돋보이기까지 한다.

　스탕달은 포부르 셍 제르맹에 있는 살롱의 모습을 사실대로 묘사했다. 귀족들은 게으르고 일하는 것을 가장 나쁜 것이라고 여겼다. 그들은 쟈코뱅당과 공화국의 복귀를 두려워해서 가능한 모든 그룹과 화해하고자 했다. 이런 배경에서 줄리앙에게 새로운 연애사건이 터졌다. 후작의 딸인 19살의 마틸드를 유혹한 것이다. 그녀는 왕 샤를 10세Charles X의 젊은 기병 대위와 약혼한 사이다. 마틸드는 줄리앙과 사랑에 빠졌고 임신을 하자 결혼에까지 이른다. 그는 이제 세련된 멋쟁이로 변신한다. 그의 최고 전성기에 드 레날 부인은 고해신부의 사주를 받고 드 라 몰 후작에게 편지 한 통을 보낸다. 그 편지는 줄리앙이 부유한 여성들의 집에 몰래 드나든다는 내용이었다.

분노한 후작은 딸에게 편지를 보여주고 줄리앙에게도 보여준다. 출세를 망쳤다는 분노와 복수심에 가득 차 줄리앙은 고향으로 돌아간다. 그가 베리에르에 도착했을 때 드 레날 부인은 교회 미사에 참석하고 있었다. 그는 교회로 가 그녀에게 총을 겨눈다. 하지만 목적은 달성하지 못하고 감옥에 갇힌다. 살아남은 드 레날 부인은 줄리앙의 사면을 원하지만 사형을 선고 받고, 아직도 그를 사랑하는 드 레날 부인과 마틸드는 절망한다. 결국 줄리앙은 단두대에 올라 처형된다.

그가 어두운 감옥에서 나왔을 때 날씨가 화창해 몹시 기뻐했다고 스탕달은 표현했다. "단두대에서 목이 떨어지려는 그 순간만큼 머릿속에 그렇게 시가 가득한 적은 없었다. 언젠가 베르지의 숲에서 지냈던 가장 행복한 시간들이 분명하고 또렷하게 떠올랐다." 그는 침착하게 죽음을 맞이했다.

스탕달의 소설은 심리적이고 사회비판적인 분석을 통해 독자를 사로잡는다. 소설에는 최상류층의 공허함과 진부함이 묘사되어 있다. 주인공은 성직자 계급과 귀족으로 신분상승을 하려 한다. 이를 위해 상황에 따라 행동하고, 비틀리고, 속이며 연애를 한다. 줄리앙은 위선자가 된다. 자신의 소설 속 인물처럼 시골뜨기 스탕달은 파리에서 상류계급에 확실하게 자리 잡기 위해 힘들게 일한다. 오늘날과 마찬가지로 당시에도 많은 사람들이 출세해서 신분을 상승시키려는 희망을 갖고 있었다.

그러나 높이 오르는 자는 또한 아래로 떨어질 수 있다. "다르다는 것은 미움을 낳는다." 줄리앙에게 출세만큼 중요한 것은 없다. 그러나 그가 가슴이 없다고 말할 수는 없다. 반대로 그는 목표를 이루기 위해서는 명석하게 사리를 분별해야 한다고 스스로에게 말한다. "나는 나의 어리석은 감수성을 이겨내야 한다. 이는 나를 배반할 수 있다." 줄리앙의 독백이다. 모든 것을 계산했지만 성공은 계산할 수 없었다. 대중의 의견은 매번 바뀔 수 있다. 스탕달 자신도 항상 존재의 흔들림에 대해 알고 있었다. 그는 총 37개의 유언을 작성했다.

명 작 콘 서 트
17

〈홈부르크 왕자 프리드리히〉

하인리히 폰 클라이스트

"군율은 잘 지켜져야 한다는 것을 나는 알고 있습니다.
하지만 사랑하는 감정 또한 잘 지켜져야 합니다."

군율과 사랑

소설의 주인공 홈부르크의 왕자 프리드리히는 전형적인 프로이센 장교가 아니다. 페흐벨린 전투(1675)가 시작되기 전의 작전회의에서 스웨덴을 먼저 공격하라는 선제후의 명령을 마지못해 받아들인다. 그러나 왕자는 오데르강을 지키지 않고 브란덴부르크 기병대를 이끌고 공격을 개시한다. 그 결과 빛나는 승리를 거두었지만 선제후의 명령 불복종으로 사형 선고를 받는다.

왕자는 선제후가 은혜를 베풀 것이라고 확신한다. "선제후는 의무를 요구했지만 이제는 마음의 소리에 귀 기울여야 한다." 그

하인리히 폰 클라이스트 Heinrich von Kleist

러나 사형 집행은 현실이 되었다. 거만했던 왕자는 무릎 꿇고 살려달라고 간청한다. 이는 프로이센 군인에게는 생각할 수도 없는 모습이다.

그의 애인 나탈리에Natalie 공주가 선제후에게 은혜를 구했을 때 선제후는, 무죄판결을 내리면 그녀의 조국에 어떤 부정적인 결과가 미칠지에 대해 알려주었다. 이에 대해 나탈리에는 엄격한 법률에는 자비와 사랑이 병행되어야 한다고 반론을 폈다. "군율은 잘 지켜져야 한다는 것을 나는 알고 있습니다. 하지만 사랑하는 감정 또한 잘 지켜져야 합니다." 선제후는 왕자 스스로가 사형선고가 불공평하다고 생각한다면 은혜를 베풀 수 있다고 제안했다.

"그가 판결이 불공평하다고 말한다면 나는 그 판결을 취소할 것이며, 그는 자유의 몸이 될 것이다!"

이성에의 호소는 열매를 맺는다. 왕자는 죽음 앞의 두려움을 이겨내며 국가와 공동사회에 대한 자신의 책임을 인정한다. 소크라테스가 아테네의 법률 앞에서 그러했듯이 홈부르크의 왕자는, 인간은 법률을 고려하지 않고는 살 수 없다는 것을 알게 된다. 성숙해진 왕자는 판결을 받아들인다. 그로 인해 비로소 선제후는 관대한 처분을 내린다. 이 작품의 마지막에 홈부르크 왕자는 눈을 가린 채 페흐벨린 성의 정원으로 인도된다. 선제후는 그에게 은혜를 베풀고 나탈리에를 데려다준다.

하인리히 폰 클라이스트(Heinrich von Kleist, 1777~1811)는 1777년 브란덴부르크의 귀족 가문의 아들로 오데르 강변 프랑크푸르트에서 태어났다. 15세에 포츠담 가르더 친위연대에 들어갔다. 포츠담은 당시 군인, 명령, 원칙 그리고 행진으로 각인된 군사도시였다. 클라이스트는 프랑스에 맞선 라인 출정에 참가해 장교가 되었지만 22세에 철학과 법학을 공부하기 위해 장교직을 포기했다. 이후 칸트 연구에 몰두했다. 칸트의 인식론적 비판주의는 삶의 문제에 대한 대답을 얻는 대신 삶의 의미에 대한 의문을 갖게 했다.

23세에 첫 번째 희곡 〈슈로펜슈타인 가문 Die Familie Schroffenstein〉을 쓴다. 빌헬미네 폰 쩽에Wilhelmine von Zenge와의 예정된 결혼은 자신에 대한 회의에 부딪쳐 실패한다. 클라이스트의 모든 계획들은 거의 미완성인 채로 남아 있다. '자연으로 돌아가라'는 루소의 모토에 영감을 받아 스위스의 농가를 구입해 얼마 동안 농부로 살아간다. 이후 베른, 밀라노, 제네바, 파리로 여행을 떠난다. 1804년 프로이센에서 공직자로 일했으며 프로이센 붕괴 후 스파이로 의심을 받아 강제로 프랑스로 끌려갔다. 다행히 풀려난 그는 나폴레옹과 맞서 싸워야 한다고 조국에 호소했다.

잡지 〈피부스 Phoebus〉의 발행인이 되려는 시도는 괴테와 뷔일란드, 장 파울의 협조를 얻을 수 없어 실패로 돌아갔다. 1811년 11월 클라이스트는 마음이 맞는 헨리에테 포겔(Henriette Vogel, 그녀는 암에 걸렸었다)과 기분 좋게 클라이넨반 호수로 소풍을 간다. 그곳에서 그는 그녀의 동의로 먼저 그녀를 권총으로 쏘고 그 다음 자신이 자살한다.

개인의 자유와 국가의 명령

클라이스트 희곡의 기본 개념은, 인간은 윤리에 복종해야 한다는 것이다. 프리드리히 왕자처럼 모두가 자주적으로 행동한다면 특히 전쟁 때 크나큰 문제가 발생한다. 일정한 전투대형은 가능하지 않게 된다. 왕자가 전투에서 이긴 것은 단지 우연이었을 것이다. 우연이 아니었다 해도 다음번에 또다시 성공할지는 아무도 알 수 없다. 왕자가 실수를 깨닫자 상황은 바뀐다. 그는 이제 전체의 안전을 고려할 줄 아는 진정한 시민이 된 것이다. 물론 엄격한 법률을 무분별하게 시행하는 것은 비인간적이다. 이에 대해 나탈리에가 선제후에게 말했다. 그녀는 특히 전쟁 시에 법률을 지키는 것은 중요하지만 다른 면에서는 은혜와 사랑, 인간다움도 있어야 한다고 주장했다.

프로이센인들은 결코 〈홈부르크 왕자 프리드리히*Prinz Friedrich von Homburg*〉와 친숙해질 수 없었다. 은혜를 간청하는 장교는 의무감이 투철한 프로이센인들의 모습과는 달랐다. 실제 홈부르크의 왕자는 성실하고 강직한 사람이었다. 그는 페흐벨린 전투 후 1,000명 이상의 사망자가 즐비한 곳에서 아침을 먹고, '바로 그곳에서 용감하게 즐거워'했다.

클라이스트의 작품은 개인의 자유와 국가의 명령 관계를 다룬다. 군주에 대한 복종을 표현한 대목은 전형적인 프로이센 작품이고 이는 칸트가 말한 유명한 정언 명령 —그런 원칙에 따라 행동하라, 그것이 일반적인 법률이 되면 동시에 너도 하고자 하는 것을 할 수 있다— 에서 유래한다. 오늘날까지 클라이스트의 〈홈부르크 왕자〉는 개인과 사회, 예외적 현상과 규칙 간의 긴장상태를 묘사한 현실적인 작품이라 할 수 있다. 거의 모든 그의 작품에서 클라이스트는 악의가 아니라 본래의 선한 의지 때문에 윤리와 갈등을 일으키는 인물들을 다루었다. 예를 들어 자신의 권리를 위해 싸우다가 위험한 범법자가 되어버린 말 장수 미하엘 콜하스Michael Kohlhaas 같은 인물이다.

인간은 ―칸트가 표현했듯이― "비틀린 나무다." 법률이 없는 세상은 인간을 천사로 만들 수 있다. 프리드리히 왕자나 미하엘 콜하스와 같은 규범에 들어맞지 않는 예외적인 인물은 항상 있다. 일상생활을 일종의 권력을 갖기 위한 투쟁으로 생각한다면 클라이스트의 "군율은 잘 지켜져야 한다는 것을 나는 알고 있습니다. 하지만 사랑하는 감정 또한 잘 지켜져야 합니다"라는 말은 행동의 원칙이라고 할 수 있다. 부모와 판사, 정치가들이 규율을 어기지 않으면서 관대하게 처리해야 하는 경우에는 많은 세밀한 감정이 필요하다.

명작콘서트

18

〈보이체크〉

게오르그 뷔히너

"땅 밑이 모두 비어 있어!"

가난과 혁명

철학자 프리츠 마르티니Fritz Martini는 〈보이체크Woyzeck〉를 "가난한 자들 중 가장 가난한 자의 비극"이라고 평했다. 보이체크는 사랑과 질투에 사로잡혀 있는 주인공이다. 그는 정신착란 증세를 보인다. 현대의 중요한 모든 문제들이 보이체크 안에 모여 있다. 생명정책의 문제(의사는 보이체크에게 완두콩 이외에는 아무것도 먹지 말라고 한다), 사회문제(보이체크는 최하류층이다), 사회의 권력과 군사화 문제(이 작품은 위수도시 안에서 이야기가 전개된다) 등이다.

마지막에 보이체크는 부정한 애인 마리에를 죽이고 스스로 물속으로 들어간다. 개성 있는 배우 클라우스 킨스키Klaus Kinski는 베르너 헤어초크Werner Herzog가 연출한 이 작품에서 악마적인 힘이 보이체크를 위협하는 인상 깊은 연기를 했다. 작곡가 알반 베르크Alban Berg는 뷔히너(Georg Büchner, 1813~1837)의 이 사색적인 작품을 오페라 무대에 올렸다. 보이체크는 이 세상에 있는 억압 받는 자와 착취당하는 자 그리고 고통 받는 자를 표현한 대표적인 작품이다.

 보이체크의 첫 번째 장면은 멀리 도시가 보이는 들판에서 시작된다. 보이체크와 동료 안드레스가 돈을 벌기 위해 덤불 속에서 나뭇가지들을 자르고 있다. 보이체크는 공상에 잠긴다. 그는 발을 구르며 외친다. "땅 밑이 모두 비어 있어! 프리메이슨 단원이야!" 실제로는 산업화된 세계가 그를 바닥에서 끌어올려 줄 수 있는데 보이체크는 프리메이슨 단원이 그 일을 해줄 거라는 잘못된 믿음을 가지고 있다.

 이 장면에서 뷔히너는 19세기 초 금융위기를 보여준다. 낡은 전통과 이상은 도려내질 것이다. 보이체크는 초기 근대화 과정 시기의 패배자이다. 가난한 군인은 애인과 아이가 하나 있다. 이 가정을 위해 그는 돈을 벌어야 한다. 이 때문에 의사에게 '실험용 토끼'가 되겠다고 한다. 의사는 3개월 동안 오로지 완두콩만 먹으라고 지시한다. 이는 비인간적이고 비합리적인 실험이다. 이 실험으로 보이체크는 망상에 사로잡힌 것이다. 그는 의사가 지시한

식이요법을 따르면서 결핍증에 괴로워한다.

보이체크는 부대에서 중대장의 괴롭힘을 참아낸다. 마리에가 군악대의 고수장과 함께 그를 속였을 때 제정신을 잃고 저수지에서 그녀를 칼로 찔러 죽인다. 보이체크는 범인이면서 동시에 희생자이기도 하다. 사회적인 상황이 보이체크를 그런 행위를 하도록 내몰았기 때문이다. 그는 수십 년 후 16세의 프랑스 시인 랭보 Rimbaud처럼 말할 수 있을 것이다. "나는 타인이다." 누구든 그들과 같은 상황에 있었다면 항상 범죄와 불행이 발생했을 것이다. 보이체크는 마치 총알에 내장이 뚫린 짐승처럼 추격한다. 모든 인간과 마찬가지로 그는 관심과 사랑을 동경하지만 그가 살아야 하는 상황은 너무 악하다.

뷔히너는 분명히 억압받는 자와 가난한 자들의 편이었고, 예술적인 질보다 정치 뉴스를 더 중요시한 경향시인도 아니었다. 그의 문체는 어떤 작가보다 훌륭했고 현실적인 희곡을 쓰는 작가 중 가장 뛰어난 작가였다. 뷔히너는 대공국 헤셀 다름슈타트의 고트델라우에 사는 시골의사의 아들로 태어났다. 그는 독일 문학에서 '일찍 원숙한 경지에 이른' 천재적인 작가에 속한다. 자연과학, 의학 그리고 철학을 공부했다.

뷔히너는 1833년 '인권사회'를 창립했고 1834년 "오두막에 평화를! 궁전에 전쟁을!"이라는 유명한 구호와 함께 〈헤센의 급사〉라는 혁명적인 팸플릿을 유포했다. 가난과 풍요 사이의 분열 속에서 뷔히너는 "가난한 자와 부유한 자와의 관계는 세상에서 유일한 혁명적 요소이다"를 혁명을 위한 원동력으로 보았다.

뷔히너는 짧은 창작 기간 동안 〈당통의 죽음 Dantons Tod〉, 〈보이체크〉, 〈렌츠 Lenz〉, 〈레온스와 레나 Leonce und Lena〉와 같은 중요한 작품들을 썼다. 4만 유로를 상금으로 하는 독일의 가장 중요한 문학상은 그의 이름을 따라 지었다. 뷔히너는 문학의 현대화를 도입했다. 뷔히너가 없었으면 브레이트도 생각할 수 없다. 뷔히너는 자신만의 언어를 통해 현대를 비판했다. "그는 바닥을 구른다. 모든 것이 헛되다."

우 리 시 대 에 무 언 가 가 필 요 하 다 면 그 것 은 폭 력 이 다

보이체크라는 인물을 통해 그는 사회문제를 부대 위로 가져왔다. 보이체크는 사회의 최하위 계층이다. 그는 상사로부터 시달림을 당하고 의사는 수상한 실험을 한다. 뷔히너는 민주주의와 공평성을 격렬히 지지한다. 이 책을 정확하게 읽은 사람은 혁명적인 이상의 실패에 대한 뷔히너의 실망을 알아챌 수 있다.

억압받는 자들은 그들의 힘을 알지 못한다. 이는 보이체크가 그에게 무슨 일이 일어나게 될지 예감하지 않은 채 중대장의 목에 칼을 들이댈 때 분명하게 드러난다. 중대장은 보이체크가 더 위험한 일을 할 수 있다는 것을 알게 된다. "그는 열린 면도칼처럼

세상으로 달린다", "그는 사람을 다치게 한다"라고 보이체크에 대해 깨닫는다.

뷔히너는 낭만주의를 높이 평가하지 않는다. 그에게는 더 나은 세상을 창조하는 것이 중요하다. 이를 위해서는 폭력도 필요하다고 생각한다. 20세에 그는 부모에게 "우리 시대에 무언가 도움이 필요하다면 그것은 폭력입니다." 산업화 초기 굴욕적인 관계에 대해 뷔히너는 절망적으로 외친다. "그들의 법적인 상태를 뭐라고 부를 것인가?" 그는 〈헤센의 급사〉에서 이렇게 혁명적으로 썼다. "상류층의 삶은 기나긴 일요일이다… 농부의 삶은 기나긴 평일이다. 이방인은 눈앞에서 자신의 경작지를 잃는다… 그의 땀은 상류층 책상 위에 있는 소금이다."

그러나 뷔히너가 희망한 농부들의 반란은 일어나지 않는다. 인권사회는 파괴되었다. 그의 비밀 정치 활동이 발각되었을 때 엘자스로 도망가야 했고 그곳에서는 다음과 같은 내용으로 지명수배되었다. "나이: 21세, 신장: 6피트 9촐, 머리색: 금발, 이마: 매우 튀어나옴, 눈썹: 금발, 턱: 둥근 턱, 얼굴: 달걀형, 얼굴색: 건강함, 모습: 힘 있고 날쌘함, 특징: 근시."

뷔히너는 계속 취리히로 갔다. 그 전에 그는 〈당통의 죽음〉을 썼고 〈보이체크〉를 쓰기 시작했다. 23세에 신경계를 다룬 논문으로 박사학위를 받았다. 그러나 1837년 취리히에서 겨우 24의 나이로 티푸스로 죽었다.

〈보이체크〉는 형식적으로 어떤 분류도 할 수 없다. 작품에 등장하는 언어는 일부는 거칠다. 우리는 노래, 사투리, 서민들의 말을 들을 수 있다. 뷔히너는 낡은 가치가 흔들리는 현대로 가는 문턱에서 작품을 썼다. 거기에는 일치되지 않는 각자의 의견만이 있을 뿐이다.

　공동세계는 죽었다. 각자 자신이 얼마나 힘들게 난관을 극복했는지 소리친다. "우리 같은 사람은 세상의 구석진 곳에 있고 작은 거울을 갖고 있다." 이들은 자신만의 세계로 움츠러 들어간다. "조용히, 모든 것이 조용하다. 마치 세상이 죽은 것처럼."

　보이체크는 3달 동안 완두콩만 먹고 건강이 나빠진다. 그러나 그는 가족을 먹여 살리기 위해 의사의 돈에 의지한다. 의사에게는 실험이 성공하는 것만이 중요하다. 반면 보이체크는 완두콩만 먹으면 받을 수 있는 돈을 생각한다. 한 사람에게는 직업인의 성공과 학문의 발전이 중요하고 다른 사람에게는 생존이 중요하다.

　보이체크와 상사와의 관계에서 힘의 차이는 뚜렷하다. 상사는 분위기를 이끌고 보이체크는 방어한다. 그러나 자신이 미덕이 없다고 비난한 상사에게 소리친다. "가난한 사람들은 이승에서나 저승에서나 항상 불행합니다." 그가 상사처럼 부유했다면 그 또한 품행이 바를 수 있었을 것이다. 주민 축제의 장면에서 뷔히너는, 인간은 환경에 좌우된다고 설파한다. 호객상인은 인간의 최하류층으로 원숭이에 대해 이야기한다.

사람은 원숭이에게 재주를 가르칠 수 있다. 인간도 ―뷔히너는 소위 환경설의 선구자로서 말했다― 동물처럼 길들일 수 있다. 원숭이는 보이체크처럼 취급된다. 원숭이는 맡은 역할을 해야 하고, 보이체크는 실험용 토끼 역할을 한다. 장교가 마리에를 "기마병을 번식시킬 수 있을 만큼" 건강한지 살펴보는 장면에서 뷔히너는 19세기 말 나타난 인종이론에 대해 앞서 생각했다.

희곡의 마지막에 보이체크가 자신의 행동을 후회하지 않는다는 것을 뚜렷하게 볼 수 있다. 그는 다른 것을 할 수 없었다. 작품은 시작할 때처럼 끝이 난다. 보이체크는 목소리를 듣고 망상에 사로잡혀 물속으로 들어간다. 그가 죽었는지 살았는지는 밝히지 않은 채 작품은 끝이 난다.

뷔히너 작품에 대한 해석은 의견이 분분하다. 마르크스주의 해석에 따르면 보이체크는 억압받는 프롤레타리아다. 프롤레타리아 혁명과 사회주의 사회만이 그와의 관계를 개선할 수 있다. 보이체크는 인간을 단일화하고 기능화 시키는 진보에 대한 믿음이 희생자를 낳을 수 있다는 사실을 보여준다. 세 번째 판본에서 뷔히너의 주요 테마는 현대 세계에서의 신의 부정과 아무도 그리스도교의 가치를 믿지 않는다는 것이다. 이와 함께 그의 작품은 의견이 분분하다. 뷔히너는 보이체크를 통해 예측될 수 있는 우리 시대의 중요한 문제를 기록했다.

오늘날까지 보이체크는 가난하고 억압받는 사람들의 상징이 되고 있다. 우리는 신문에서 집 없이 떠돌아다니는 알코올 중독자가 폭력에 의해 희생자가 되었다는 기사를 종종 읽는다. 보이체크는 가난과 마리에와의 사랑밖에 가진 것이 없다. 그는 카프카의 유명한 우화에 나오는 쥐와 비슷한 상황에 놓여 있다.

"아", 쥐는 말했다. "세상은 매일 좁아진다네. 처음에 세상은 내가 두려워 할 만큼 넓었지. 나는 앞으로 달렸고 멀리서 벽이 보였을 때 행복했어. 하지만 이 긴 벽을 빨리 달려 마지막 방에 도착했고 구석진 곳에는 덫이 있었지. 나는 그곳으로 달렸어."
"너는 달리는 방향을 바꿔야해."
고양이는 말하고 쥐를 잡아먹었다.

보이체크가 시작하는 것은 실패한다. 그는 타락한 인간이다. 하지만 우리의 동정심을 얻는 인간이기도 하다.

명작콘서트

19

〈독일. 겨울밤의 동화〉

하인리히 하이네

"새로운 노래, 더 나은 노래를,
오 벗들이여, 그대들에게 지어 주겠노라!
우리는 여기 지상에서 하늘나라를 벌써 세우려 한다."

검열과 구속

1843년 말 하이네(Heinrich Heine, 1797~1856)는 파리에서 함부르크로 어머니를 방문하기 위해 여행한다. 그는 릴까지 우편마차를 타고 가서 그곳에서 열차로 바꿔 타고 브뤼셀로 간다. 10월 25일 다시 기차를 타고 아헨으로 간다. 아헨에서부터 우편마차를 타고 쾰른, 하겐, 운나, 뮌스터와 오스나브뤽을 거쳐 브레멘으로 간다. 브레멘에서 배를 타고 계속 여행을 해 10월 29일 함부르크에 도착하고 12월 7일과 16일 사이에 다시 돌아간다.

이 여행에서 느낀 그의 인상이 〈독일. 겨울밤의 동화*Deutschland.*

하인리히 하이네 Heinrich Heine

Ein Wintermärchen〉에 묘사되어 있다. 추가한 제목 '겨울밤의 동화'는 셰익스피어의 〈여름밤의 꿈〉에서 차용했다. 이 제목을 통해 하이네는 독일의 정치적, 사회적 상황이 경직되어 있고 차갑다는 것을 일깨워준다. 풍자와 반어는 정치적 억압과 구속과의 투쟁에서 하이네의 무기이다. 하이네는 끊임없이 검열과 씨름해야 했다. 1844년 9월 출간된 〈겨울밤의 동화〉는 며칠 후인 10월 4일 '기독교에 대한 무자비한 비방'과 '혁명적 성향'이라는 이유로 프

로이센 정부로부터 금서목록에 올랐다.

27장으로 구성된 운문서사시에서 하이네는 독일인의 신하 근성을 비판한다. "한밤중 독일에 대해 생각하면 잠을 잘 수가 없다." 국경을 통과하면서 이미 진보적인 프랑스와 보수적인 독일의 차이가 뚜렷해진다. 세관이 위험한 인쇄물이 들어 있는지 하이네의 가방을 조사하는 동안 "저승! 영혼이 기쁨에 도취되는 곳이여"라고 소녀는 하프를 연주하며 노래한다. 하이네는 자신들은 흥청망청 삶을 즐기면서 그 밑에 있는 사람들에게는 충성하고, 포기하며, 열심히 살라고 강요하는 독일의 작은 국가를 지배하는 제후들과 고위 성직자들을 비난한다.

"나는 그들이 몰래 술을 마시면서 다른 사람들에게는 물을 마시라고 설교한 것을 알고 있다." 〈겨울밤의 동화〉의 시작과 동시에 하이네는 기독교의 반유토피아적 사회상을 펼친다. "새로운 노래, 더 나은 노래를, 오 벗들이여, 그대들에게 지어주겠노라! 우리는 여기 지상에서 하늘나라를 벌써 세우려 한다."

하이네는 프랑스 초기 사회주의자 생 시몽Saint-Simon의 감각주의 철학의 신봉자였고 인생을 즐기는 향락주의자였다. 〈겨울밤의 동화〉에는 맛있는 음식과 육체적 쾌락을 표현하는 구절이 많이 나온다. "나는 거기서 햄을 넣은 계란 케이크를 먹었다. 그런데 너무 짜서 라인 포도주를 마셔야 했다." 하이네는 계속 노래한다. "나는 높은 곳에 계시는 창조주께 감사한다. 그분은 위대한 작용으로 바다에는 굴을 만들어주셨고 땅에서는 라인 포도주를 만들어주셨다! 그분은 굴에 뿌리는 레몬 또한 자라게 하셨다 ― 이제 아버지여, 오늘 밤 이 음식들이 잘 소화되게 해주소서."

1843년 12월 하이네는 파리에서 처음으로 칼 마르크스를 만났다. 그와의 대화에서 하이네는 최하층 계급이 미래에는 지배 계급이 될 것이라는 확신을 가졌다. 이를 통해 모두에게 더욱더 많은 사회적 공평함과 복지를 기대했다. 그러나 다른 한편으로는 대량(대중) 민주주의로 인해 예술의 질이 손상될 것을 우려했다.

추방은 우리의 고통을 얼마나 현란하게 물들이는가

하이네는 1797년 뒤셀도르프에서 존경받는 유대인 직물장수의 아들로 태어났다. 원래 그는 아저씨 집에서 상업교육을 받으려 했지만 얼마 지나지 않아 적성에 맞지 않다는 걸 알게 되었다. 그 후 본, 괴팅엔 그리고 베를린에서 법률을 공부하기 시작한다. 1825년 박사학위를 취득했고, 법학자로 임용되기 위해 신교도로 개종했다. 교수가 되기 위한 노력이 실패로 돌아가자 저널리스트와 자유작가로 일하기 시작했다.

유머를 통해 사회비판을 한 〈여행그림*Reisebilder*〉(1826~1831)은 작가로서의 명성을 얻게 한 작품이었다. 빈 회의(1815)와 카를스바트 결의안(1819) 이후 왕정 복고시대에 대한 그의 비판은 프로이센의 장기적인 검열 대상이 되었다. 카를스바트에서 프로이센 왕은 대학에서 일어나는 소위 '선동적인 운동'을 반대했고 교수와 학생들을 엄격하게 감시하는 감독관이 임명되었다. 신문과 책은 검열에 따랐다.

하이네는 1831년 5월 우울한 마음으로 프랑스로 망명했다. "추방을 모르는 자는 그것이 우리의 고통을 얼마나 현란하게 물들이는지, 밤과 독을 우리의 생각에 얼마나 부어 넣는지 이해하지 못한다." 파리에서 아우구스부르크의 알게마이네 신문의 특파원이 되었고 초기 사회주의와 공산주의 이론가들과 교제했다. 그러나 예술을 가장 중요시했기 때문에 당원은 되지 않았다. 생의 마지막 해는 중병에 걸려 그 유명한 '이불 무덤'에서 일어나지 못하고 보냈다. 그의 마지막 말은 '종이… 연필'이었다. 심한 고통과 지병으로 1856년 파리에서 사망했고 몽마르트 묘지에 매장되었다.

그의 작품은 국가사회주의자들에 의해 소각되었다. 해외에서 하이네는 괴테와 함께 가장 위대한 독일 시인으로 추앙받는다. 장 파울, 하인리히 폰 클라이스트, 프리드리히 횔덜린과 같이 하이네는 고전주의와 낭만주의 사이의 작가이다. 고전주의에서 그는 철학과 민주주의의 이상과 함께 고대 그리스의 사랑을 배웠고, 낭만주의에서는 특히 왕정복고 시대에 대한 비판과 프로이센의 검열을 효과적으로 알릴 수 있는 반어를 배웠다. 소위 '청년 독일파'(루드비히 뵈르네, 게오르그 헤르베)의 혁명 가운데에서 하이네는 타고난 시인이었다.

〈겨울밤의 동화〉에 묘사된 여행은 먼저 칼 황제의 도시 아헨으로 출발한다. 거리는 프로이센 군대가 있는 풍경으로 넘쳐난다. 하이네는 특히 많은 프로이센 군인들이 쓰고 있는 군모를 웃음거리로 삼았다. "나는 다만 번개가 칠 때 걱정된다. 하늘의 가장 현대적인 번개가 뾰족한 끝을 통해 쉽게 너희들 낭만적인 머리 위로 내려올까봐." 쾰른에서 하이네는 완성되지 않은 가톨릭 신앙의 상징인 대성당 —그도 성당의 건축을 위해 헌금했음에도 불구하고— 을 조롱했다. "장작더미의 불꽃이 책과 사람들을 집어 삼켰다. 그때 종이 울렸고 주여, 우리를 불쌍히 여기소서"가 불려졌다.

이제 여행은 '아버지' 라인강을 지나고 있다. 이 여행에서 시인은 망명으로 떠나 있었던 13년에 대해 대화를 나눈다. 아버지 라인은 가짜, 즉 낭만주의 시인들이 그를 찬미하는 것을 슬퍼했고 깨어 있는 프랑스인으로 돌아가고 싶어 한다. 그러나 하이네는 아버지 라인에게 프랑스인들도 더 이상 프랑스혁명 시기의 사람들이 아니라고 설명한다. 프랑스인들은 이제 세상을 바꾸고자 했던 독일인들처럼 명상하기를 좋아한다.

여행은 토이토부르크 숲 헤르만전투의 현장으로 이어진다. 1838년 이후 이곳은 국가의 기념장소로 '헤르만 전투 기념비'를 공사했고 1875년 완공되었다. 토이토부르크 숲의 전투로 외국의 통치에 있던 독일이 해방되었을 때 하이네는 당시 야만족이 이룬

문명에 대해 이렇게 노래했다. "금발의 부대를 이끈 헤르만이 전투에서 이기지 못했다면 더 이상 독일의 자유는 없고, 우리는 로마인이 되었을 것이다!" 하지만 그것이 그렇게 나쁘기만 했을까? 로마문화는 호라츠, 세네카, 베르길리우스 그리고 오비디우스를 만들어냈다!

하이네는 우편마차에서 잠이 들고 바바로사 황제에 대한 꿈을 꾼다. 그는 키프호이저(운터하르체스의 숲이 많은 남쪽 산등성이)에서 많은 군대와 함께 독일을 다시 제국 ─나폴레옹은 1806년 신성로마제국의 독일 국가를 해산했다─ 으로 만들기 위한 전투를 기다리고 있다. 하이네는 그의 꿈에서 중세 이후 유럽은 특히 위대한 프랑스혁명 시기 동안 모든 것이 바뀌었다고 이야기한다. 그가 '사형은 단두대로 집행할 것'을 제안한 의사 귀요틴에 대해 보고했을 때 바바로사는 당연히 그것에 대해 알려고 하지 않는다. "너의 기계에 대해 침묵해라." 단두대는 프랑스혁명에서 특히 바바로사와 같은 귀족에게 사용되었다.

하이네는 인간의 삶을 개선하고자 했고 "여기 지상에 하늘나라를 세우고자" 했다.

우리는 지상에서의 행복을 원하고,
더 이상 궁핍하게 살고 싶지 않다.
부지런한 손이 얻은 것을

게으른 배가 먹고 마셔 없애버려서는 안 된다.
이 세상에는 사람에게 필요한
충분한 빵이 자라고 있다.
장미와 은매화도, 아름다움과 쾌락도
그리고 완두콩도 적지 않다.

그래, 깍지가 터지자마자
모두를 위한 완두콩이 나온다!
하늘은 천사들과
참새들에게 맡기자.

그러나 또한 민족에 대한 자신의 구호가 어떤 반응을 불러일으킬지 확실히 알고 있었다. 이는 쾰른에 있는 그를 괴롭히는 악몽이 증명한다. 꿈의 내용은 이러하다. 하이네가 달빛을 받으며 거리를 걷고 있을 때 검은 옷을 입은 사람이 손도끼를 숨기고 쫓아오는 것을 알아차린다. 이 검은 남자는 하이네 생각 속의 집행자를 상징한다. 이 둘은 3성왕의 무덤에 도착한다. 이곳에서 기이한 장면이 벌어진다. 해골들이 움직이기 시작한다. "꼭두각시처럼 해골들은 오래전 죽은 뼈를 움직인다. 이들에게는 곰팡이와 향냄새가 동시에 난다."

하이네는 해골들에게 무덤으로 돌아가라고 말한다. 해골들이 그 요청을 따르지 않자 하이네는 그와 동행한 자를 말없이 바라본다. 그는 "불쌍한 해골들을 때려 부수고 어떤 동정심도 없이 쳐서 넘어뜨린다. 그 소리는 지하실 전체에 진동하고 결국 내 가슴에서 심하게 출혈한다. 그리고 나는 갑자기 잠에서 깼다."

그곳은 하이네가 미래의 혁명에 대해 "혁명은 그들의 아이들을 파멸시킨다"라는 말처럼 스스로 파멸에 이를 것을 우려하는 마음을 나타내는 장소이다. 그는 종교와 내세신앙에 대한 확실한 비판가였다. 하지만 또한 지상에 하늘나라를 세우고자 한 꿈의 실현이 오해를 불러일으킬 수 있다는 사실도 알고 있었다. 믿음을 버리는 것과 자신의 위치에서 더 나은 것을 정하는 것이 인류의 큰 문제이다. 프롤레타리아의 인간성을 가장 중요시한 마르크스와는 달리 하이네는 이 문제에 회의적이었다.

그는 미래에 양심 없는 정치가가 권력을 장악하게 될 것을 우려했다. 그 정치가는 "경건함에 대해 알려고 하지 않고 과거의 마지막 뿌리까지 근절하기 위해 유럽인들의 삶을 칼과 도끼로 무자비하게 파헤칠 것이다." 종교와 믿음 없는 인간들은 근본이 없어질 위험에 처해 있고, 신앙심 없는 물질주의도 정치적인 이념도 아닌 상태에 빠진다. 하이네는 다시 종교인이 되었다. 이는 교회의 의미에서가 아니라 이불 무덤에서의 고통을 위로 받고자 신을 찾은 것이었다.

명작콘서트

20

〈에피 브리스트〉

테오도르 폰타네

"그것은 불확실하다."

불확실성

〈에피 브리스트*Effi Briest*〉는 테오도르 폰타네(Theodor Fontane, 1819~1898)의 작품 중 가장 잘 알려진 작품으로 사회소설의 선구자로 독일 문학에 일종의 전환점을 만들었다. 17세의 에피는 정원에서 걱정 없이 건들거리며 돌아다니기를 좋아한다. 그래서 그녀의 어머니는 그녀를 '공기 같은 딸'이라고 불렀다. 이 작품은 물의 요정이 투명한 공기유령으로 변하는 안데르센의 동화 〈작은 인어〉에서 가져왔다.

에피의 나이 많은 남편 바론 게르트 폰 인스테텐Baron Gert von Innstetten은 성격부터 에피와 정반대이다. 이탈리아로 떠난 신혼 여행 때부터 이미 그는 남편이 아닌 아버지나 선생님처럼 에피를 대했다. 그는 사려 깊은 사람이지만 젊은 소녀에게는 즉흥적이고 흥미로운 사람은 아니었다. 케신에 정착했을 때 에피는 그에게 무시당하는 느낌을 받고 그곳 사회가 지루하다는 생각이 든다.

달리는 기차에서 에피는 그리움과 향수를 느낀다. 그녀의 딸 애니Annie가 태어나자 약간의 변화가 생긴다. 작은 마을 케신에 방위지구 사령관 크람파스Crampas 소령의 출현은 그녀를 흥미롭게 한다. 크람파스는 인스테텐과는 달리 원칙을 중요시하지 않는 결투자이자 바람둥이다. 소위 '바다표범 장면'에서 폰타네는 서로 다른 성격을 묘사한다. 사람들은 함께 말을 타고 동해 바닷가로 가기로 한다. 바다표범 한 마리가 물 위로 떠오르자 크람파스는 그 동물을 사냥할 생각을 한다. "그 녀석들은 털이 단단하거든" 라고 말하며 다음에는 총을 가져오겠다고 한다.

올바른 성격을 지닌 누군가가 즉시 항만경찰이 바다표범 사냥을 허락하지 않을 거라고 말한다. 이는 원칙과 규범의 타당성에 대한 작은 말다툼으로 발전한다. 인스테텐은 원칙과 규칙이 없으면 사회는 움직일 수 없다고 주장한다. 크람파스는 이와 반대로 경솔함이 없으면 삶은 '지루'하다고 말한다. "모든 법은 지루합니다… 게다가 경솔함이 없으면 삶은 아무 쓸모가 없어요." 에피와 소령은 가까워지고 이들은 하루 종일 마차에서 키스를 한다.

폰타네는 오랜 위그노파 가문 출신이었다. 그는 항상 자신의 이름이 프랑스식으로 발음되는 것을 중요하게 여겼다. 먼저 그는 저널리스트가 되기 위해 약사 조수로 일했다. 1840년 특파원으로, 나중에는 〈새 프로이센 신문〉의 편집자로 베를린에서 일했다. 후에 〈포시센 신문〉의 연극 평론가가 되었다. 폰타네는 자주 영국에 머물렀다. 1850년 그는 여러 해 동안 함께 지낸 에밀리 르네 쿰머Emilie Rouanet-Kummer와 결혼했으며 7명의 아이들을 낳았다.

50대 중반이 되면서 폰타네는 그토록 원했던 베를린 예술아카데미의 수석 비서가 된다. 그러나 상사가 마음에 들지 않아 8주 만에 그만두었다. "사람은 자신의 천성을 거스를 수 없다"라고 한 편지에 썼다. 그때부터 폰타네는 작가활동에만 몰두한다. 60세에 유명한 소설 〈에피 브리스트〉를 쓰기 시작했고, 이 작품으로 원하던 성공을 거두었다. 그는 특별한 방식의 대화와 수다를 통해 소설을 예술적으로 표현했다.

경솔함이 없으면 삶은 지루하다

인스테텐이 각료가 되어 베를린으로 떠나자 에피는 새로운 삶을 시작할 수 있다는 사실에 기뻐한다. 그러나 몇 년 후 인스테텐은 우연히 크람파스가 에피에게 보낸 사랑의 편지를 발견한다. 그는 명예가 훼손되었다고 느끼고 크람파스와 결투를 하려 한다. 결투의 동기는 에피에 대한 열렬한 사랑이 아닌 사회가 부과한 행동의 강요 때문이다. 이는 폰타네가 표현한 것처럼 "매력이나 사랑, 시효에 대해 묻지 않는 강압적인 사회의 그 무엇"이 부과한 행동이다. 이는 명예에 관한 사회도덕적 통념과 같은 낡고 중요하지 않은 전통에 굴복하게 하고 크람파스에게 총을 겨누도록 인스테텐을 내몬다. "사람은 전체에 귀 기울이고 끊임없이 전체를 고려해야 한다. 우리는 전적으로 전체에 좌우된다."

사르트르는 유명한 소설 〈구토〉에서 사회의 행동 강요를 통해 정당함을 증명하려는 시도는 '부정직'하고 '자기기만'이라고 말했다. 사르트르처럼 에피는 이런 태도를 혐오했다. "나는 내가 한 짓이 싫다. 하지만 내가 더 싫은 것은 당신들의 미덕이다."

다음의 인용문은 '외부 지향적'(데이빗 리스먼)인 인스테텐의 성격을 아주 잘 보여준다. 그는 사회에 대한 두려움으로 전혀 원하지 않았음에도 불구하고 하나의 희극을 연기하고 에피를 쫓아내야 한다는 의무감에 사로잡힌다. "이 희극을 난 이제 계속해야 한다. 에피를 쫓아내고 그녀를 파멸로 몰아넣고 나 자신마저도." 인스테텐과 에피는 이혼하고 에피는 초라한 베를린의 셋방으로 간다. 아이들은 인스테텐이 맡는다.

에피에게 남아 있는 유일한 사람은 유모 로스비타Roswitha이다. 에피의 어머니는 다른 사람의 험담을 두려워해 유모를 집으로 돌려보내는 것을 허락하지 않는다. 빅토리아 시대에는 특히 여성들이 조심해야 하는 엄격한 풍습이 있었다. 그녀의 어머니는 에피에게 보내는 편지에 왜 유모가 집에 오면 안 되는지를 설명했다. "너의 친정집도 너를 받아주지 않을 것이란 점이다. 우리는 너에게 필요한 은밀한 장소를 제공할 수 없단다. 더욱이 우리집에 도피처를 마련해 줄 수는 없다. 만약 우리가 너의 숨을 곳을 제공하면 우리집은 세상과 완전히 고립돼. 우린 결코 그런 결과를 바라지 않는다." 이렇게 19세기 말은 엄격한 풍습을 요구했다. 규정에 복종하지 않는 자는 제외되었다. 에피는 3년을 더 고독하고 불행하게 지낸다. 그러다가 신경쇠약에 걸려 29세에 죽는다.

폰타네의 유명한 말 "그것은 불확실하다"는 에피의 이른 죽음의 잘못은 누구에게 있는지 대답하기 어렵다는 의미이다. 그녀가 크람파스와 사랑에 빠진 게 잘못일까, 아니면 원칙주의자 인스테텐 때문에 양심의 가책을 받은 잘못일까? 폰타네는 주저하지 않고 결투에 대해 비판한다. "나는 욕정 때문에 살인하는 것은 반대다. 게다가 7년 전의 애인 때문에 죽이는 것은 도가 지나친 행동이다." 에피의 운명은 19세기 말 여성의 상황을 나타낸다.

노동운동가 아우구스트 베벨August Bebel은 1895년에 출간된 〈여성과 사회주의〉라는 책에서 여성의 동등한 권리를 주장했다. "모든 분야에서 여성의 힘과 능력은 풍부하다. 모든 분야에 남성과 함께 민법적으로, 정치적으로 동등한 권리를 부여해야 한다." 바이마르공화국에서 처음으로 여성에게 선거권이 허락되기까지는 25년이 더 걸렸다.

비스마르크 시대는 하나의 원칙이 있었다. 수상도 이를 엄격하게 지키는 것을 중요하게 생각했다. 그 원칙은 작위와 호칭을 아주 정확하게 사용하는 것이었다. 인스테텐은 이러한 프로이센 왕국의 특징을 잘 표현한 인물이다. 원칙주의자인 그는 본성을 감추지 못하고 몇 년이 지난 후 에피를 용서한다. 폰타네는 그가 에피를 용서해야 한다고 말하고자 했을까? 이에 대해서는 성경에 등장하는 간통을 저지른 여자의 비유를 들 수 있다.

바리새인들은 간통 현장에서 붙잡아 온 한 여자를 예수에게 데리고 와 현행법에 따라 돌로 쳐죽여야 한다고 주장한다. "이제 당신은 무슨 말을 할 것인가?" 이 질문으로 바리새인들은 예수를 시험해 고소할 구실을 만들려 한다. 그러나 예수는 몸을 굽히고 손가락으로 땅 위에 썼다. 그들이 집요하게 계속 질문을 하자 예수는 일어나 그들에게 말한다. "너희 가운데 죄가 없는 자가 먼저 저 여자에게 돌을 던져라." 그러자 나이 많은 자부터 천천히 한 사람씩 그 자리를 떠난다. 마침내 예수만 남고 여자는 그대로 서 있다. 그는 일어서서 말한다. "여인아, 그자들은 어디 있느냐? 너를 단죄한 자가 아무도 없느냐?" 그녀는 대답한다. "아무도 없습니다." 그러자 예수는 말한다. "나 또한 너를 단죄하지 않는다. 가거라. 그리고 이제부터 다시는 죄를 짓지 말라!"

명 작 콘 서 트
21

〈죄와 벌〉
표도르 도스토예프스키

"너는 하나의 작은 범죄가 수천 개의 선행으로
무마될 수 있다고 생각하지 않는가?"

착한 죄와 나쁜 벌

"찌는 듯이 무더운 7월 초 어느 날 해질 무렵 S골목의 전셋집에 방 한 칸을 빌려 하숙하고 있는 한 청년이 다락방에서 거리로 나와 약간 망설이는 듯 느릿느릿한 걸음으로 K다리 쪽을 향해 걸어갔다." 도스토예프스키(Fjodor Dostojewski, 1821~1881)의 소설 〈죄와 벌 *Prestuplenie i nakazanie*〉의 시작이다. '약간 망설이는 듯'의 표현이 눈에 띈다. 이는 사건이 아직 결론이 나지 않았고 줄거리와 해석에 있어 양자택일을 가능하게 한 표현이다.

주인공인 가난한 학생 로디온 로마노비치 라스콜리니코프 Raskolnikow는 자신이 무엇을 하려고 하는지 알지 못하는 듯하다.

도스토예프스키 Fjodor Dostojewski

약 45일 전 그는 한 술집에서 당구를 치는 두 사람이 알료나 이바노브나Aljona Iwanowna라는 늙은 전당포 주인에 대해 이야기하는 것을 들었다. 두 사람의 대화가 그의 머릿속에서 떠나질 않는다. "이 불쾌한 노인을 때려죽이고 돈을 빼앗고 싶어… 내가 확신하는데 양심의 가책 없이 진짜로 그렇게 했을 거야." 그는 그 고리대금업자를 '무지하고, 무의미하고, 무가치한 그리고 모든 사람에게 해가 되는 병든 노파'라고 표현했다. 그녀는 모두에게 해를 입히고 자기자신도 왜 살아가는지 모른다. 그리고 내일 그냥 죽을 수도 있다… 이 노인의 돈으로 수백, 수천 명이 행복한 삶을 살 수 있다.

라스콜리니코프는 묻는다. "너는 하나의 작은 범죄가 수천 개의 선행으로 무마될 수 있다고 생각하지 않는가?" 그리고 당구를 치는 두 사람의 논리가 맞다고 생각한다. "수천 명의 삶 대 한 사람의 죽음, 그것은 산술이다." 흉악한 숫자놀이! 이와 비슷한 논거를 갖고 국가사회주의와 스탈린주의와 같은 20세기 독재정권은 그들의 범죄를 정당화했다. 사회의 안녕을 위해 숙청을 시행해야 한다는 것이다. 소위 사회를 위해 선을 행할 때 백만 배의 사람들이 희생되었다. 선은 해로운 영향을 끼치는 러시아 부농(스탈린주의) 또는 유대인(국가사회주의)들로부터 사회를 보호하기 위해 시행되었다.

라스콜리니코프는 전당포 주인을 해로운 기생충이라고 불렀다. 그가 그녀를 죽이려 계획할 때 죽여야 하는 여러 가지 이유가 있다고 믿었다. 늙은 전당포 주인은 그렇지 않아도 오래 살지 못한다. 그리고 그녀는 많은 사람들을 불행에 빠뜨렸다. 그렇기 때문에 그녀를 죽여서 그 돈으로 공부를 계속하고, 돈이 부족해 일하는 여동생 아브도챠Awdotja를 주인 스비드리가일로프의 성적 침해로부터 구해주는 것은 옳은 일이다. 이런 생각으로 라스콜리니코프는 모든 도덕으로부터 분열된다. 라스콜Raskol은 러시아어로 '분열'이라는 뜻이다.

그는 인간을 두 계급으로 나눈다. 하나는 지배 계급이고, 다른 하나는 순종하는 것이 더 좋은 보통사람이다. 라스콜리니코프는 어떤 계급에 속할까? 그는 전당포 주인을 살해함으로써 자신의 계급에서 벗어나려 한다. "나는 마지막으로 그리고 빨리 찾아내고 싶었어." 애인 소냐Sonja에게 들려준다, "내가 다른 사람처럼 기생충 같은 존재인지 아닌지, 내 한계를 넘을 수 있을지, 넘지 못할지, 내가 벌벌 떠는 불쌍한 인간이었는지."

라스콜리니코프는 한 가지 생각으로 살인자가 된다. 이상한 짓을 저지를 정도로 그는 강했을까? 아니면 결국 다른 사람들처럼 약한 인간일까? 며칠 동안 그는 전당포 주인을 죽일 계획을 세운다. 그렇지만 양심의 가책이 괴롭힌다. 전당포 주인과 함께 사는 여동생 리자베타Lisaweta와 함께 범행을 저지를 적당한 시간을 정하기 위해 다음날 건초시장에서 만날 것을 약속한다. 그러나 다음날 깨어났을 때 그는 범죄를 지금하지 않으면 결코 할 수 없다는 생각에 사로잡힌다.

범죄 후 —그는 전당포 주인과 예기치 않게 나타난 여동생을 도끼로 죽인다 — 그는 하루 종일 착란상태에 빠진다. 라스콜리니코프는 모든 것을 논리적으로 계획했고 범죄를 정당화했다. 하지만 완벽하게 수행하지는 않았다. 차츰 그의 양심이 자수를 하라고 권한다. 발열과 망상, 혐오감이 라스콜리니코프를 괴롭힌다. 게다가 그를 궁지에 몰아넣고 자수를 하라고 예심판사 포르피리Porfiri는 집요하게 충고한다. 소설의 끝에 라스콜리니코프는 천사 같은 매춘부 소냐의 사랑으로 정신적인 고독감에서 빠져나온다. 그녀는 자수를 하고 이중살인을 인정해서 양심이 깨끗한 사람으로 돌아가라고 권한다. "사거리로 나가 몸을 굽혀 먼저 당신이 죄를 지은 땅 위에 키스를 하세요. 그리고 온 세상에 큰소리로 '나는 살인자입니다'라고 외치세요."

라스콜리니코프는 자수 후 유죄판결을 받고 소냐는 시베리아 유형지로 그를 만나러 간다. 그는 소냐를 사랑한다는 것을 깨닫고 그녀 앞에 무릎을 꿇고 울기 시작한다. "그들은 뭔가 말하려 했지만 할 수 없었다."

양심이 없는 인간은 예측할 수 없다

도스토예프스키는 틀림없는 세계문학의 위대한 작가이다. 이 소설은 1865년 두 여성을 도끼로 살해했다는 내용의 신문보도에서 힌트를 얻었다. 그는 모스크바에 사는 가난한 의사의 아들로 태어났다. 1837년 어머니의 죽음 후 형과 함께 상트페테르부르크로 가 1838년부터 1843년까지 공병학교에 입학해 건축을 공부했다. 졸업 후 공병대의 제도과에 지원해 일했으며 1844년 자유작가로 활동하기 위해 군대를 제대했다. 소설 〈가난한 사람들〉로

24세의 작가는 1846년 단숨에 유명해진다.

그 후 무정부주의자 알렉산더 헤르첸의 영향을 받아 혁명사상가 페트라세프스키 그룹의 회원이 된다. 1849년 누군가의 밀고로 체포되고 사형을 선고받는다. 그러나 황제의 특사로 처형 전 감형 ―시베리아에서 4년의 강제노동과 4년의 군복무― 된다. 1850~54년까지 서시베리아에 있는 도시 옴스크의 강제노동수용소에서 보낸다. 그전에 몽골의 국경 근처에서 군복무를 했다. 도스토예프스키는 1881년 59세의 나이로 사망했다. 죽기 전 그는 좌익 사회혁명가에서 기독교도의 보수주의자로 전향했다. 그처럼 아웃사이더, 범죄자, 환자 그리고 가난한 사람들을 심도 있게 표현한 작가는 없다. 재미있는 사실은 러시아어로 불행한 자와 범죄자는 한 단어이다.

〈죄와 벌〉은 양심의 힘에 대해 다룬 작품이다. 프로이트에 따르면 양심은 문화에 의해 전달된 두 번째 의식의 심역(深域)으로 자아의 행동과 사고에 시험을 치르게 하는 초자아이다. 자아는 우리의 본능적인 생활을 비용-이익 원칙에 따라 통제하는 반면 양심은 윤리적인 규범에 따라 평가한다. 자아는 라스콜리니코프에게 "당신의 행동은 확실히 정당하고 나폴레옹 또한 시체 위를 걸어갔을 정도로 매정했다"고 말한다. 자신의 일을 위해 싸우지 않는 자는 이미 처음부터 패배한 것이다. 젊은이의 삶은 늙은 고리대금업자보다 더 값지다. 하지만 그것은 아무 소용이 없다.

라스콜리니코프는 범죄를 저지른 후 만족감을 느끼는 대신 고독감을 느꼈다. 그는 스스로 인간 공동체에서 벗어났다. 죄책감으로 괴로워하고 이는 어떤 재판보다 더 심하게 그를 따라다닌다. 이런 상황에서 '우리 사회는 양심의 심역을 어떻게 이해하고 있는가?'라는 질문이 끈질기게 그의 머리에 떠오른다. 인간이 신도 도덕도 믿지 않기 때문에 사회가 감시자의 기능을 잃는다면 어떻게 될까? 양심이 없는 인간은 예측할 수 없다. 양심이 더 이상 그 기능을 하지 않는다면 다른 제어장치를 정해야 한다.

  대도시 런던은 이미 시내 전체 면적의 50%가 카메라를 통해 감시되고 있다. 그러나 그렇게 많은 카메라와 감시 조치 또한 파렴치한 행동을 저지르는 양심 없는 인간을 막을 수는 없다.

명 작 콘 서 트
22

〈전쟁과 평화〉
레오 톨스토이

"내가 이해할 수 있는 모든 것의 무가치함과
이해할 수 없지만 가장 중요한 위대함 이외에는
아무것도 아는 것이 없다."

전쟁과 헛된 명예

러시아 공작 안드레이 볼콘스키가 나폴레옹과의 전투에서 부상당했을 때, 그는 바닥에 누워 출혈로 쇠약해진 채 하늘을 바라본다. 하늘은 마치 그가 생애 처음으로 본 하늘처럼 느껴진다. 그 앞에 상처의 고통 때문에 희미하게 보이는 승리한 나폴레옹이 서 있다. 이기주의와 명예욕으로 새겨진 나폴레옹의 야심이 이 순간 그에게는 단지 우스울 뿐이다.

부상당하기 얼마 전까지만 해도 그는 나폴레옹의 천재성에 감탄했었다! 그러나 죽음을 눈앞에 두면 모든 것이 달리 보인다. 갑자기 나폴레옹이 별볼일없는 인물처럼 느껴졌다. 안드레이 공작은 이제 다른 문제를 생각한다. "내가 이해할 수 있는 모든 것의 무가치함과 이해할 수 없지만 가장 중요한 위대함 이외에는 아무것도 아는 것이 없다." 이 순간 안드레이 공작은 명예와 존경만을 추구한 그의 존재가 아무 가치가 없다는 것을 깨달았다.

삶의 의미는 사랑을 실천하는 데 있다

톨스토이(Leo Tolstoi, 1828~1910)는 오래된 러시아 귀족혈통 출신이다. 그는 1828년 툴라의 야쓰나야 빨랴냐에서 태어났다. 그가 태어난 지 2년 후 어머니가 죽었고, 9살 때는 아버지를 잃었다. 1841년 톨스토이는 카잔으로 이주한다. 그곳에서 이모가 키워주었고 후에 대학에서 동양 언어를 공부했다. 루소로부터 자연과 가능한 한 단순한 생활을 높이 평가하는 사상을 전수받는다. 도스토예프스키와는 달리 톨스토이는 아름다운 자연을 묘사했다. 1847년 돌연 학업을 그만두고 빨랴냐의 물려받은 농가로 돌아간다. 그곳에서 350명의 농노에게 사회개혁을 소개했지만 성과를 거두지 못했다. 실망감으로 톨스토이는 모스크바와 상트페테르부르크의 살롱에서 활동한다

고대 철학자이자 교회 장로인 아우구스티누스와 비슷하게 톨스토이는 끊임없이 자기자신 그리고 죄 많은 삶과 싸웠다. 20세

부터 30세까지의 시간을 되돌아보며 그는 말했다. "나는 두려움, 혐오감, 고민과 같은 감정 없이 이 시기를 생각할 수 없다. 나는 전쟁에서 사람들을 죽였고, 사람들을 죽이기 위해 결투를 했다. 나는 카드게임에서 큰돈을 잃었다. 또한 농부의 수고 덕에 살았지만 그들을 처벌했고, 방탕하게 살았으며 사람들을 속였다."

1862년 18세의 독일계 여성 소피아 안드레예브나 베르스Sofia Andrejewna Behrs와 결혼해 13명의 아이를 낳았다. 톨스토이는 노년에 종교적 문제에 집중적으로 몰두했다. 그 덕분에 이웃의 사랑을 실천한 예수를 사람들이 알아야 한다고 생각했고 성경을 러시아어로 새로이 번역했다. 1882년부터 톨스토이는 경찰의 감시를 받게 되었다. 1901년에는 그리스 정통파 교회에서 제명당한다. 1908년 가택 수색 후 찾아낸 모든 원고들은 압류되었다. 1910년 82세의 톨스토이는 조용히 집과 가족을 떠난다. 그는 콘스탄티노플 수도원으로의 순례여행에서 폐렴으로 죽었다.

6년간(1863~1869) 집필한 4권으로 구성된 소설〈전쟁과 평화 Vonia i mir〉에는 약 560명의 인물이 등장한다. 그러나 이야기의 큰 무대 위에는 주요 인물만이 나온다. 이 소설은 주로 몰락한 로스토프 백작과 볼콘스키 공작, 쿠라긴 공작 등의 러시아 귀족을 다루고 있다. 나폴레옹의 러시아 침략과 대규모 군대의 절망적인 후퇴가 묘사되어 있고, 러시아 농가의 삶, 대도시에서 이루어지는 사회적 행사와 파티도 소개되어 있다. 행복한 가족의 분위기와 전쟁의 공포가 교대로 나타난다. 이 작품은 톨스토이가 현실적인 이야기 기법의 대가임을 보여준다. 이와 함께 그는 역사적인 발전을, 진보를 향한 길이 아닌 서로 밀접하게 연관된 사건의 우연한 진행이라고 생각했다.

톨스토이는 인간이 가지고 있는 힘은 아주 작다고 말한다. 나폴레옹도 결국 이야기에서 중요하지 않은 존재이다. 톨스토이는 알렉산더 황제를 미화했고 나폴레옹은 지지를 잃고 역사를 얕보는 지배자로 묘사했다. 실제로도 나폴레옹은 운명을 피할 수 없었다. 나폴레옹은 모든 실권을 쥐고 있다고 믿었고 상대를 얕잡아 보았다. 구투조프 장군은 러시아의 겨울과 러시아 국민을 위해 희생할 용기가 있었다. 그는 나폴레옹과 같은 훌륭한 전략가는 아니지만 결국 프랑스를 정복할 수 있다는 하늘의 뜻에 따른다.

로스토프의 농장에는 인정 많은 분위기가 지배적이다. 아들 니콜라이는 먼 친척인 소냐를 사랑한다. 볼콘스키 가족은 분위기가 완전히 다르다. 그곳에서는 아버지가 아들 안드레이와 딸 마리아를 엄격하게 키운다. 안드레이 공작은 야심 많은 귀족으로 로스토프의 딸 나타샤를 사랑한다. 안드레이가 당장 나타샤와 결혼하려 했을 때 아버지는 1년 동안 지켜보기로 한다.

1년은 많은 일이 일어날 수 있는 시간이다. 나타샤는 아나톨 쿠라긴과 사귄다. 안드레이 공작은 전투에서 심한 부상으로 죽는다. 이야기는 한 가족의 이야기에서 다른 이야기로 변한다. 결국 니콜라이 로스토프는 사랑하는 소냐를 배신하고 부유한 마리아 볼콘스키와 결혼해 경제적으로 몰락한 가족을 살린다. 로스토프와 밀접한 관계에 있는 피에르 베슈쇼도 이 소설의 주요 인물이다. 그는 물려받을 재산이 많은 귀족의 사생아이다. 피에르는 도덕적으로 타락한 쿠라긴의 여동생 헬레네 쿠라긴과 결혼했다. 피에르는 끊임없이 삶의 의미를 찾았지만 그의 부인은 표면적인 사회생활에만 흥미를 가졌다. 이 불행한 결혼은 피에르를 파멸에 이르게 한다. 모스크바에서 프랑스인들이 철수한 후 헬레네는 낙태로 죽고 피에르는 나타샤와 결혼한다.

톨스토이는 〈전쟁과 평화〉를 통해 전쟁, 명예, 돈에 대한 욕심은 잘못된 목표라는 것을 인상 깊게 보여주고 있다. 삶의 의미는 기독교의 가르침대로 이웃의 사랑을 실천하는데 있다. 선량한 피에르와 진실한 나타샤는 결국 만나게 된다. 노력을 많이 하는 인간은 부와 명예 그리고 전쟁이 필요하지 않다. 그들은 물질적인 것에 욕심을 갖지 않고 은둔해 살아간다.

톨스토이의 이런 교훈에 수많은 사람들은 감동을 받았다. 예를 들어 오스트리아 철학자 비트겐슈타인Ludwig Wittgenstein은 톨스토이의 영향을 받아 자신의 삶을 바꾸기로 결심했다. 그는 아버지로부터 물려받은 많은 재산을 포기하고 베르겐의 외진 곳에 있는 초등학교 교사가 된다. 그는 마을 주민의 단순한 삶과 함께 하면서 어린이를 위한 사전을 만들었다.

명작콘서트

23

〈베니스의 죽음〉

토마스 만

"아직도 그에게는 혼돈의 장점에 비해
예술과 미덕이 중요하단 말인가?"

잘못된 열정

1911~1912년에 쓴 소설 〈베니스의 죽음Der Tod in Venedig〉은 50세 작가 구스타프 폰 에셴바흐Gustav von Aschenbach를 다루고 있다. 그는 자신에게 닥친 중년의 위기로 뮌헨에서 베니스로 떠나고 그곳 호텔에서 14세의 폴란드 소년 타치오Tadzio를 만난다. 처음에 에셴바흐는 그의 완벽한 아름다움에만 열광하지만 ―타치오를 그리스 신들의 조각과 비교한다― 점차 열정의 소용돌이에 빠지게 된다.

그는 베니스에 인도 콜레라가 돌고 있다는 사실을 알았지만 즉시 도시를 떠날 시간을 놓치고 만다. 일찍이 의무감으로 살던 예

토마스 만 Thomass Mann

술가는 삶에 대한 통제력을 잃는다. 점점 더 니체의 디오니소스적인 것(육체적 도취)이 마음에 자리 잡아 간다. 태도, 업적, 품위 같은 이전의 가치들은 이제 더 이상 그에게는 의미가 없다. "혼돈의 장점에 비해 아직도 그에게는 예술과 미덕이 중요하단 말인가?"

 토마스 만(Thomass Mann, 1875~1955)은 이 작품에서 이전 수상도시의 명예로움이 연이어 붕괴되는 모습을 보여주고 있다. 그의 예술가 기질이 확실하지 않은 엄격한 의무감을 근거로 하듯이 베니스라는 도시도 깊이를 알 수 없는 어두운 바다 밑에 화려하게 세워져 있다. 마지막에 에셴바흐는 타치오가 헤르메스의 모습으로 마치 지도자처럼 '촉망되는 거대한 것'을 향해 앞서 걷는 모습을 바라보면서 ―자신의 열정에 우롱당한― 콜레라에 걸려 바닷가에서 죽어간다.

토마스 만은 오래전부터 정착한 뤼벡의 상인가문 출신으로 어머니는 브라질 사람이었다. 그는 자신의 성격을 냉정한 북독일 사람과 남쪽의 기질이 섞여 있다고 종종 말했다. 1929년 〈부덴부로크가의 사람들 Budden brooks〉로 노벨문학상을 받았다. 국가 사회주의자들에 의해 토마스 만의 작품들은 금지되었고 불태워졌다. 이로 인해 그는 오히려 20세기 가장 중요한 독일 작가의 명성을 얻게 되었다. 1933년 스위스로, 나중에는 미국으로 망명했다. 미국에서 그는 방송을 통해 히틀러에게 저항했으며 생의 마지막은 취리히 근교의 킬히베르크에서 보냈다.

감각의 도취에 빠져들다

토마스 만 작품의 주요 테마는 예술과 인생 사이의 대립이다. 세기의 전환기에 있는 많은 지성인들처럼 그는 천재적 재능과 광기 사이에는 가느다란 날이 있을 뿐이라고 말했다. 이 논제는 이미 고대 그리스 철학자 플라톤에 의해 주장되었다. 플라톤의 대화 〈이온Ion〉에서 시인은 "신의 영감과 활기를 불어넣음으로써 자신의 작품을 창조한다고 했다." 이들이 조화와 리듬에 빠지자마자 바커스의 광란에 사로잡힌다. 이로 인해 에센바흐를 옳지 않다고 느낀다. 이야기 시작에 그의 하루 일과는 다음과 같이 묘사된다. "상쾌한 기상, 차가운 샤워, 일, 휴식, 일."

그는 '끝까지 견디다'를 가장 중요한 슬로건으로 삼고 있는 업적주의 도덕가이다. 그러나 스스로에게 지나치게 규칙을 지키도록 하면 창조력을 상실할 위험에 처한다. 그가 뮌헨에서 특이하고 키가 큰, 그리고 죽음을 생각나게 하는 인상을 가지고 있는 사람을 만났을 때 여행의 설렘으로 짐을 싸게 되고 베니스까지 오게 한다. 망상에 사로잡힌 것처럼 에센바흐는 수상도시에서 사랑스런 타치오에게 빠져든다. 이 도시에서는 리하르트 바그너 Richard Wagner, 마르셀 프루스트와 헨리 제임스Henry James, 곤돌라와 큰 저택의 외관에 매혹되어 감각의 도취에 빠져 들었다.

〈베니스의 죽음〉은 구성상 전체적으로 조화를 이루고 있다. 소설은 고대 비극과 같이 5장으로 나뉘어져 있다. 예술가 에센바흐의 이름은 제목 '베니스의 죽음'을 알려준다. 많은 인용들은 ―뮌헨의 한 묘지 근처에서 에센바흐가 만난 낯선 사람의 모습― 죽음을 상징한다. 에센바흐가 베니스로 가기 위해 탄 곤돌라에 대해서는 이렇게 묘사되어 있다. "이 독특한 탈 것은… 특이하게 검다, 마치 관처럼 검다." 곤돌라 사공은 죽은 자를 스틱스강을 건너 하데스로 건네주는 고대 뱃사공 카론이 된다.

   이성은 에센바흐에게 콜레라 때문에 베니스를 떠나야 한다고 말한다. 그러나 감정은 반대로 말한다. 그럼에도 불구하고 베니스를 떠나려 할 때 짐 보관소에서 짐이 바뀌어 베니스에 머물 핑계가 생긴다.

   실제 에센바흐가 베니스에 머물기로 한 이유는 그가 사랑한 타치오 때문이다. 에센바흐는 타치오의 사랑을 기대하지 않는다. 그것은 그에게 전혀 중요하지 않다. 토마스 만은 이 소설에서 에센바흐의 타치오에 대한 사랑이 당시 규범으로 평가되어서는 안 되며 고대 에로스의 놀이방식으로 다뤄져야 함을 분명히 하기 위해 플라톤의 글을 인용했다. 이에 대해 철학자 마사 C. 누스바움 Martha C. Nussbaum은 이렇게 썼다. "중요한 것은 에로스가 그리스 사회에서 명확하게 필리아Philia와 대립되어 있고 이로 인해 사랑은 어느 정도 상호성을… 포함하고 있어야 한다는 것이다."

   모든 사람은 영혼의 흥분과 욕망 그리고 정열을 갖고 있다. 이들은 서로 조화로운 관계에 있어야 한다. 젊은 시절 에센바흐는 열정에 몰두했었다. 그러나 성공한 작가가 된 그는 오로지 엄격한 고전 형식만을 인정했다. 에센바흐의 기본 입장은 프로이센 정신에 근거한다. 이는 그에게 성공과 명예를 주었지만 본능적 생활을 억누르게 했다. 정확히 베니스에서 에센바흐에게 일어난 일이 그것이다. 헝가리 철학자 게오르그 루카치는 에센바흐의 죽음에서 모든 독일 민족의 운명을 예측했다. 〈베니스의 죽음〉에서 전쟁 동안 그리고 전쟁 후에 생겨난 세계관의 위기가 이미 문학적으로 그 그림자를 드리우고 있다. '저승'은 히틀러 시대에 사회적 현실이 되었다.

1960년 독일에서는 그전까지 엄격했던 성 윤리가 많이 완화된 모습이 관찰되었다. 그러나 인생의 섹스화와 쾌락의 극대화는 오늘날 많은 사람들에게 지배적인 역할을 하고 있다. 또한 철학자 헤르베르트 마르쿠제에 의해 생겨난 쾌락의 감정에 대한 '억압적인 탈 승화' 개념도 있다. 이미 1970년대에 그는 빌헬름 2세 시대와는 달리 오늘날은 더 많은 쾌락을 허용하지만 사회질서를 위태롭게 하는 일 또한 많다는 것을 알려주었다.

이는 특히 오락산업의 예와 그 주인공을 보면 잘 알 수 있다. "뱀프, 국민적 영웅, 비트족, 신경질적인 가정주부, 갱, 스타, 카리스마 있는 사업가… 들은 더 이상 다른 생활 방식의 모습이 아니라 오히려 비슷한 삶의 유형으로, 기존 질서에 대한 부정이기보다는 긍정적인 역할을 한다." 마르쿠제에 따르면 현대사회는 오로지 주말에 사람들에게 주어지는 표면적이고 값비싼 쾌락만이 중요시되고 있다. 실제 에로스는 이런 상황에서 자유롭게 활동하지 못한다.

명작콘서트
24

〈암흑의 핵심〉
조지프 콘래드

"이 강을 거슬러 올라가는 것은
태초의 세상으로 돌아가는 여행과도 같았다."

독단적 행위

콘래드(Joseph Conrad, 1857~1924)의 소설 〈암흑의 핵심Heart of Darkness〉—영화감독 프란시스 포드 코폴라는 이 소설을 〈지옥의 묵시록〉의 주요 모티브로 삼았다— 은 말로Marlows 선장이 콩고의 밀림을 여행하는 이야기를 다루고 있다. 콘래드는 1899년 자신이 경험한 콩고 여행을 기반으로 이 작품을 썼다. 소설에 나오는 상세한 내용들은 콘래드의 여행일기를 기초로 한다.

젊은 말로는 벨기에 회사의 지시로 중앙아프리카로 파견된다. 증기선을 타고 콩고로 가서 원주민들을 상대로 공포 정부를 세운 악명 높은 상아 중개인 커츠Kurtz를 조사하는 것이 임무이다. 말로에게 콩고 여행은 자신의 가장 깊숙한 곳에 있는 자아를 찾은 여행으로 매우 중요한 경험이 되었다. "이 강을 거슬러 올라가는 것은 식물들이 무성하게 자라 땅을 뒤덮고 있고 큰 나무들이 왕이었던 태초의 세상으로 돌아가는 여행과도 같았다."

식물만 밀림 속에서 무성하게 자라지 않고 인간의 욕망 또한 길들여질 수 없다. 이는 수년간 밀림 속에서 살고 그 시간 동안 감성적인 예술가 기질을 가진 한 인간이 상상할 수 없을 정도로 잔인한 사람으로 변한 타락한 모험가 커츠와도 같다. 그는 원주민들을 학대하고 자신을 반신처럼 여기도록 했으며 난잡한 축제를 벌였다. 그의 이름만 들어도 사람들은 두려움과 공포에 떨었다. 말로가 오랜 항해 끝에 콩고에 도착해 커츠를 만났을 때는 이미 늦었다. 커츠는 치명적인 병에 걸려 있었다. 그의 마지막 말은 "무서워, 무서워"였다. 죽는 순간 커츠는 모든 한계를 벗어났음에도 불구하고 비도덕적인 행동이었다는 것을 깨닫는다.

조지프 콘래드는 1857년 베르디쵸프(오늘날의 우크라이나)에서 아폴로 코르체니옵스키Apollo Korzeniowski와 에벨리나 보로프스카Eva, geb. Borowska의 외아들로 태어났다. 부모는 제정 러시아 치하에서 폴란드 민족의 애국운동에 참가했다. 어릴 때 그는 북부 러시아의 볼로그다로 추방당한 부모를 따라가야 했다. 16세 때 콘래드는 뱃사람이 되기로 결심하고 프랑스로 건너 가 프랑스 상선에서 선원으로 일하기 시작했다. 프랑스 국기를 단 배를 타고 카리브해를 3번 항해한 후 영국 상선의 선원으로 바꾸었다. 1886년 선장 면허증을 취득했고 선장으로서 방콕과 오스트레일리아를 항해했다. 또한 고철 증기선을 타고 수백 킬로미터나 떨어진 콩고를 항해했다. 이 항해는 그의 소설 〈암흑의 핵심〉의 모델이 되었다.

  1894년 작가로 활동하기 위해 항해를 그만두었다. 〈섬의 부랑자 An Outcast of the Islands〉, 〈로드 짐 Lord Jim〉, 〈노스트로모 Nostromo〉와 같은 소설을 써 세계적으로 유명해졌다. 1924년 캔터베리 근처에서 심부전으로 죽었다. 콘래드는 그가 살았던 시대에도 가장 인기 있는 작가였고 마음을 사로잡는 명확한 문체로 쓰인 작품들은 오늘날 한계 상황에 놓여 있는 사람들에게 즐겨 읽혀지고 있다. 고트프리트 벤은 콘래드에 대해 "모든 문장이 나를 사로잡는다"라고 평했다. 또한 헤밍웨이는 "콘래드의 모든 작품이 나에게 준 것만큼 나에게 많은 것을 준 작품은 아무것도 없다"라고 했다.

인간을 말살하는 잔인한 식민지 정책

  〈암흑의 핵심〉에서 콘래드는 빽빽한 정글의 분위기를 잘 묘사했다. 그 이외에도 심리적–철학적 사고를 자연관찰과 연결시켰다. 이는 마치 정글이 사람을 힘으로 차지하고 다시 바뀌지 않은 것처럼 보인다.

"시간이 없다고 생각할 때 과거가 눈앞에 있는 순간이 있었지. 그러나 과거는 불안하고 소란스러운 꿈의 형태로 와서 식물, 물, 침묵으로 이루어진 이 낯선 세계의 압도적인 실제와 비교해 놀라움을 불러 일으켰어. 이런 삶의 정적은 평화와는 달랐어. 그것은 신비한 신의 의지를 품고 있는 조정할 수 없는 힘의 고요함이었어. 그 정적은 복수심에 불타 우리를 바라보고 있었지."

인간은 무성한 식물의 성장과 인간에게 기준을 만들어주는 많은 현상들로부터 압박을 받는다. 말로는 커츠가 견디지 못한 '밀림의 무언의 명령'에 대해 말한다. 콘래드가 콩고에 머물렀을 때 그곳은 특히 접근하기 어려웠다. 백인은 그곳까지 감히 갈 수 없었다. 이 지역은 깊은 정글과 넓게 갈라진 유역의 물이 바다로 흘러 들어가는 거대한 강으로 이루어져 있었다.

여행의 마지막 몇 킬로미터를 남겨두고 콩고는 리빙스톤 사건으로 접근이 어려워졌다. 콘래드는 벨기에 회사의 직원으로 콩고 자유국가에 갔다. 콩고는 이름과는 달리 실제로는 벨기에 왕 레오폴드 2세Leopold II의 통치 아래 있었다. 커츠라는 인물에서 아프리카의 일부가 자신의 소유라고 여긴 벨기에 왕의 모습을 많이 볼 수 있다. 이와 비슷하게 커츠에 대해 이야기한다. "너희들은 그의 말을 들어야 했다, 그가 '내 상아'라고 말했듯이… 내 약혼녀, 내 상아, 내 숙소, 내 강, 내… 모든 것이 그의 것이었다." 회사의 대리인은 원주민들에게 강제노동을 시켰고, 무시하고 괴롭혔다. 벨기에 공무원은 저항한 원주민을 죽인 사람에게 상금을 주었고 그 증거로 저항자의 손을 보여주어야 했다. 그로 인해 수천 명의 원주민들은 살아있는 신체에서 손을 잘라냈다. 콘래드는 이런 참사를 로저 데이빗 케이스먼트를 통해 알게 되었다.

〈암흑의 핵심〉은 콩고에서의 벨기에인들이 행하는 경악할 음모와 아프리카 식민지의 착취를 보여준다. 소설은 많은 상징적 의미와 믿기지 않는 사실들을 포함하고 있으며 억압에 대해 정확하게 묘사되어 있다. 콘래드가 묘사한 것과 같이 흑인 강제노동자들은 실제로 사슬에 묶여 있었다. 원주민들은 모욕적인 대우를 받으며 상아를 구했다. 그러나 콘래드의 걸작은 단지 반식민지 정책만을 이야기하는 것은 아니다. 인간 내부의 여행에 대해서도 이야기하고 있다.

왜 커츠는 밀림에서 폭군이 되었을까? 커츠는 모든 것이 자신의 것이라고 주장했다. 하지만 실제로 그는 말로와 반대로 —말로는 정글의 유혹에 굴복하지 않고 자신의 사고를 한데 모으려 노력한다— 정글에서 자기 통제력을 잃었다. 커츠는 살인을 하고 약탈하고 방탕한 생활에 몰두한다. 그는 암흑 속의 모든 힘을 구체적으로 표현하고 있다. "그가 무엇을 소유하고 있는지, 얼마나 많은 암흑 속의 힘을 자기자신에게 요구했는지 찾아내는 것이 중요하다."

황홀경과 잔혹함에 대한 욕망과 희망은 오늘날 문명사회에 살고 있는 사람들을 규정한다. 현대인들에게는 모든 시대에 등장할 수 있는 2개의 상반된 가치와 욕망이 숨어서 기다리고 있다. 독특한 방식으로 이 소설은 아프리카보다는 유럽인들, 그리고 그들의 영혼의 몰락에 대해 더 많은 이야기를 하고 있다.

의식은 빙산의 꼭대기에 불과하다. 여러 상황이 인간의 존재를 바꿀 수 있다. 코폴라 감독의 영화에서 영화배우 말론 브란도는 커츠의 제2의 자아를 연기했다. 그는 캄보디아의 밀림에서 독재자로 군림하다가 미군의 명령으로 살해된다. 커츠와 똑같이 그는 우리의 문명사회는 깨지기 쉽고 인간에게는 더 많은 암흑이 숨겨져 있다는 콘래드의 생각을 구체적으로 표현하고 있다. "콘래드는 슬픔이 무엇인지 알고 있다"고 크리스티아 볼프Christa Wolf는 말했다. 또한 "그는 상상만 하지 않고 자신도 속해 있는 문화의 보이지 않는 결점 가운데로 들어간다. 암흑의 핵심으로 대담하게"라고 썼다.

〈암흑의 핵심〉에서 콘래드는 한계 상황에서 우리가 어떻게 반응할지 알 수 없다는 사실을 말했다. 문명사회에서는 품행을 유지하고 일반적으로 행해지는 풍습과 규칙을 지키는 것이 아주 쉽다. 그러나 정글 속에 있거나 우리 사회가 심각한 위기에 처한다면 어떻게 했을까? 극한의 상황에서 어떻게 자제하고 성격을 개발시킬 수 있을지 아무도 미리 말할 수는 없다.

명작콘서트

25

〈잃어버린 시간을 찾아서〉

마르셀 프루스트

"그러자 갑자기 추억이 떠올랐다."

시간과 추억

마르셀 프루스트(Marcel Proust, 1871~1922)가 작가로서 명성을 얻기까지 오랜 시간이 걸렸다. 그의 첫 작품 〈환희와 나날들 Les Plaisirs et les Jours〉(1888)은 아나톨 프랑스가 서평을 써줬음에도 불구하고 주목을 받지 못했다. 단지 몇 부만 팔렸을 뿐이다. 이때 프루스트는 돈벌이를 위해 글쓰기를 할 만큼 가난하지는 않았다. 1906년부터 블루바르 오스만의 한 아파트에 칩거해 소설 〈잃어버린 시간을 찾아서 À la Recherche du Temps Perdu〉를 쓰기 시작했다.

프루스트는 스스로를 "어둠 속에서도 잘 볼 수 있는" 올빼미에

마르셀 프루스트 Marcel Proust

비유했다. 그의 작품에는 1인칭 화자가 유년시절부터 성인이 될 때까지의 추억을 다루고 있다. 어렸을 때 이미 프루스트는 작가의 꿈을 가졌다. 그러나 작가가 되기 위한 노력에도 불구하고 오랜 시간 성공을 거두지 못했다. '다시 찾은 시간'의 마지막 부분에서 그는 비로소 자신의 소명의식을 찾게 된다.

1권에서 주인공 마르셀Marcel ―프루스트와 혼동해서는 안 된다― 은 어린 시절을 기억하려 한다. 그러나 콩브레에서 지낸 어린 시절은 잠자리에 들기 위한 연극과 밤마다 일어나는 엄마와의 이별만 떠올랐다. 어느 겨울날 그의 습관과는 달리 "마들렌이라고 부르는 두꺼운 타원형의 과자"를 먹었을 때 과거는 다시 생생해졌다. 그 과자가 섞인 한 모금의 차가 입에 들어갔을 때 지난 과거가 펼쳐진다. "과자와 섞인 한 모금의 차가 내 입에 들어갔을 때 나는 전율했고 내 안에서 뭔가 이상한 일이 일어나고 있다는 것을 깨달았다… 그러자 갑자기 추억이 떠올랐다." 이 맛은 어린 시절 어느 일요일 아침 레오니 고모 집에서 맛보았던 바로 그 맛이었다. "내가 그 마들렌의 맛을 다시 깨닫자마자… 거리에 면한 회색집이 나타났고, 그 집과 함께 그 도시, 내가 점심 전에 심부름을 갔던 광장, 거리들…."

"냄새, 향기, 맛, 소리, 이들은 과거의 분위기를 다시 생생하게 해준다. 그런 무의식적인 추억을 경험한 자는 또 다른 세상 속에 들어와 있다. 최고의 탐험 여행은 낯선 나라에 가는 것이 아니라 눈을 뜨면 할 수 있다"고 프루스트는 말한다. 그는 추억을 두 가지로 구분한다. 하나는 '의식적인' 추억으로 이를 통해 모든 과거의 경험을 기억해낼 수 있고, 다른 하나는 '무의식적인' 추억으로 황홀하게 나타나 우리를 과거로 데려간다. 프루스트의 소설 속에서 강한 감정으로 이끄는 모든 것은 과거에서 온다.

오랫동안 듣지 못했던 멜로디 ―이 소설에서는 뱅퇴이유Vinteuil의 유명한 소나타― 가 어느 날 갑자기 들려오면 과거를 다시 불러올 수 있다. 소리, 지명 등도 그러하다. 우리는 마르틴 하이데거와 테오도르 아도르노와 같은 많은 작가와 철학자들이 이름과 멜로디에 매혹 당했음을 알 수 있다. 아도르노는 '말소리'가 철학을 처음 접하게 하는 힘이라고 믿었다. 왜냐하면 말소리는 아주 특정한 기분을 불러일으키고 계속 생각하게 만들기 때문이다.

황홀하게 나타나 우리를 과거로 데려간다

프루스트는 모든 인간의 익숙해진 삶을 신비한 빛을 통해 볼 수 있는 방법을 들려준다. 우리는 그에게서 작은 것을 눈 속에 간직하는 방법을 배울 수 있다. 〈잃어버린 시간을 찾아서〉의 1인칭 화자는 시간을 초월해 사물을 아름답게 묘사할 수 있을지 의심한다. 프루스트는 세상을 현상학적으로 묘사했다.

현상학적 묘사에서는 겉으로는 당연한 일상의 경험이 하나의 신비한 깊이를 부여해준다. 프루스트는 자신만의 시선으로 사물을 평범함에서 벗어나게 해주고 현실과 동떨어진 세계로 옮겨놓았다. 예를 들어 파리의 생라자르 역의 묘사와 할머니와의 전화 통화를 보면 알 수 있다.

1인칭 화자는 어느 날 대서양에 있는 작은 도시 발베크로 떠난다. 파리의 생라자르 역을 출발하면서 이 익숙한 세상은 부서지고 뭔가 새로운 것, 예측할 수 없는 것이 시작된다. "신비로운 곳에 들어가기 위해 악취나는 동굴로 들어설 결심을 했다면 저녁에 집에서 잠을 잘 수 있다는 희망은 포기해야 한다. 그 동굴은 마치 내가 발베크로 가는 기차를 타는 생라자르 역과 같이 큰 유리로 된 곳이다."

사랑하는 할머니와의 드물었던 전화 통화를 프루스트는 신화와 현대를 관통한다고 표현한다. "우리는 동화에 나오는 인물 같다. 그 인물은 자신의 소망대로 마법사가 책장을 넘기거나 울거나 꽃을 꺾고 있는, 아주 가깝고도 멀리 있는 할머니와 약혼녀를 초자연적인 빛으로 나타나게 한다… 이런 기적이 일어나기 위해서는 우리의 입술을 마법의 막에 갖다 대야 한다."

프루스트에 의하면 아름다움은 항상 존재하고 모든 대상과 자연 그리고 사회에서 경험할 수 있다. 어떤 경험은 그 순간에는 전혀 좋지 않을 수 있다. 그러나 추억 속에서는 같은 경험이 빛나 보일 수 있다. 프루스트에 따르면 아름다움은 회상을 하면서 나타난다. "유일한 낙원은 잃어버린 낙원이다." 경험 속의 이질적인 것은 나중에 아름다운 하나가 될 수 있다. 예술가는 자신의 내면의 소리를 따라야 한다. 그 안에서 전체를 볼 수 있는 상세한 것을 다룰 필요가 있다.

프루스트는 정확한 묘사로 인간 감정의 아주 미묘한 차이를 표현했다. 세상은 예술가들에게 꼭 필요한 숨어 있는 아름다움과 조화로 가득 차 있다. 모든 개인은 자신의 지각 속에서 세계를 반영한다. 이는 프루스트가 존경하는 독일의 철학자 라이프니츠가 이미 말한 바 있다.

프루스트의 장대한 작품의 끝에 화자는 요양소에 머물다가 파리로 돌아와 게르망트의 살롱을 방문한다. 평평하지 않은 저택의 뜰에 발을 들여놓았을 때 그는 행복감을 느낀다. "내 삶의 다양한 시기에 발베크 주변을 마차 여행하며 다시 알아볼 줄 알았던 나무의 모습과 마르탱빌의 교회탑의 모습…."

그 후 곧 두 가지 기억 —접시를 치는 숟가락 소리와 풀 먹인 냅킨의 촉감— 이 떠올랐을 때 그는 마침내 소설을 쓰기로 결심한다. 프루스트는 우리의 일상생활은 키메라이고 이전의 시간을 기억한다면 그제야 비로소 진실은 아주 가까이에 있다고 확신했다. 기억은 우리를 "현실로 데려가고, 그 기억에서 우리는 멀리 떨어져 살고 있으며 이는 그야말로 우리의 삶"이라고 말하는 그는 옳지 않은 것일까?

명작콘서트

26

〈말테의 수기〉

라이너 마리아 릴케

"나는 보는 법을 배운다 — 그래, 나는 시작했다!"

이중성의 삶

라이너 마리아 릴케(Rainer Maria Rilke, 1875~1926) 만큼 사물과 인간의 존재를 잘 규명해낸 시인도 드물다. 릴케는 시를 통해 인간과 주변 세계를 이으려 했다. "내게 예술은 개별적인 것에 대한 지향이다… 모든 사물은 작은 것과 큰 것들 사이에서 조화를 이룬다. 그렇게 끊임없이 소통하면서 깨닫기 어려운 모든 생명의 근원에 다가간다."

릴케는 '사물을 노래한 시'(사물시)에서 사물의 존재를 탐구하기 위해 하나의 대상에 완전히 몰입하면서 그 내부로 들어간다. 대상을 객관적이거나 주관적으로 설명하려 하지 않았다. 그 대신 두 가지 관점이 시 안에서 조화를 이루도록 했다. 그 결과 릴케의 시는 경험의 형태로 우리에게 전달된다. 주관적이고, 객관적인 것을 뛰어넘은 그의 관점이 언어로 어떻게 표현되는지는 시 '표범Der Panther'의 다음 구절을 보면 잘 알 수 있다.

> 스치는 창살에 지친 그의 눈길은
> 이젠 아무것도 붙잡을 수 없다.
> 그 눈길엔 마치 수천의 창살만이 있고
> 그 뒤엔 아무런 세계도 없는 듯하다.

감금당한 맹수는 자신의 목표(야생에서의 사냥)를 잃어버렸다. 인간은 표범의 자유를 박탈했고 그를 전시품으로 만들었다. 이는 변증법적인 표현이라 할 수 있다. 표범의 운명은 곧 인간의 운명을 암시하기 때문이다. 1890년대부터 사용된 모더니티란 말에서는 사회의 세속화, 산업화, 도시화가 급진전되고 있음을 알 수 있다. 표범에게 쇠창살이 의미하는 것은 현대인들에게 있어, 인간 스스로가 부과한 무수하게 많은 억압을 의미한다. 또한 표범은 타고난 본연의 삶의 방식도 빼앗겼다. 일찍이 루소는 이렇게 말했다. "인간은 자유롭게 태어났음에도 불구하고 어디서든 속박을 받는다."

'로댕 연구'를 위해 파리로 온 릴케는 대도시가 주는 위압감에 아연해졌다. 릴케는 작품 집필에 열중함으로써 파리에서 받는 정신적 압박감에서 탈출하고자 했다. 이때 릴케의 모토였던 '오직 일에만 몰두할 것. 인내를 가질 것'은 함께 지내던 조각가 로댕의 영향을 많이 받았다. 릴케는 말년에는 발레주에 있는 뮈조트 성에서 창작 활동에만 매진했다. 이 시기에 나온 작품이 〈두이노의 비가Duineser Elegien〉와 〈오르페우스에게 바치는 소네트Sonette an Orpheus〉이다. 사랑과 존재의 찬양을 다룬 이 작품은 유명한 말을 남겼다. "현재에 존재함은 멋진 일이다."

〈말테의 수기Die Aufzeichnungen des Malte Laurids Brigge〉는 일기체 소설로, 죽음에 대한 두려움과 인생 본연에 대한 고찰이 담겨 있다. 회상 형식의 이 작품은 시간을 뛰어넘는 불연속적인 사건의 나열로 구성된다. 릴케 스스로도 〈말테의 수기〉를 소설이 아닌 산문이라 칭했다. 당시에는 존재하지 않던 새로운 형태의 글쓰기 방식이다.

이 작품은 파리에 온 28살의 귀족 출신 덴마크 청년인 말테 라우리즈 브리게Malte Laurids Brigge의 이야기이다. 감성적인 젊은이 말테는 아름다움과 추함(가난, 질병, 멸망)이 극심한 대립을 보이는 파리의 이중성에 질려버린다. 화려한 도시의 외양이 숨기고 있는 불안과 죽음의 냄새를 느낀다. "그러니까, 사람들은 살기 위해 여기로 모여든다. 그렇지만 내 생각에는, 여기서 죽어가는 것 같다. 나는 밖으로 나갔다. 병원들을 보았다. 비틀거리다 쓰러지는 어떤 사람을 보았다. 사람들은 그를 둘러싸며 모여들었고… 냄새가 난다. 매우 다양한 냄새가 난다. 요오드포름의 냄새, 감자튀김의 기름 냄새, 불안의 냄새… 여름에는 어느 도시에서든 냄새가 난다."

힘든 현실을 직면한다는 것은 현실에 대한 통찰력을 키워준다. 말테는 자신이 처한 환경과 주변을 정확하게 관찰하는 법을 배웠다. '대상'은 예술가적 인지 안에서 새로운 관계를 갖는다. 말테가 파리에서 받은 인상과 그곳에서의 경험은 삶에 대한 성찰로 이어진다. 그는 자신이 느끼고 깨달은 것들을 일기 형태로 형상화했다. "무엇 때문에 내가 다른 사람에게 나 자신이 변했다고 글을 써야 하는가? 내가 변했다면, 나는 더 이상 예전의 내가 아니다. 그리고 내가 지금까지의 내가 아니라면, 나를 아는 사람은 한 명도 없게 된다. 그렇다면 나를 알지 못하는 낯선 사람들에게 글을 쓴다는 것은 불가능한 것이 된다."

릴케의 본명은 르네 칼 빌헬름 요한 요제프 마리아 릴케Rene Karl Wilhelm Johann Josef Maria Rilke이다. 그의 부모는 1884년 이혼했는데, 그 후 릴케는 어머니 소피 엔츠Sophie Entz와 프라하에서 지냈다. 그녀는 릴케보다 먼저 태어났다가 죽은 딸을 잊지 못해 릴케를 여자아이처럼 키웠다. 7살 때까지 릴케는 긴 머리에 여자 옷을 입고 자랐다.

1886년 군에 입대했으나 제대로 적응하지 못한다. 결국 7년 만에 건강의 문제로 군대를 떠났고, 1895년 프라하대학에서 예술사, 문학, 철학을 공부했다. 1896년 뮌헨으로 건너가 전공을 법학으로 바꾸었으나 진정한 관심은 문학과 철학에 있었다.

1897년 니체의 애인이던 루 안드레아스 살로메Lou Andreas-Salome를 만났고, 그녀에게 첫눈에 반했다. 살로메는 '르네'라는 여성스런 필명이 릴케에게 어울리지 않는다고 여겼으며, 그녀의 권유로 '라이너'로 이름을 바꾸었다.

살로메와 동행한 두 차례의 러시아 여행은 릴케에게 결정적인 의미를 지닌다. 그는 러시아의 광활한 황야를 여행하며 인간의 경건함을 깨달았고, 이는 문학 생애에 큰 영향을 주었다. 살로메는 릴케보다 10살 이상 연상이었고 이미 결혼까지 한 상태였으나 둘의 관계는 1900년까지 이어졌다.

끈질긴 생활은 헐어버릴 수 없다

릴케는 브레멘 근교의 보르프스베데에 있는 예술가 공동체에서 한동안 거주했었는데, 이때 만난 조각가 클라라 베스트호프 Clara Westhoff와 1901년 결혼했다. 릴케는 로댕의 집에서 개인 비서로 지내기도 했다. 일찍이 부모가 이혼한 릴케에게 로댕은 이상적인 아버지 상이었다. 1년 후, 작은 사건으로 릴케는 로댕의 집에서 나왔고 파리로 거처를 옮겼다. 이탈리아와 북아프리카,

스페인 등지를 여행한 후 1921년 스위스 발리저의 뮈조트 성으로 돌아왔다. 1923년 건강이 급속도로 나빠졌고, 백혈병을 진단받은 지 1년 만인 1926년 12월 29일 스위스의 한 요양소에서 51세의 나이로 세상을 떠났다.

말테는 릴케의 삶과 내면의식 세계를 그대로 보여준다. 말테는 자신의 삶을 변화시키고, 새로운 환경과 우호적인 관계를 가져야 함을 인식한다. 이 모든 것들은 다각적으로 연결되었기 때문이다. 말테는 보는 법을 배운다. "나는 보는 법을 배운다. 그래, 나는 시작했다!" 말테는 대상 안에 몰두해 관찰하는 방법을 깨달았다. 대상의 내면에 침투해 직관적으로 보게 된 것이다.

그가 어떠한 방식으로 대상을 보게 되었는지는 파리의 허물어진 건물에 대한 묘사를 통해 알 수 있다. "건물 여러 층의 내벽에는 아직도 벽지가 붙어 있었고… 그러나 가장 잊을 수 없던 것은 바로 벽 자체였다. 방들에 있던 끈질긴 생활은 헐어버릴 수 없는 것이었다." 인간의 삶과 방, 대상을 릴케는 하나로 일치시켜 이해했다.

"헐린 칸막이벽의 잔해로 둘러싸인 푸른색, 녹색 또는 황색이었던 벽들에서는 생활이 풍기는 공기가 솟아오르고 있었다… 그 공기 속에는 한낮의 생활의 냄새가, 질병이, 내뱉은 숨과 수년간 배인 연기, 땀냄새…" 릴케는 모든 대상과 가능한 한 가까운 태도를 취하고자 했다. 대상의 내면과 외형, 정신적인 것과 물질적인 것을 엄격히 구분하지 않았다. 오히려 대상들은 그가 '세계 내 공간'이라고 칭하는 곳에서 새로운 합일을 이뤄낸다. 인간은 존재의 전체적인 맥락에서 튀어나온 것이 아니라 모든 것은 모든 것과 늘 연결되어 있다. 릴케는 이를 보여주기 위해 침묵하는 사물의 대변자가 된다. "나는 사람들의 언어가 두렵다"라고 말한다. 그는 대신 대상에게서 위안을 얻는다. "나는 사물이 노래하는 것을 즐겨 듣는다!"

그의 마지막 작품인 '느낌의 손짓이 보인다 Es winkt zu Fühlung'에는 이렇게 묘사되어 있다.

> 모든 사물에서 느낌의 손짓이 보인다,
> 굽이마다 바람결에 실려온다. 생각하라!는 말이.
> 우리가 무심코 지나쳐버린 어느 하루는
> 미래에 우리의 선물이 되리라 다짐한다.
> …
> 모든 존재를 통과해 하나의 공간이 뻗어 있다.
> 세계 내 공간. 새들은 소리 없이
> 우리를 지나 날아간다. 오, 성장하고자 하는 나,
> 나는 밖을 내다본다. 그리고 내 안에 나무가 자란다.

사람 사이를 지나가는 새와 그들 안에서 자라는 나무에서 떠오르는 그림은 한눈에도 이상해 보인다. 논리적인 실증주의 철학자들은 이를 말도 안 되는 터무니없는 것으로 치부했을 것이다. 그러나 인간과 자연이 어우러지는 유토피아는 '모순된' 시적 언어로만 표현할 수 있다.

바로크 시인 안겔루스 실레지우스Angelus Silesius는 '인간이 어떻게 본질적일 수 있는지'를 질문한다. 아마 릴케는 이렇게 답할 것이다. "기술을 통해 자연과 대상을 멀리하지 마라. 대신 새로운 경험과 전망에 접근해라. 본질은 세상을 열고, 그 분위기에 따라 세계를 받아들이려 노력할 때 깨달을 수 있다."

릴케의 시를 좋아하는 철학자 하이데거Martin Heidegger는 인간 존재의 특징으로 '합일된 존재'에 대해 말했다. 하이데거는 정말 인간이 기술을 통해 친밀해질 수 있을지 의심을 품었다. 합일된 존재가 결여된 채, 기술의 가속화만으로는 불가능할 것이다.

명 작 콘 서 트
27

〈데미안〉
헤르만 헤세

"내 속에서 솟아 나오려는 것. 바로 그것을 나는 살아보려고 했다.
그것이 왜 그렇게도 어려웠던 걸까?"

자기발견

　1차대전 직후 출판된 〈데미안Demian〉은 에밀 싱클레어Sinclair란 젊은이의 자기발견 과정에 관한 이야기이다. 싱클레어는 학급 친구인 막스 데미안Max Demian과 그의 어머니 에바 Frau Eva 부인, 별난 음악가 피스토리우스Pistorius의 도움을 받으며 자기자신을 찾게 된다. 싱클레어라는 이름은 독일의 서정시인 횔덜린Friedrich Hoelderlin의 친구 이름이기도 하며, '친구'의 대명사처럼 사용된다.

　〈데미안〉이라는 소설 제목은 헤세(Hermann Hesse, 1877~1962)의 꿈에서 떠오른 것이다. 이는 그리스어 daimon에서 유래한 말인

헤르만 헤세|Hermann Hesse

데, 신에 가까운 존재 혹은 신과 인간과의 중간적 존재를 의미한다. 소크라테스는 판단이 쉽지 않은 양심적인 문제와 마주쳤을 때면 늘 자신의 다이몬에게 의지했다. 막스 데미안 또한 싱클레어의 다이몬으로, 결국 주인공 자신의 내면의 목소리이다. 싱클레어는 평온하고 안정된 기독교 집안에서 벗어나 어둡고 은밀한 악의 세계로 빠져든다. 세상에 밝은 면과 어두운 면이 양립하듯, 자신에게도 선과 악이 공존한다는 것을 깨닫는 과정에서 내면적 성장을 하게 된다.

헤세는 인간은 외부의 공격과 모순적 상황, 패배 속에서도 자신을 잃어버리지 않고 고유한 목표를 향해 정진해야 한다고 주장했다. 소설 첫 머리에 놓인 글이 헤세의 생각을 잘 반영한다. "내 속에서 솟아 나오려는 것. 바로 그것을 나는 살아보려고 했다. 그것이 왜 그렇게도 어려웠던 걸까?"

서문에 나오는 '인간 각자의 삶'은 자기자신에게 도달하기 위한 길을 뜻한다. 그 누구도 완전히 자기자신이었던 적은 없다. 그렇지만 모두는 그렇게 되고자 노력한다. "이 작품은 독일 젊은이들 사이에서 폭발적인 센세이션을 일으켰다. 당시의 불안함을 정확히 묘사하며 시대의 핵심을 꿰뚫었다… 모든 젊은이들을 완전히 매혹시켰다(토마스 만)." 당시 전쟁 중에 독일 젊은이들은 쇼비니즘(맹목적 애국주의)에 빠졌으나 곧 환멸을 느끼며 돌아선다. 많은 이들이 뭔가 잘못되었다고 느꼈다. 이때 헤세는 권력이나 여론을 더 이상 믿어서는 안 되며, 자신의 내면의 목소리를 들으라고 주장했다. 얼마나 많은 지성인들이 '범국가적 인류'에 기반한 유럽에 '새로운 인간'에 대한 희망을 가졌던가.

헤세는 독일 남부 뷔르템베르크 소재의 소도시인 칼프의 개신교 목사 집안에서 태어났다. 명문 개신교 신학교인 마울브론 기숙학교에 입학했으나 부적응으로 도망쳐 나온 후 튀빙엔의 한 서점에서 일하며 글을 쓰기 시작했다(1904). 1912년부터는 루가노의

몬타뇰라에 거주했다. 1914년 전쟁이 발발했고, 헤세는 직접 참전하지는 않았지만 전쟁의 실태를 보며 큰 충격에 빠졌다. 그해 11월 3일 〈새 취리히신문〉에 '친구여, 제발 그쳐다오'란 글을 기고했다. "증오보다는 사랑이, 분노보다는 이해가, 전쟁보다는 평화가 더 고귀하다. 이는 우리가 느끼는 것보다 더 깊이 우리에게 낙인된다."

헤세의 초기작 〈페터 카멘친트*Peter Camenzind*〉, 〈크눌프*Knulp*〉, 〈수레바퀴 아래서*Unterm Rad*〉를 보면 청소년 시절과 성장기의 방황과 고뇌가 단골 소재였다. 〈싯다르타*Siddharta*〉, 〈나르치스와 골드문트*Naziss und Goldmund*〉, 〈유리알유희*Das Glasperlenspiel*〉 등의 후기 작품에서는 자기 내면에 도달하는 것에 목표를 두었다. 그는 특히 인도를 자주 여행했는데, 동양의 신비주의를 서양적 요소에 결합시켜 표현하고자 했다. 1946년 〈유리알 유희〉로 노벨문학상을 받았다. 슈테판 안켄브란트*Stephan Ankenbrand*는 문학사에서 헤세를 이렇게 평했다. "그의 언어는 따뜻하고, 울림이 있으며, 매우 섬세하다."

독실한 기독교 집안에서 자란 에밀 싱클레어는 어두운 면을 발견하고는 내적 분열을 겪는다. 불량배인 크로머*Kromer*는 싱클레어와 대조되는 인물로 악마적 세계를 대표한다. 그는 싱클레어를 협박하며 악의 구렁텅이로 이끈다. 데미안은 집중과 명상으로 훈련된 강한 정신력으로 크로머를 위압했고, 싱클레어는 크로머의

덫에서 벗어난다.

  싱클레어는 유년시절에 이어 청소년기에 또 한 차례 나쁜 길로 빠져든다. 한동안 그는 질 나쁜 친구들과 어울리며 뒷골목의 타락한 세계에 발을 들인다. 그러나 데미안의 편지로 깨달음을 얻고, 곧 제자리를 찾는다.

새 는 하 나 의 세 계 를 부 숴 야 한 다

  데미안은 싱클레어가 선과 악의 세계에 빠져 혼란을 겪고 있음을 알고 성서 속의 이야기를 재해석해 들려준다. 선과 악을 포괄하는 신인 아브락사스 이야기를 들은 싱클레어는 정신적 안정을 되찾는다. 데미안은 이렇게 선과 악의 공존에 대해 말한다. "새는 알에서 빠져나오려 몸부림친다. 알은 세계이다. 태어나려는 자는 누구든 세계를 부숴야 한다." 그 누구도 완전한 모습으로 세상에 나오지 않는다. 누구나 끊임없이 새로운 것을 보여줘야 한다.

  대학생이 된 싱클레어는 일반 철학수업에는 큰 흥미를 갖지 못했으나 니체에 빠져들었다. "내 책상 위에는 니체가 몇 권 놓여 있었다. 나는 니체와 함께 살았다. 그의 영혼의 고독을 느꼈다. 그를 거침없이 몰아간 운명의 냄새를 맡았다. 그와 함께 괴로워했다. 그토록 가차없이 자신의 길을 갔던 사람이 존재했다는 것이 행복했다."

싱클레어는 데미안과 에바 부인이 중심이 된 공동체 모임에 참석했는데, 당시에는 이 같은 모임이 많았다. 시인 슈테판 게오르게Stefan Georg의 문학모임 등도 이때이다. 데미안은 세상은 지금 크게 요동치고 있으며, 곧 대단한 변화가 올 것이라고 말했다. 그리고 그들은 차분하게 운명을 받아들일 준비를 한다. 그 사이 전쟁이 발발하고, 소설의 결말 부분에서 싱클레어와 데미안은 참전한다. 그러나 이들의 참전 이유는 조국을 지키기 위해서가 아니라 새로운 것을 시작하기 위해서이다.

싱클레어는 전선에서 수류탄을 맞고 야전병원으로 옮겨지고, 옆 침대에서 죽어가는 데미안을 발견한다. 데미안이 싱클레어에게 했던 마지막 말은 이렇다. "너 자신 안으로 귀를 기울여야 해. 그러면 알아차릴 거야. 내가 네 안에 있다는 것을." 다음 날 데미안은 보이지 않았고 싱클레어는 그와 완전히 닮아 있는 자신의 모습을 발견한다.

이제 싱클레어는 삶을 스스로 이끌어가야 한다. 중요한 문제와 맞닥뜨렸을 때 내면의 소리에 귀 기울이고 이를 전적으로 신뢰해야 한다. 싱클레어는 알의 껍데기에서 빠져나왔고, 이는 곧 변화를 뜻한다. "태어나는 것은 늘 어렵단다. 새는 알에서 나오려 애를 쓰고 있어." 언젠가 한 모임에서 에바 부인이 싱클레어에게 했던 말이다.

이 작품은 은유적 언어를 통해 자아를 발견하고 해석하고자 했다. 나 자신이 되고자 노력하면 과연 달성할 수 있을까? 이는 국가적 소명을 갖는 문제가 아니다. "인간에게 진정한 소명은 단 하나뿐이다. 자기자신에게 다가가는 것… 우연에 맡기는 게 아니라 운명을 스스로 발견하는 것, 그리고 어떠한 고난 앞에서도 절대 굴하지 않고, 이를 자기 안에서 실현하는 것."

헤세는 이렇게 말했다. "누구든… 언젠가는 아버지에게서, 스승들에게서 벗어나야 한다. 혼자서 첫걸음을 내딛어야 한다. 대부분의 사람은 이를 견디지 못하고, 곧바로 숨을 곳을 찾는다. 그러나 누구든 고독의 혹독함을 어느 정도는 느껴야 한다."

하이데거나 야스퍼스와 같은 실존주의 철학자들은 헤세와 같은 시대에 활동했다. 이들은 "누구나 본래 자기로 살아가야 한다"라고 주장했다. 그러면 우리가 발견해야 할 존재의 본질이 우리 내부에 존재하는 걸까? 오히려 삶은 끊임없이 진행되는 하나의 흐름이 아닐까?

실질적 존재를 찾기 위해 노력하는 사람들에게 철학자 슈토이커 에픽테트Stoiker Epiktet는 경고한다. "스스로를, 연출가가 결정권을 갖고 있는 연극배우 중 한 명에 불과하다고 생각해보라. 이때 연출가에 의존하기보다는 자기 내부의 소리를 듣고자 끊임없이 시도하는 것이 가장 중요하다."

명작콘서트

28

〈베를린 알렉산더 광장〉

알프레드 되블린

"베를린은 큽니다.
수많은 사람들이 사는 곳에 한 사람쯤은 더 살 수 있어요."

고난과 역경

〈베를린 알렉산더 광장Berlin Alexanderplatz〉은 프란츠 비버코프Franz Biberkopf라는 인물이 베를린에서 고군분투하는 모습을 다룬 작품이다. 4년의 형기를 마치고 감옥에서 나온 비버코프는 타인의 영향을 쉽게 받으며, 잘 속아 넘어간다. 대도시 베를린에서 살아갈 능력이 부족한 것이다. 그는 베를린에서 새 삶을 시작하고자 수차례 시도했으나 매번 실패한다. 목숨을 잃을 뻔한 경험을 겪기도 하면서 비버코프는 점차 성숙해진다.

1929년 출판된 이 작품은 비버코프가 출소하면서 이야기가 진행된다. 막 감옥에서 나와 사회에 뛰어들 준비가 덜된 그는 대도시의 급박한 삶에 내던져진다. 자신의 수감 기간 동안 가속화된 사회에서 다시 자리를 잡는 데 어려움을 느낀다. 비버코프는 '번듯하게' 살기를 결심했으나 〈바빌론〉에 묘사되던 베를린은 그에게 호락호락하지만은 않다.

거리의 혼잡함을 바라보며 현관 앞에 우두커니 서 있는 비버코프에게 카프탄을 입은 유대인이 다가와 용기를 주며 말한다. "베를린은 큽니다. 수많은 사람들이 사는 곳에 한 사람쯤은 더 살 수 있어요." 비버코프는 소리가 나는 안뜰 쪽으로 눈길을 돌렸다. "높고도 어두운 안뜰이었다. 그는 쓰레기통 옆에 서 있었다. 갑자기 우렁찬 소리로 노래를 부르기 시작했다. 노랫소리가 벽에 부딪혀 메아리친다. 그는 거리의 악사처럼 모자를 벗어 들었다."

비버코프는 배타적 애국주의가 담긴 노래를 불렀다. '라인강의 성장: 외치는 천둥처럼 울리고.' 전쟁 노래를 통해 자아를 확인하는 자는 분명히 정신적으로나 도덕적으로 범죄를 극복해내지 못한다. 아무도 그를 주목하지 않았다. 유대인이 그에게 말했다. "노래를 잘하는군. 훌륭하게 잘 불렀소." 유대인은 그의 팔을 잡고는 끊임없이 이야기하며 따뜻한 방으로 데려간다. "자리에 편히 앉으시오. 모자는 그대로 쓰고 있어도 좋고, 벗어도 괜찮소. 마음 내키는 대로 하시오."

알프레드 되블린(Alfred Doeblin, 1878~1957)은 슈테틴의 유대 상인 집안에서 태어났다. 베를린대학과 프라이부르크대학에서 의학을 공부했으며, 1911년 베를린에서 의사로 자리를 잡았다. 1933년 취리히를 거쳐 파리로 망명한 그는 1940년 미국으로 이주했고, 가톨릭으로 개종했다. 되블린의 아들 슈테판Stephan에 따르면, 그는 불안정한 신도였으며 유대교를 '너무 밀접하고 집단적인 종교 집단'으로 여겼다. 되블린은 개종을 비밀에 부치려 했는데 친구들이 자신을 기피할 것을 두려워했기 때문이다. 전쟁이 끝난 후 프랑스 정부의 문화고문 자격으로 독일로 돌아왔다. 그러나 전후 독일에서는 작가로 자리 잡을 수 없음에 실망해 1953년 다시 파리로 이주했다. 그리고 1957년 에멘딩엔에서 삶을 마쳤다.

대도시에서 번듯하게 사는 것은 가능할까

〈베를린 알렉산더 광장〉은 되블린의 여러 작품들 중 최고의 성공작으로 평가 받는다. 정작 본인은 이 작품을 최고라 여기지 않았는데, 이 사실이 한평생 그를 괴롭혔다. 그러나 되블린의 그 어떤 작품도 〈베를린 알렉산더 광장〉만큼 대도시 하층민의 삶과 감정 추이를 잘 표현하지는 못했다. 이 작품은 몽타주 기법 —신문광고, 노래 가사, 성경 구절, 기상 일보, 거리 간판— 을 통해 베를린의 분위기를 리얼하게 묘사했다.

출소 직후 비버코프는 자신이 살해한 옛 정부 이다Ida의 집으로 간다. 그곳에는 이다의 언니 민나Minna와 가족이 살고 있었다. 비버코프는 민나를 폭행하는데, 이는 세상에 대한 자신감 부족을 폭행을 통해 상쇄하려는 행위이다. 그는 곧바로 후회했으나 이 때문에 죄수 갱생보호의 감독하에 놓인다. 감시를 받는 몇 주간은 알렉산더 광장에서 행상으로 '번듯하게' 살아갔으나 중범죄자인 라인홀트Reinhold를 만나면서 삶은 다시 헝클어진다. 그는 강도질을 하려다 차에서 떨어져 한쪽 팔을 잃는다.

비버코프는 베르나우 출신 전차 차장의 딸인 매춘부 미체Mieze를 알게 되는데, 이때부터 최대 불운이 시작된다. 다른 속셈이 있는 라인홀트는 미체를 몰래 보고 싶다고 졸라댄다. 비버코프는 우쭐거리며 라인홀트를 커튼 뒤로 숨기고, 사건은 발생한다. 마침 이날 미체는 다른 남자를 좋아하게 되었다고 비버코프에게 고백했고, 자제력을 잃은 비버코프는 미체를 마구 폭행한다. 라인홀트가 커튼 뒤에서 나와 둘을 떼어냈고, 미체를 숲으로 데려가 살해한다.

이 사건으로 비버코프와 라인홀트는 지명수배된다. 알렉산더 광장의 한 술집에서 경찰의 기습 검거가 있을 때 비버코프는 경찰을 총으로 쐈고 곧바로 체포당한다. 수감 중에 비버코프는 억울함을 호소하며 단식투쟁을 벌였으나 정신병원으로 이송된다. 후에 진실이 밝혀져 라인홀트는 체포되고 10년의 징역형을 선고받는다. 풀려난 비버코프 또한 재기하기로 마음먹고 공장 수위로 새출발을 한다.

소설의 결말 부분에서 베를린이라는 대도시의 양면성이 잘 나타난다. 비버코프의 계속되는 불운은 그와 같은 인간이 대도시에서 '번듯하게' 사는 것은 거의 불가능하다는 것을 보여준다. 그러나 공장 수위가 된 비버코프의 모습은 "그럼에도 대도시는 새로운 출발을 위한 기회를 끊임없이 제공한다는 것"을 암시한다.

어려움을 거듭 극복하며 전진하는 비버코프는 전형적인 현대인의 모습이다. 처칠은 "성공의 비결은 넘어졌을 때마다 다시 일어서는 것"이라고 말했다. 이것이 바로 비버코프의 칠전팔기의 자세이다. 이 작품은 영화제작자 라이너 베르너 파스빈더Rainer Werner Fassbinder의 눈에 띄어 '베를린 알렉산더 광장'이라는 930분짜리 TV시리즈로 만들어졌다.

명 작 콘 서 트

29

〈댈러웨이 부인〉

버지니아 울프

"승리와 초인종 소리, 머리 위로 날아가는 비행기의
기묘한 굉음에 그녀가 사랑하는 것들이 있었다.
삶, 런던, 6월의 바로 이 순간."

페미니즘

  1923년 6월의 런던이다. 눈부신 어느 여름날, 국회의원 남편을 둔 클라리사 댈러웨이Clarissa Dalloway는 행복감에 젖어 있다. "사람들의 눈 속에, 활기차게, 뚜벅뚜벅 걸어가는 사람들 속에. 고함과 아우성 속에, 마차, 자동차, 이층버스, 화물차, 신발을 끌며 비틀거리는 샌드위치맨들 속에. 취주악단, 손풍금, 승리와 초인종 소리, 머리 위로 날아가는 비행기의 기묘한 굉음에, 그녀가 사랑하는 것들이 있었다. 삶, 런던, 6월의 바로 이 순간."
  1920년대 유럽에서는 각성의 목소리가 높아졌다. 예술(피카소,

버지니아 울프 Virginia Woolf

그로피우스Gropius, 쇤베르크)과 과학(아인슈타인, 하이젠베르크, 프로이트) 분야에서 현재까지도 영향을 주는 위대한 발명품들이 나왔다. 또한 자동차와 비행기, 전화기 등의 개발되었고, 기술의 발전으로 일상생활에서는 혁명의 바람이 불었다. 엄격했던 빅토리아 시대의 관습은 흔들렸고, 사람들은 더 자유롭고, 즉흥적이며, 실질적인 삶을 원하기 시작했다. 그러나 이와 함께 사람들의 생활 격차는 양분되었다. 〈댈러웨이 부인Mrs Dalloway〉에는 이 같은 사회의 양면성이 그대로 담겨 있다. 주인공이 느끼는 '삶의 기쁨'을 묘사하는 한편 '신발을 끌며, 비틀거리는 샌드위치맨'을 통해 소외된 사회 모습을 고발한다.

댈러웨이 부인은 활기찬 런던의 거리를 걸으며 유년시절의 회상에 잠긴다. 그녀의 내적 독백으로 이야기가 전개된다. "멋쟁이 피터 월쉬와 결혼하지 않고 지루한 정치가 리처드를 택한 것이 실수는 아닐까?" 이 소설은 처음부터 끝까지 아주 흥미진진한 편은 아니다. "댈러웨이 부인은 꽃은 자신이 직접 사겠다고 말했다"로 시작해 "그녀가 그곳에 있었기 때문이다"로 끝맺는다.

클라이맥스 없이 전반적으로 사소하며, 심지어는 무의미한 사건들로 소설은 구성된다. "저는 이렇게 런던을 산책하는 걸 좋아해요. 정말로요, 시골에서 산책하는 것보다 더 좋아요." 당시 그녀는 정말 월쉬와 사랑에 빠졌던 걸까? 아니면 6월 런던의 눈부신 여름날처럼 일시적인 걸까?

런던 출신인 버지니아 울프(Virginia Woolf, 1882~1941)는 작가이자 수필가인 레슬리 스티븐Leslie Stephen과 두 번째 부인 줄리아 프린세프 잭슨Julia Prinsep Jackson 사이에서 태어났다. 그녀의 집에는 조지 엘리엇George Eliot이나 헨리 제임스Henry James 같은 지성인들이 늘 드나들었다. 사교적 모임이 끊이지 않았고 부인들은 차를 마시며 여유로움을 즐겼다.

울프는 어린 시절 이복오빠에게 강간당했는데, 이는 그녀의 페미니즘 성향에 큰 영향을 미쳤다. 여성운동의 텍스트로도 자주 인용되는 울프의 에세이 〈자기만의 방A Room of One's Own〉에 페미니즘 성향이 잘 나타난다. 울프는 셰익스피어에게 주디스라는 누이가 있었다면 어땠을지 의문을 가진다. "셰익스피어의 여동생 또한 셰익스피어처럼 모험심 강하고 창의적이며, 세상을 야망적으로 본다고 가정해보자. 그러나 그럼에도 그녀는 학교에 가지는 못할 것이다. 문법이나 논리학을 배울 기회조차 없을 것이다."

울프는 부모가 죽은 후 1905년 언니 바네사Vanessa와 오빠 토바Thoba, 아드리안Adrian과 함께 런던의 블룸즈버리로 거처를 옮긴다. 그들은 '블룸즈버리그룹'이라 불리는 사교모임을 만들었는데, 이 모임은 관습적이지 않으며 자유로운 생각을 주고받기로 유명했다. 당시 보헤미안 사이에서는 무지와 몰취미를 제외한 모든 것들이 허용되었다.

버지니아 울프 하면 '드레드노트 사기사건'을 빠뜨릴 수 없다. 1910년 울프는 영국 해군을 조롱하기 위해 동료 몇몇과 계획을 세웠다. 이들은 터번과 카프탄을 걸치고 수염을 붙인 후 에티오피아의 황제로 변장하고는 웨이머스 해안에 정박 중이던 드레드노트호를 방문했다. 변장은 성공적이었다. 깃발이 게양되고 황제를 환영하는 악단이 연주되었다. 울프가 고대 그리스어를 섞은 이상한 언어로 말하면 무리 중 한 명이 통역했다. 변장한 황제 일행은 상급장교에 의해 극비 선박인 드레드노트호로 안내된다. 울프는 이 사건을 들며 시대에 뒤떨어진 형식과 진부한 예법의 폐해를 지적했다. 사건이 언론에 공개되자 영국 해군은 주동자 호레이스 콜의 처벌을 요구했으나 처벌되지 않았다.

울프는 1912년 유대인 출신의 사회학자 레너드 울프Leonard Woolf와 결혼했으며 1915년 첫 장편인 〈출범 The Voyage Out〉이 간행되었다. 1917년 남편과 함께 호거드출판사를 설립해 현대문학의 발전을 꾀했다. 1939년에는 리버풀대학의 명예학위를 거절했는데, 울프는 당시의 아카데미적 관습에 매우 비판적이었다. 1940년 독일이 네덜란드와 벨기에를 침공하자 울프 부부는 영국까지 독일에 침공당하면 함께 자살하기로 결심했다.

울프는 한평생 우울증과 환청에 시달렸으며 결국 1941년 3월 자살을 택했다. 서섹스의 시골집에서 아침 산책을 나갔던 그녀는 술에 취해 근처의 우즈강에 뛰어들었다. 이때 그녀의 나이 59세였다. 남편에게 보낸 작별 편지에 이렇게 적었다. "그 어떤 부부도 우리 둘처럼 행복할 수는 없을 겁니다."

〈댈러웨이 부인〉은 1925년 발행되었는데 인물의 의식을 따라 글이 전개되는 '의식의 흐름' 기법이 돋보인다. 등장인물 내면의 심리를 따라 내용이 진행되며 사건의 비중은 줄어든다. 주인공과 관련해 딱히 극적인 사건이 없는 것이다. 예를 들어, 댈러웨이 부인이 세인트제임스 공원을 거쳐 꽃집을 가는 장면을 보자.

그녀는 멀버리 꽃집의 가게 회전문을 밀었다. 그녀가 가볍고 경쾌한 걸음으로 꼿꼿이 걸어 들어가자 작고 둥근 얼굴의 핌 양이 재빨리 나와 인사했다. 핌 양의 손은 꽃과 함께 차가운 물에 담겨 있어서인지 항상 빨갰다. 다양한 꽃이 있었다. 제비고깔, 스위트피, 라일락, 카네이션, 카네이션, 수많은 카네이션, 장미가 있었다. 붓꽃 또한 있었다. 아, 그렇지. 댈러웨이 부인은 핌 양과 대화를 하면서 바닥의 흙냄새를 들이마셨다.

의식의 흐름을 따라 전개되는 삶의 기쁨

울프는 이 같은 설명기법으로 1차대전 이후 영국 사회의 특수한 자화상을 그려낸다. 독자는 책을 읽으며 주인공의 끊임없는 생각들을 함께 따라간다.

피터 월시가 수십 년 후 댈러웨이 부인과 재회하면 뭐라고 말할까? "그녀도 꽤 늙었군, 이라고 말할까? 아니면 이런 생각이 행동으로 보여질까?" 이러한 생각을 하며 댈러웨이 부인은 자신이 아직은 그렇게 늙지 않았다고 여긴다. "이제 겨우 쉰두 살이 되는 거야. 아니, 아직 몇 달이나 더 남았어. 6월, 7월, 8월!…(거울을 보면서) 그녀는 오늘 밤 파티를 열려는 섬세한 핑크빛 얼굴의 여인, 클라리사 댈러웨이, 자신을 바라보았다."

디너파티가 열리는 날 아침, 인도에서 돌아온 피터 월시가 30년 만에 댈러웨이의 집을 방문한다. 피터는 인도에서 알게 된 어느 소령의 부인과 사랑에 빠졌고, 아내와 이혼하길 원한다고 말한다. 그의 방문은 댈러웨이 부인을 혼란케 한다. 자신이 18살 때 피터를 택하지 않고, 지금의 남편 리처드를 선택한 것이 혹 실수였는지 곰곰이 생각한다. 그리고 선택이 옳았다는 결론을 내린다. 피터보다 리처드를 더 사랑해서 결혼한 것이 아니라 변덕이 심한 피터에 비해 리처드가 더 안정적이기 때문이었다.

　피터가 댈러웨이 부인에게 리처드와의 결혼생활이 행복하냐고 물었을 때, 마침 그녀의 17살짜리 딸 엘리자베스가 문 앞에 나타난다. 댈러웨이 부인은 "우리 딸 엘리자베스예요"라며 딸을 소개했다. 왜 단순히 '엘리자베스예요'라고 하지 않았을까? 그녀가 엘리자베스를 소개한 방식에 불쾌해진 피터는 곧바로 떠난다.

　울프는 현대인의 생활과 경험을 사실적으로 표현하는 데 가장 적절한 서술 방법은 내면의 독백 형식이라고 보았다. "자의식은 무수한 느낌으로부터 얻어진다. 진부하거나 환상적인 느낌 또는 이미 사라져 버렸거나 굳게 새겨진 느낌들로 말이다." 시인의 임무는 이러한 느낌을 현실과 가장 비슷하게 묘사하는 것이다.

　소설 속 두 번째 사건은 정신질환을 앓는 시인 셉티머스 워런 스미스Septimus Warren Smith의 자살이다. 전쟁 귀환자였던 그는 전선에서 동료가 수류탄을 맞고 찢겨나가는 것을 눈앞에서 목격한 후 환청이 들리는 후유증을 겪는다. 셉티머스는 정신병원에 들어가지 않으려고 파티가 열리는 날 오후 창문에서 뛰어내린다. 파티에서 셉티머스의 죽음에 관한 이야기가 나오자 댈러웨이 부인은 당황해한다. "맙소사. 내 파티에서 죽은 사람 이야기라니." 그러나 한편으로는 자살한 셉티머스가 자신과 매우 비슷하다고 느낀다. 그녀는 죽은 이에 대해 슬퍼하며, 한편으론 현재 불만족스러운 삶을 자살과 연관시킨다. 그러나 곧 이러한 생각들을 떨쳐버린다.

소설의 후반부에서는 파티에 참석한 상류층 집단을 통해 표면적 관습과 정신질환에 시달리던 셉티머스가 자살 직전 떠올리는 생각들이 확연한 대조를 이룬다. 울프가 자살 전 남편에게 남긴 편지에는 이렇게 쓰여 있었다. "사랑하는 이여, 나는 내 정신이 다시 이상해지는 것을 느낍니다. 끊임없는 환청이 들리고, 이 때문에 집중할 수 없습니다."

울프의 인생에서는 창작과 삶에 대한 기쁨의 시기와 우울증, 발작의 시기가 반복적으로 찾아왔었다. 그 시대에 광기보다 두려운 것은 없었다. 정신착란을 일으키는 셉티머스에 대해 울프는 이렇게 적었다. "그는 죽고 싶지 않았다. 삶은 좋은 것이었다. 태양은 뜨거웠다. 오직 인간들은?" 셉티머스는 정신병원에 보내지는 것을 크게 두려워했다. 시대가 바뀌면서 정신이상에 대한 인식과 치료법이 많이 발전했다. 그럼에도 정신병자나 신경질환자가 살아가기는 쉽지 않다.

모든 게 업적 위주인 현대사회에서 정신이상만큼 타격을 주는 것도 없다. 문화와 관련해서 사람들은 데르비시(Dervish: 극도의 금욕 생활을 서약하는 이슬람교 집단의 일원. 예배 때 빠른 춤을 춘다)를 하나의 종교적 의식으로 여기며 다소 특이하긴 하지만 춤의 한 종류라고 생각한다. 그러나 정신이상에 대해서는 그렇게 간단히 규정짓지 않는다.

오늘날 많은 사람들은 인위적인 정신착란 상태, 환각상태에 빠지고자 한다. 그들은 알코올이나 마약에 손을 댄다. 하이데거 Martin Heidegger는 이 원인을 현대사회 속의 '자기만족'이라고 진단했다. 현대인은 고향이 없는 채 태어난다. 행복감에 충만한 댈러웨이 부인처럼 '6월의 바로 이 순간'을 떠올리지 못한다. 하이데거의 말을 빌리자면 "존재란 가장 가까운 것이나. 그러나 가까운 것은 인간에게 가장 먼 곳에 머무른다."

명작콘서트
30

〈심판〉
프란츠 카프카

"누군가 요제프 K에게 누명을 씌웠음이 틀림없다.
왜냐하면 어느 날 아침, 자신은 나쁜 짓을 저지른 것 같지 않은데
체포되었기 때문이다."

관료주의의 권력

카프카(Franz Kafka, 1883~1924)는 소설 〈심판 *Der Prozess*〉의 첫 번째 문장을 쓸 때 20세기의 공포 —비밀경찰, 전쟁, 추방, 강제수용소— 를 이미 예감했던 걸까? "누군가 요제프 K에게 누명을 씌웠음이 틀림없다. 왜냐하면 어느 날 아침, 그는 자신은 나쁜 짓을 저지른 것 같지 않은데 체포되었기 때문이다."

국가사회주의나 공산주의 같은 전체주의적 제도에서는 그 누구도 자신이 비밀경찰에게 잡혀가지 않을 거라고 확신할 수 없었다. 하지만 첫 문장과는 달리 〈심판〉은 정치적 박해에 관한 내용

이 아니다. 왜 요제프 K가 30살 생일에 2명의 남자에게 체포되는지는 이야기가 끝날 때까지 불확실하게 남아 있기 때문이다. 처음에 K는 "다소 무례한 장난이긴 하지만 아마 오늘이 내 30살 생일이니깐, 은행 동료직원들이 꾸며낸 것" 이라고 생각한다.

그러나 사건은 점점 더 심각해져 간다. 그럼에도 그가 어떤 잘못을 저질렀는지, 어느 관청에서 그를 체포하는지 언급되지 않는다. 그저 '재판'이 있다고만 할 뿐이다. 상황 파악이 더욱 불가능한 것은, 위협을 주는 이 수상한 권력은 그를 곧장 감금하지 않는다는 점이다. '감시자'는 K에게 체포된 상태에서도 일하러 갈 수 있다고 말한다. 그런 까닭에 다소 덜 위험해 보이기도 한다.

K는 가구가 딸린 아파트에서 규칙적인 생활을 유지해왔다. 그는 은행 주임이라는 직책에 엄청난 자부심을 가졌는데, 감시원에게 제포당했을 때 그 직책과 자부심은 아무 쓸모가 없었다. 체포된 후 그는 자신이 너무 자만했었다는 것을 깨닫는다. 심판이 길어질수록 그는 정말 죄가 있는 것처럼 느낀다. 이 상황에서 벗어나고자 많은 방법들을 모색하지만 모든 시도는 수포로 돌아갈 뿐이다. 노력을 하면 할수록 사건은 점점 더 불리해진다. 그는 열심히 결백을 주장하지만 다 실패하고 만다.

카프카의 소설에는 모순되는 부분이 많다. 예를 들어 K는 일요일에 법원으로 불려가게 되나 그 시간은 통보 받지 않는다. 법원이 한번도 들어본 적이 없는 교외의 빈민들이 거주하는 임대주택들 사이에 위치해 있다는 것도 마찬가지다.

이를 통해 카프카는 이치에 맞지 않는 많은 일들이 우리에게 일상적으로 일어날 수도 있다는 것을 말해준다. 우리는 가끔 세상이 낯설게 느껴질 때가 있다. 심지어는 관청에서 받는 대기 번호표처럼 느껴지기도 한다.

'최초의 심리' 장에서는 K가, 놀고 있는 아이들과 거주자들을 거쳐 건물 5층의 공판 장소에 다다르기까지의 여정을 보여준다. 그가 심문을 당하는 것을 보기 위해 중간 크기의 방에 사람들이 모여든다. K는 은행과 대조되는 법원의 초라한 분위기에 자신감을 얻고 우쭐해졌으며, 법원에 대한 경외감까지 잃어버린다. 그는 심문에 답하는 대신 자기 변호를 시작한다. 유창한 말솜씨로 관중을 자기편으로 끌기 위한 것이다.

제 말을 들어주세요. 저는 열흘 전쯤 체포되었습니다. 체포라는 것 자체가 사실 우습긴 하지만, 지금 그 얘기를 언급할 건 아니고요. 여하튼 저는 이른 아침 침대에서 습격당했습니다. 제 경우를 예로 보자면, 재판소에서 벌어지는 모든 현상의 배후에는 하나의 커다란 조직이 숨어 있음이 틀림없습니다. 저의 체포와 오늘 이 심리의 배후에도 마찬가지고요… 그렇다면 이 방대한 조직은 뭘 의미하는 걸까요? 제가 겪는 것처럼, 죄 없는 사람이 체포되고 무의미하고 비생산적인 절차가 진행되는 것을 뜻합니다.

열심히 결백을 주장하지만 결국은 죄인

그러나 K는 이 연설로 홀 안의 그 누구도 감명시키지 못했다. 후반부에서 재판관 신부가 들려주는 '법 앞에서'라는 유명한 우화가 등장한다. 이는 무죄를 입증하려는 K의 모든 노력이 전부 헛수고가 될 것임을 암시한다. 우화의 내용은 다음과 같다.

한 시골 남자가 법정 앞에 다다른다. 그는 문지기에게 안으로 들어가게 해달라고 부탁하나 "지금은 들여보낼 수 없다"는 대답과 함께 거절당한다. 문지기는 자신이 '최하위급 문지기'에 불과하기 때문에 설사 들여보내 줘도 앞으로 더 무서운 문지기와 더 큰 권력이 기다리고 있을 것이라고 일러준다. 시골 남자는 문지기가 허락할 때까지를 기다리며 수십 년을 흘러보냈다. 남자는 늙고 약해졌으며 결국 죽기 직전에 이른다. 임종을 앞둔 그는 문지기에게 물었다. "많은 사람들이 법을 구하고 있습니다. 그런데 그 오랜 세월 동안 저 말고는 이 문으로 들어가려는 사람이 없었습니다. 그 이유는 무엇인가요?" 문지기가 대답하기를 "이 문은 오직 당신만을 위한 입구이니, 당신 외에 그 어떤 누구도 들어갈 수 없는 게 당연하지 않소?

이제 나도 문을 닫고 가봐야겠소."

이 우화는 카프카를 부조리 연극의 초기 선구자로 만들었다. 카프카는 종종 〈고도를 기다리며〉를 쓴 사무엘 베케트와 비교된다. 카프카는 프라하의 유대 상인 집안 출신이다. 법을 전공했고, 노동자 재해보험국에서 근무했다. 1914년 베를린 은행원인 펠리스 바우어Felice Bauer와 약혼하나 결혼이 작품활동에 방해가 될 거라 생각해 6주 만에 파혼했다. 결혼에 대해 카프카가 느끼는 압박감은 일기에서도 드러난다. "베를린에서 돌아왔다. 나는 죄인처럼 옭아 매여 있었다." 일기에서는 또한 '법정'이라는 제목의 글도 발견된다. 고소인은 약혼녀 펠리스이며, 펠리스의 친구인 그레테 블로흐가 재판관으로 등장한다. 이것이 아마 소설 〈심판〉의 초고일 것이다. 카프카는 글쓰기를 생활과 내면을 치유하는 방편으로 삼았다. 그는 크게 두드러진 사건 없이 조용한 삶을 살다가 후두결핵으로 이른 나이에 세상을 떠났다.

유대인이라는 출신과 질병으로 카프카는 평생 소외감을 가졌다. 한 문학사에서는 그를 이렇게 평했다. "카프카는 외부와의 교제가 극히 드물었다. 소심한 성격과 젊은 시절 얻은 결핵은 일찍이 그를 사회로부터 고립시켰다."

그의 또 다른 작품인 〈성Das Schloss〉, 〈아메리카Amerika〉 역시 좋은 평가를 받았으며 모두 사후에 발행되었다. 카프카는 자신이 죽으면 그간 집필한 모든 작품들을 불에 태우길 바랐으나 유산

관리인이자 친구인 맥스 브로드는 그것이 카프카의 본심은 아닐 거라며 출판을 강행했다. 카프카의 작품 속 등장인물은 대개 무기력하게 묘사된다.

〈심판〉은 꿈과 현실 사이의 언어로 쓰여졌다. 그러나 몽상적인 동화 같지는 않다. 오히려 압력을 가하는 악몽 같다. K는 곤경을 타개하기 위해 이곳저곳에 도움을 청한다. "당신은 늘 여자들에게서 도움을 구하는군." 이는 '대성당' 장에서 재판관 신부가 K에게 충고하는 부분이다. K가 법원에 맞서는 매 상황들은 소설 전체의 거대한 '심판'을 구성하는 조각들임을 알 수 있다. K는 고소된 이유와 죄를 알지 못한 채 체포된 지 1년 만에 사형을 선고 받는다. 그는 그 모든 상황을 이해할 수 없지만 그럼에도 판결을 받아들인다. 그리고 '개같이'라는 말을 남기며 저항 없이 죽는다.

카프카는 소설 어디에서도 K의 죄가 무엇인지, 왜 그가 죽임을 당해야 하는지 언급하지 않는다. 벤야민Walter Benjamin은 카프카가 "작품 해석에 대비해 가능한 모든 보호조치를 취했다"고 평한다. 엘리어스 카네티Elias Canetti는 현대 권력에 대한 카프카의 세부적인 묘사 능력을 높이 샀다. "카프카는 그 어떤 시인보다도 뛰어난 권력의 관찰자이다. 그는 권력을 모든 관점에서 경험하고 형상화시켰다."

현대사회에서는 익명의 관료제가 횡행하고, 감시 카메라가 활개를 친다. 권력이 인간의 가장 은밀한 부분까지 개입한다. 또한 국가적 지침과 통제는 우리 사회를 '카프카적'(부조리하고 암울하게)으로 만든다. 그 안에 사는 현대인은 이유도 모른 채 관료제 같은 익명의 권력과 맞서야 한다. 독일의 유명한 가수 겸 작곡가인 라인하르트 마이Reinhard Mey는 관료제를 테마로 노래를 만들었다. "그날 이후로 중앙서류교정소 북부지청에서 내게 등기로 요구했지요. 우리에게 사본의 무효확인신청형식허용에 대한 신청서를 보내시오."

인간의 가장 개인적인 공간 중의 한 곳인 침대에서 K가 체포당하는 것으로 소설은 시작된다. 현대사회의 권력은 인간을 외적으로 관찰하는 데 만족하지 못한다. 이제 그들은 인간의 정신까지도 장악하려 든다. 학교에서는 학생들을 파일로 만들어 분류시키고, 특이사항은 그 옆에 별도로 기입한다. 규정된 시간 안에 정해진 기준과목 —읽기, 쓰기, 계산 등— 을 달성하지 못하면 낙오된다. 우리가 준수해야 할 규범과 충족시켜야 할 요건들이 사회 곳곳에 널려 있다.

혼자 살아가는 현대인은 사회나 종교 안에서도 안정을 찾지 못한다. 그들은 항상 감시당한다고 느끼며 이 같은 불안과 두려움은 사회의 웃음거리가 된다. "치욕만은 그대로 남을 것 같다." 카프카가 작품 말미에 자주 사용하는 구절이다.

카프카는 감정 없이 냉정한 언어로 현대인의 고독을 설명한다. 그의 서술에는 그 어떤 세부적 설명도 없다. 예를 들어, K는 그루

버 부인이 어떻게 양말을 꺼내는지 그저 침묵하며 바라볼 뿐이다. 카프카는 우리 주변에서 볼 수 있는 '소외감'을 낯선 형식으로 보여준다. 철학자 아도르노Theodor W. Adorno는 이를 위대한 예술의 작품이라 평했다. "그는 자신만의 문체로 소외감의 특성을 표현했고, 이를 극복해냈다."

카프카의 소설을 읽으면 관청 복도에서 온종일 기다리던 시간이 떠오른다. 마침내 내 번호가 호명되면 나와 똑같은 처지의 뒷사람에게 자리를 내주며 들어간다. 그리고 실수로 빠뜨린 무의미한 서식 하나로 인해 지금껏 기다렸던 시간들이 허사가 되는 것을 경험한다.

명 작 콘 서 트
31

〈율리시스〉
제임스 조이스

"그러자 그의 심장은 미친 듯이 뛰었고 나는 '네'라고 말했어.
네, 그러겠어요."

도시의 하루

"…그리고 그는 내게 무어의 성벽 밑에서 어떻게 키스했던가 그리고 나는 그는 물론 다른 사람만큼 훌륭하다고 생각했지 그러고 나서 나는 그에게 눈으로 요구했지 다시 한번 묻도록 말이야 그래 그리고 그는 내게 물었어 내가 네 라고 말할 것인지를 네 나의 야산의 꽃이여 그리고 나는 처음으로 그를 팔로 끌어 안았어 그를 내쪽으로 가까이 오게 했어 그가 내 가슴을 느낄 수 있도록 그러자 그의 심장이 미친 듯 뛰었어 그리고 나는 네 라고 말했어 네 그러겠어요 네."

아일랜드 작가 제임스 조이스(James Joyce, 1882~1941)가 쓴 〈율리

제임스 조이스 James Joyce

시스Ulysses〉의 마지막 구절이다. 무려 천 페이지에 달하는 이 작품은 내용이 복잡하고, 구성이 한눈에 들어오지 않아 여느 소설처럼 쉽게 읽혀지지 않는다. 마지막 장에서는 여주인공 몰리Molly의 쉼표도 없는 '의식의 흐름'이 50쪽이 넘는다. 전세계 문학작품 중 가장 긴 내적 독백일 것이다.

스페인계 유대 출신인 33살의 몰리는 지브롤터에 주둔하는 아일랜드 소령의 딸이다. 몰리는 남편 레오폴드 블룸Reopold Bloom과의 관계를 되짚어본다. 그녀는 콘서트 매니저 보일런Boylan과 부정을 저지르며, 남편을 어떻게 속일지 생각한다. 모든 가능성이 그녀의 머릿속에 떠다닌다.

이 소설의 중심축은 몰리와 폴디Poldy와의 관계이다. 폴디는 몰리가 부르는 레오폴드의 애칭으로, 몰리는 그를 우롱하고 멸시하지만 여전히 사랑한다. 소설의 결말 부분인 몰리의 독백 중에 그녀가 레오폴드와의 결혼을 후회하지 않음이 드러난다. 소설 말미의 '네'라는 대답은 결코 우연적인 게 아니다. 폴디에 대한 몰리의 모든 모순된 감정들에도 불구하고 '네'라는 마지막 그녀의 대답은 '삶에 대한 긍정적인 자세'를 보여준다.

20세기를 대표하는 소설 〈율리시스〉는 1904년 6월 16일 하루 동안에 더블린의 레오폴드 블룸에게 일어난 일들을 기술한 작품이다. 아침 8시 레오폴드가 집을 떠났을 때부터 다음날 새벽 3시 집에 돌아왔을 때까지 벌어진 사건들로 구성된다. 조이스가 밝히는 작품의 의도는 다음과 같다. "더블린의 복사판을 만들어내고 싶었다. 이 도시의 어느 하루가 완전히 사라져 버리고, 내 책에서 그대로 다시 세워진 것처럼." 제목 '율리시스'는 호메로스의 '오디세우스'를 라틴어로 따온 것이다. 조이스는 일상생활에서 일어나는 블룸의 방황을 호메로스의 방황과 빗대었다.

이 소설은 조이스가 조국 아일랜드에 바치는 경의이기도 하다. 하루 동안에 벌어지는 소설 속 장면들은 오늘날 우리 사회처럼 복잡하고 불확실해 쉽게 그 의미를 간파하기 힘들다. 그러나 책을 읽던 중 안개가 걷힌 것 같다고 느낄 때도 가끔 있다. 조이스는 이 성스러운 경우를 에피파니Epiphany라 칭했다. 에피파니는 동방박사 3인이 아기 예수를 만난 날로, 일상에서 예상치 못한 때에 중요한 사건이나 비밀이 밝혀지는 상황을 뜻한다.

조이스는 1882년 2월 1일 더블린에서 태어났다. 부모의 바람에 의해 목사가 될 뻔도 했으나 일찍이 로마가톨릭으로 전향했다. 더블린대학에서 철학과 언어학을 전공했고, 1902년 파리로 떠났다. 그러나 경제적 어려움으로 1년 만에 더블린으로 되돌아왔다. 1904년 6월 16일 하녀였던 노라 바나클Nora Barnacle을 만난다. 6월 16일은 〈율리시스〉의 시간적 배경으로, 조이스는 이 날을 '블룸스데이'로 기념한다.

두 사람은 1931년 6월 4일 런던에서 뒤늦게 결혼식을 올렸으며 슬하에 2명의 자식을 두었다. 조이스는 생계를 위해 저널리스트, 영어강사 등 여러 직업들을 가졌으나 늘 경제적으로 궁핍했다. 아버지와 마찬가지로 다른 사람들에게서 빌리거나 후원 받은 돈으로 가족을 부양했다. 동생 스태니슬로스Stanislaus도 지속적으로 그를 지원했다. 녹내장으로 시력을 거의 잃은 조이스는 건강 악화로 1941년 1월 13일 취리히에서 세상을 떠났다. 그때 그의 나이 58세였다. 대표작으로는 〈더블린 사람들Dubliner〉, 〈피네간의 경야Finnegans Wake〉, 〈율리시스〉 등이 있다.

1914~21년까지 무려 8년에 걸쳐 완성된 이 작품은 현대 소설에서 지도적 역할을 한다는 평가를 받는다. 1918년 미국 잡지 〈리틀리뷰Little Review〉에 부분적으로 게재되었으나 음란하다는 이유로 발행이 금지되는 등 미국에서는 시련을 겪었다. 1922년 파리에서 처음 출판되어 주목을 받게 된다.

조이스는 이 작품에서 레오폴드 블룸과 몰리, 스티븐 데덜러스 Stephen Dedalus를 중심으로 더블린에서 일어나는 일상적 삶의 장면들을 묘사했다. 율리시스의 등장인물은 그의 다른 작품인 〈더블린 사람들〉, 〈젊은 예술가의 초상A Portrait of Artist as a Young Man〉에도 나온다. 또한 같은 장면이 계속되기도 한다.

블룸의 적수인 스티븐 데덜러스는 조이스의 또 다른 자아이기도 하다. 조이스는 소설 속 등장인물들의 이름을 그리스 신화에서 차용했으며, 각각에 의미를 부여했다. 그리스 신화의 다이달로스(데덜러스)는 예술가이자 발명가이다. 미노스 왕을 위한 크레타의 미궁을 지었으나 그 후 밀랍으로 날개를 만들어 아들과 크레타를 탈출했고, 그 과정에서 아들은 죽는다.

다이달로스, 즉 데덜러스는 최초의 기독교적 순교자인 것이다. 조이스 또한 자신을 예술적인 삶을 희생당한 순교자로 여겼다. 레오폴드 블룸과 데덜러스는 선을 대표하는 사람들로, 레오폴드는 아내 몰리에게, 데덜러스는 친구 멀리건Mulligan에게 각각 배반당한다.

소설은 데덜러스의 아침식사 장면으로 시작한다. 더블린만의 요새인 마텔로 탑에서 데덜러스와 친구 멀리건, 옥스퍼드대학 출신의 헤인즈Haines가 식사를 하던 중 데덜러스와 멀리건이 다툰다. 데덜러스는 역사 강의를 위해 디지 교장의 학교로 갔고, 방과 후 샌디마운트의 해변에서 "눈을 감고 자신의 장화가 해초와 조개들로부터 그려내는 소리를 들으며" 장황히 혼잣말을 내뱉는다. 그는 어머니의 임종 순간 기도를 거부했다는 사실에 가책을 느낀다. 그날 하루 데덜러스는 술집을 전전하고, 도서관에서 문학 거장들과 셰익스피어에 대해 논쟁을 벌이며, 레오폴드 블룸과 매번 적수의 형태로 재회한다. 데덜러스는 영국 황제와 가톨릭교회 세력에 비판적이다.

우리는 계속 더 나은 순간을 희망한다

레오폴드는 4장에서야 비로소 처음 등장한다. 그는 아내 몰리를 위한 아침식사를 준비하며 딸 밀리Milly의 우편물을 읽는다. 정육점에서 콩팥 요리를 사오고, 아직 잠자리에 있는 아내에게 우편물을 건네며, 그림잡지의 짧은 이야기를 읽으며 용변을 본다. 그 후 우체국으로 가 편지를 수령하며, 속기 여직원 마사 클리퍼드Martha Clifford와 비밀스레 편지를 주고받는다. 레오폴드는 미사를 드리고, 비누를 샀으며, 죽은 아들 루디Rudy를 떠올린다. 대중

목욕탕에 들른 후에는 패트릭 디그넘Dignam의 장례식에 참석한다. 그 후 사무실에 들렀다가 다시 거리고 나가고… 끊임없이 이어지는 그의 하루이다.

이따금 아내 생각을 하는데, 아내 몰리는 오디세우스의 아내 페넬로페를 연상시킨다. 레오폴드는 술집 여러 군데를 들리며, 데덜러스와 몇 차례나 우연히 마주친다. 레오폴드는 해변의 젊은 여인 셋을 관찰하기도 하며, 한 파티에서 거나하게 취해 사창가로 향한다. 그는 술에 취해 몸을 못 가누는 데덜러스를 집으로 데려오고, 함께 정원에 소변을 본다. 데럴러스가 떠나자 레오폴드는 오디세우스가 그랬듯 긴 방황을 끝내고 아내 곁에 눕는다.

몰리가 사색하는 부분에서는 의심의 흐름과 내면의 독백이라는 기법이 사용된다. 몰리는 늘 정조를 지키지 않았는데, 다음 부분에서는 조신하다. "그러니깐, 우리가 이 눈물의 계곡에서 행했던 모든 일들이 나쁜 것이었어도 신은 이것이 지나치지 않음을 알 것이다."

몰리는 남편에 대한 환상을 갖지 않는다. 그녀가 생각하길, 폴디는 난봉꾼에 과대망상적이긴 하나 술을 지나치게 마시지 않는 등 좋은 면도 있다. 남편을 수많은 정부들과 비교해봐도 썩 나쁘지만은 않다. 현재 애인인 휴 보일런은 떠나면서 엉덩이를 찰싹 때리는 몰상식함을 보인다. 그러나 폴디는 그래도 그럭저럭 참아낼 만한 사람이라고 생각한다.

우리의 인생은 한번뿐이다. 자신에게 지나치게 높은 목표나 규칙을 둘 필요는 없다. 몰리는 매 상황 그 순간에 최선을 다한다. 그녀의 계속되는 독백처럼 그렇게 계속 더 나은 순간을 희망한다는 것이 중요하다. 더블린 해변의 찬란한 일몰을 바라는 것이다. "여름밤은 은밀하게 세계를 껴안기 시작했다."

몰리의 독백은 '네'라는 말로 시작해서 똑같이 '네'로 끝난다. 조이스는 우리 인생도 그렇게 긍정적으로 받아들일 것을 강조한다. 인생은 변덕스럽고 포악하다. 결코 쉽지만은 않은 게 우리네 삶이다. 이때 불평은 아무 도움을 주지 못한다. 우리는 긍정적인 자세를 발전시켜야 한다.

이 시대의 영웅은 그리스 신화 속 인물과는 달리 사이클로프스나 사이렌 혹은 위험한 암초, 괴물들과 싸울 필요가 없다. 순교는 육체적인 것이 아니라 정신적인 것이다. 몰리와 레오폴드, 데덜러스와 같이 모든 장애와 실패에도 끝까지 견뎌내며 계속 나아가는 자가 현대사회의 영웅일 것이다.

명작콘서트
32

〈창조적 고백〉

고트프리트 벤

"내 이목을 끄는 것은 바로 표현이다."

실용주의와 미적감각

예술 본연의 미학을 추구하는 예술지상주의의 대표적 작가로 고트프리트 벤(Gottfried Benn, 1886~1956)을 꼽을 수 있다. '시인이 세상을 변화시킬 수 있을까?'라는 주제의 라디오 인터뷰에서 벤은 "문학은 오직 미적 관점에 의해서만 평가된다"고 주장했다. 벤에 의하면 문학작품은 교훈을 주기 위해서라든지, 윤리적 혹은 사회적 목적에 의한 것이 아니다. 문학 그 자체로 인정받기 위한 것이다. 또한 뛰어난 작품은 작가의 뚜렷한 스타일이 드러나야 한다고 지적했다.

벤의 작품은 특정한 문학 시대로 분류하기 쉽지 않다. 그만큼 그는 문학사에서 독립적인 작가이다. 벤의 예술적 정점은 서정시이다. 그가 친구 빌헬름 욀체Wilhelm Oelze에게 보낸 편지 속 작품 중 하나인 '왕관은 시에 머무른다'는 그의 대표적 서정시이다.

벤은 한때 마약에 빠진 적이 있었다. 마약의 본질에 좀더 가까워지고자 하는 목적에서였는데, 이때의 경험은 다음 시구에서 잘 드러난다. "오 밤이여! 벌써 나는 코카인을 먹었지, 피의 분배가 진행 중이네." 벤은 또한 명상을 통해 의식의 해체에 도달하고자 동양철학에 심취했으며 19세기의 진보 사상에 반대해 문명비판적인 입장을 취했다. 오스발트 슈펭글러Oswald Spengler나 루트비히 클라게스Ludwig Klages, 테오도르 레싱Theodor Lessing 같은 사상가도 문명비판주의자였다. 그들은 현대인의 허무주의적 성향과 신앙심의 상실을 진보의 어두운 측면으로 지적했다.

니체는 이렇게 말했다. "사막이 증가하고 있다. 사막을 옹호하는 자들에게 불행이 있으리라." 벤도 시집 〈노래들〉에서 진보에 대한 허무주의적 성향을 내보였다. "오. 우리가 고증조부였다면. 따뜻한 늪지대의 점액 덩어리. 삶과 죽음, 수정과 탄생은 우리의 건강한 체액에서부터 미끄러진다."

벤은 브란덴부르크의 신교도 집안에서 태어났다. 목사인 아버지의 뜻에 따라 신학 공부를 시작했으나 곧 의학으로 전공을 바꿔 성병 전문의로 일했다. 1912년에 발표한 처녀시집 〈시체공시장. 기타〉로 유명해졌다. 벤은 이전까지는 시에서 볼 수 없었던

'시체보관소', '부검 소견' 등의 어휘를 '성가'나 '성서'와 같은 고전적인 소재들과 결합시켰다. 추한 단어들을 열거하기도 했다. "세 개의 접시는 가득 찼다. 뇌와 고환으로." 의사라는 직업은 작품에 해부학적 시각을 반영시켰다.

  자연주의 시대의 예술에서는 추한 소재(사회적 불행을 묘사한다거나 질병, 부랑자, 창녀 등을 소재로 하는 작품)를 종종 다루었다. 그러나 벤은 이보다 한발 더 앞서 나간다. 그의 시는 매우 혁신적이었는데, 다양한 출처(종교, 철학, 생물, 의학)에서 모티브를 고를 수 있는 용기와 시적 재능이 어우러진 결과였다.

참담함은 물질적 향상으로 극복할 수 없다

  1차대전 직후의 어느 여름, 히덴제에 체류 중이던 벤은 오스터로흐 출신의 에디스 브로진Edith Brosin을 만나 결혼했다. 벤은 전쟁 중에는 안트베르펜에서 군의관으로 근무했다. 1915~17년까지 브뤼셀에서 거주했는데, 이때를 삶에서 가장 아름다웠던 시기로 꼽는다. "1916년 브뤼셀의 봄, 아주 고립된 곳에 위치한 성병병원에서 의사로 일했다. 동료 한 명과 방이 11개나 되는 어느 몰수된 집에서 지냈다. 업무는 적었고, 사복도 허용되었다… 길거리를, 이방인들 사이를 배회했다. 색다른 봄이었다. 어떤 것과도 비교할 수 없는 그때의 3개월… 나는 현 존재가 몰락하고, 자아가 시작되는 끄트머리에 살았다. 가끔씩 그 시절을 돌이켜볼 때가 있다. 그 생활이야말로 '생활'이라 할 수 있었다. 그때는 다시 돌아오지 않을 것이다. 다른 모든 것들은 파탄이었다."

이 시기에 그는 노년의 자아인 뢴네 의사의 이야기를 다룬 〈뢴네 Rönne-Novellen〉란 작품을 집필했다. 1917년에는 베를린에서 피부과 및 성병병원을 개업했으며 1922년 첫 번째 부인 에디스가 사망했다. 1930년대에는 작곡가 파울 힌데미트 Paul Hindemith와 함께 작업했고, 1931년 공동작품인 오라토리오 〈무한함 Das Unaufhörliche〉을 발표했다.

1932년은 벤에게 휴지기였다. 이때 프로이센 예술아카데미의 시 분야 회원이 되었다. 토마스 만 또한 이 아카데미의 일원이었다. 1933년 그는 '엄청난 과오'라 불릴 만한 일을 저지른다. 쇠퇴하는 유럽을 나치가 부활시키리라 기대하며 국가사회주의적 사상에 빠져든 것이다. 1934년 6~7월 '에른스트 룀 혁명'이 일어날 때까지 벤은 나치즘을 찬양했다. 히틀러가 정당 내부의 적들을 죽이던 시기이다. 독일의 여류시인 이나 자이델 Ina Seidel에게 쓴 8월 27일자 편지에서 벤은 이 일을 후회한다. "얼마나 심하게 그것이 행해졌었는지, 지금 그것이 얼마나 역겹게 보이는지." 벤은 또한 "그러나 오래 안 가 끝맺었다"라고 적었다. 1935년 나치 민족사회주의노동당에서 발행하는 신문 〈민족주의 옵서버 Völkisch Observer〉는 처음으로 벤을 비난했다.

1938년 벤은 헤르타 폰 베데마이어Herta von Wedemeyer와 두 번째 결혼을 했다. 그의 여자들은 대개가 단명했는데 베데마이어는 1945년 피난길에서 사망했다. 이때 벤은 이렇게 기술했다. "나는 나 자신이 녹아내리지 않기 위해 그렇게 강해져갔다."

벤의 전기작가 발터 레니히Walter Lennig는 베를린이라는 도시를 알아야 벤을 제대로 이해할 수 있다고 강조한다. 벤은 베를린에 대해 이렇게 적었다. "저녁 대여섯시 경의 베를린의 여름날, 이 도시가 나를 얼마나 흥분시키는지… 내 삶과 내 운명, 내 가장 아름다운 시절의 도시여!… 우리는 대도시 출신이다. 대도시 안에서만 '대도시'라는 우리의 뮤즈를 찬양하며 불평한다."

벤에게는 역사의 진보 따위는 없었다. 그는 오직 창조적인 표현과 예술만을 신뢰했다. 프리츠 라다츠Fritz Raddatz는 벤을 이렇게 깎아내렸다. "생물학적 실재로서 그의 삶은 평범하다. 사회적 현실의 삶은 경멸적이다. 발전에 있어서의 삶은 조롱 받을 만하다." 그러나 사실 그렇지만은 않다. 벤의 문체는 오히려 단호하다. "시인이 경제학자나 교육자 혹은 성직자나 검사처럼 행동해야 하는가? 3만 6천 명의 결핵 환자들이 베를린에 살고 있으나 그들을 위한 그 어떤 장소도 찾을 수 없다. 매년 4만 명의 독일 여성들이 불법적인 절제수술을 받다가 죽어간다… 이때 시인은 방관하는가? 그렇다. 시인은 바라보고 있다. 이 세상의 죄 없는 참담함이 복지 대책을 통해 구제된 적이 단 한번도 없으며, 결코 물질적 향상으로 극복될 수 없음을 그들은 잘 알고 있다."

　전쟁이 끝난 후 벤은 베를린에서 개업의로 활동했다. 그는 바이에른 구역의 볼체노 거리에서 살았는데, 거의 매일 밤 동네 술집에서 맥주를 마셨다. 1946년 세 번째 부인 일세 카울Ilse L. Kaul과 결혼했으며 1951년 10월 21일 다름슈타트에서 게오르그뷔흐너상을 수상했다. 1956년 70세의 나이로 삶을 마쳤는데, 죽기 직전 금욕적인 생활 철학을 담은 '다만 두 가지뿐'이란 시를 지었다.

　그렇게 많은 형식들을 통해
　나와 우리, 당신을 지나 걸어가면서
　모든 것은 고통스럽게 머물며
　영원한 질문을 던진다. 무엇 때문에?

　그것은 어린애 같은 질문.
　당신은 늦게나마 알았지,
　단 한가지, 견디어 내라는 것
　　—의미든, 욕망이든, 전설이든—
　저 멀리서 결정된 것, 당신은 해야 한다.

　장미든, 눈이든, 바다든,
　모든 것을 꽃피우는 것 시들고,

다만 두 가지뿐, 텅 빈 공허와
그리고 규정된 나 자신.

항상 새로운 것을 시도하던 그는 자신만의 언어로 낡은 형태를 붕괴시켰으며, 작품을 위해 극단적인 상태까지도 이르렀다. 그러나 의사로서의 일상은 금욕주의적 의무감으로 점철된다. 벤은 외형적인 규범을 제대로 엄수하기 위해 한평생 노력했다.

벤은 결코 외형적인 예술가 유형은 아니다. 독문학자 헬무트 레텐Helmut Lethen은 벤의 외부에 대한 태도는 그가 추구하는 심화된 내면과 상호작용을 한다고 말했으며 이를 '냉정의 행동학'이라 칭했다. 레텐에 의하면 벤과 같은 태도는 비인간적이거나 냉정할 필요가 없다. "오히려 벤과 같은 부류의 사람들은 서로 만나지 않고도 가까워지며, 무관심에 상처받지 않으며 멀어지는 기술을 습득한다"고 설파했다.

대량 현상이 지배하는 시대였지만 벤은 큰 표제보다 시의 세밀 작업에 더 관심을 보였다. "내 이목을 끄는 것은 바로 표현이다." 1919년작 '창조적 고백'에서 나온 말이다. 하이데거Martin Heidegger가 언급한 "언어는 존재의 집이다"와 유사한 맥락이다.

오늘날 우리 사회는 실용주의만이 강조된다. 이러한 삭막한 사회 속에서 시는 미적 감각을 '무관심한 즐거움'(칸트)으로 여기는 마지막 보루가 될 것이다.

명작콘서트

33

〈해는 또다시 떠오른다〉

어니스트 헤밍웨이

"아, 제이크." 브레트가 말했다.
"우리가 함께였다면 그렇게 행복할 수 있었을 텐데요."

축제와 삶의 환멸

헤밍웨이(Ernst Hemingway, 1899~1961)는 1926년 발표한 소설 〈해는 또다시 떠오른다 *The Sun also Rises*〉로 큰 명성을 얻었다. 소설은 1920년대 파리에서 생활하는 부유한 미국인들의 삶을 단순하고 무미건조한 문체로 묘사했다. 이 작품에는 1921년부터 헤밍웨이가 〈캐나다 토론토〉의 특파원으로 일하면서 전 유럽을 여행할 때의 경험이 나타난다.

헤밍웨이는 한동안 파리에서 거주하며 여러 작가들을 만났다. 1924년에는 스페인에서 팜플로나의 산페르민축제의 투우경기를 관람했다. 이 축제는 팜플로나의 수호성인을 기리기 위한 것으로

어니스트 헤밍웨이 Ernst Hemingway

7일 밤낮으로 열린다. 〈해는 또다시 떠오른다〉는 미국의 여류작가 거트루드 스타인Gertrude Stein이 처음 언급한 '잃어버린 세대'의 인생에 관한 이야기이다. '잃어버린 세대'는 1차대전 직후의 삶과 역사에 환멸을 느끼는 사람들을 일컫는다.

1차대전 중 부상으로 성불구가 된 주인공 제이크 번즈Jacob Barnes는 '화산에서의 춤'(위험을 잊고 쾌락에 빠지는 것)을 즐긴다. 번즈는 파리로 파견된 미국 신문기자이며 알코올 중독자로, 헤밍웨이와 닮았다. 번즈는 사회의 위선과 조롱을 술을 통해 도피하고자 한다. '올바른 삶에 대한 추구'는 대부분의 헤밍웨이 작품들의 주제로, 그는 이를 비틀어 표현한다. 헤밍웨이는 인생을 자부심과 위신으로 이끌어나가야 하는 끊임없는 싸움으로 보았다.

삶의 매순간이 축제일 수는 없다

헤밍웨이는 1899년 7월 21일 시카고 부근의 오크파크에서 태어났다. 그는 의사인 아버지에게 복합적인 감정을 느꼈는데, 이를 작품 속에서 닉 아담스Nick Adams라는 인물을 통해 표출했다. "그의 아버지는 매우 초조하며 지나치게 감성적이다. 모든 감성적인 사람이 그러하듯 아버지 또한 잔혹하면서도 쉽게 상처받는 양면성을 갖고 있다."

헤밍웨이는 고교 졸업 후 지역 신문기자로 활동했고, 1918년 이탈리아 전선에 참전했다가 부상당했다. 파리에서 거주했던 그는 1939년부터는 쿠바에서 또 다른 외국생활을 시작했다. 그는 쿠바의 아바나 근교 핀카 비히아에 집을 구입해 그곳에서 집필작업을 하며 보냈다. 1953~54년에 걸친 아프리카 여행 중에 비행기 사고를 두 차례나 당했다. 1954년 노벨문학상을 받았으나 곧 극심한 우울증에 빠졌다. 1952년 마지막 성공작인 〈노인과 바다 The Old Man and the Sea〉가 출판되었고 1961년 아이다호의 집에서 권총 자살로 생을 마쳤다.

주인공 제이크 번즈는 알코올 중독을 제외하면 단 한번도 자제력을 잃은 적이 없다. 그는 겉으로는 냉소적이지만 감성과 인간성을 겸비했다. 소설은 제이크와 매력적인 영국 귀족부인 브레트 애쉴리Brett Ashley의 관계를 주축으로 진행된다. 제이크는 이탈리아 전선에서 부상당해 야전병원으로 옮겨졌을 때 간호사 브레트를 만나 사랑에 빠졌다. 훗날 그들이 파리에서 재회했을 때 이미 두 차례나 결혼을 한 브레트는 에쉬포드 부인이라 불리고 있었다. 브레트는 실패한 결혼을 보상받고자 여러 남자들로 옮겨가며 자유로운 연애를 즐긴다.

부유한 유대 집안의 로버트 콘Robert Cohn은 아마추어 복서이자 작가이다. 그는 파리에서 두 번째 책을 작업하던 중 브레트와 산 세바스찬에서 정사를 벌인다. 또 다른 중심인물로는 젊고 격정적인 투우사 페드로 로메로Pedro Romero와 제이크의 동료인 신문기자 빌 고튼Bill Gorton이 있다. 이 소설에 등장하는 인물들 대부분은 술에 탐닉하며 방탕한 생활을 즐긴다.

제이크는 투우경기를 보기 위해 빌과 함께 스페인의 팜플로나로 여행을 떠난다. 빌은 이 여행을 위해 뉴욕에서부터 날아온다. 브레트는 스코틀랜드 출신의 파산한 알코올 중독자인 마이크 캠벨Mike Campbell을 만나 약혼했으나 팜플로나에서 젊고 야심찬 투우사 로메로와 사랑에 빠진다. 헤밍웨이 또한 열렬한 투우 숭배자로, 스페인의 그 어떤 축제도 거른 적이 없을 정도였다. 그에게 있어 투우는 삶의 메타포라 할 수 있다.

경기장에서 승리를 거둔 로메로(가장 우아하고 용감한 투우사였다)는 브레트와 함께 마드리드로 도망친다. 그러나 브레트는 곧바로 자신보다 훨씬 나이가 어린 로메로를 타락하고 무의미한 삶에 끌어들여서는 안 된다고 생각한다. 그녀는 '신 대신에 자신이 갖고 있는 것'이기도 한 —마지막 남은— 하나의 규범을 발견한다. 마드리드로 무조건 와달라는 브레트의 전보에 제이크는 밤기차를 타고 곧장 달려왔고, 상심해 하는 그녀를 만난다.

소설은 술을 진탕 마신 후 택시를 타고 시내 드라이브를 떠나는 둘의 모습에서 끝난다.

우리는 서로 꼭 붙어 앉아 있었다. 나는 팔을 둘러 그녀를 안았고, 그녀는 편하게 나에게 기댔다. 날은 무덥고 햇볕이 쨍쨍 내리쬐었다. 집들은 선명하고 하얗게 빛났다. 우리는 그란비아Gran Via로 구부러져 들어갔다. "아, 제이크." 브레트가 말했다. "우리가 함께였다면 그렇게 행복할 수 있었을 텐데요."…
"그럼." 내가 말했다. 그렇게 생각해보는 것도 좋지 않소?

〈해는 또다시 떠오른다〉에 대해 헤밍웨이의 동료작가 피츠제럴드Francis Scott Fitzgerald에게 이렇게 말했다. "미치도록 슬픈 이야기이다. 인간이 어떻게 타락해 가는지 이 이야기는 보여준다."
인간들은 자신의 삶을 과도하게 살아가며 즐겨야 한다는 병적인 환상에 패한다. 삶의 팽팽한 표면 아래에는 실존적인 타락이 숨어 있다. 그렇지만 이 소설을 특별히 시사적 측면에서만 볼 필요는 없다.

넘쳐나는 휴일과 마드리드에서의 술집 순례, 모든 것이 포함된 패키지여행은 점점 더 인기를 얻는다. 제대로 된 축제는 지나칠 정도로 많이 마시며 즐기는 축제이다. 소설 속에서 빌은 "인간은 매순간 자신의 인생을 즐겨야 하지만 그렇다고 매순간이 축제일 수는 없다"고 말한다. 알코올과 마약이 안겨주는 것은 나빠진 건강뿐이다.

〈해는 또다시 떠오른다〉의 등장인물들은 이른 아침부터 샴페인을 터트린다. 그들은 너무나 잘 지내고 있지만 다른 한편으론 각자 자기 내면에서 큰 공허함을 느낀다. 이것이 바로 그들에게 제기된 문제이다. 어디에서 최고의 점심을 대접받을까, 그 다음에 들릴 술집은 어디인가?

명작콘서트

34

〈서푼짜리 오페라〉

베르톨트 브레히트

"어떤 사람은 어둠에 가려 있고, 어떤 사람은 밝은 데 나와 있네.
밝은 빛 속 사람은 잘 보여도, 어둠 속의 사람은 보이지 않네."

정의의 이면

브레히트(Bertolt Brecht, 1898~1956)는 예술과 오락 문화 사이에 존재하는 벽을 허물고 대중에게 도달하고자 했다. 깨달음과 즐거움, 지식과 유흥이 결코 대립되어서는 안 된다고 생각했다.

"…브레히트와 하이네 그리고 특히 셰익스피어… 가장 큰 재미를 주었는데, 그게 서푼밖에 안 되다니! 그렇게 저렴함에도 바보 같지는 않아요." 독일의 유명 여배우 카타리나 탈바흐Katharina Thalbach의 말이다.

마르크스주의자인 브레히트는 시민사회의 급진적인 비평가였다. 그러나 그의 작품 속 인물들은 결코 일차원적이지 않았으며, 마르크스가 말한 계급사회 하의 캐릭터 마스크(다양한 캐릭터로 가장하거나 감춰진 성격)를 쓰지도 않았다. 그의 작품은 단순한 형태로 환원시킬 수 없었다. 그는 완전한 예술가로 남았고, 정치와는 거리를 두었다.

〈서푼짜리 오페라Die Dreigroschenoper〉는 런던의 칼잡이인 매키 메서Mackie Messer가 저지른 일들을 설명하는 살인 노래이다. "템즈강의 초록빛 물가에서 갑자기 사람들이 쓰러져요. 페스트 콜레라도 아니고 매키가 설치는 탓이래요." 매키가 범죄를 저질렀다는 것을 그 누구도 증명하지는 못한다. 그는 현장에 그렇게 멋지게 서 있을 뿐이다. 그러나 매키가 누리는 부의 토대는 분명 살인이다.

브레히트는 1898년 아우구스부르크에서 제지소장의 아들로 태어났다. 1914~15년 〈신 아우구스트부르크〉란 향토지에 첫 번째 시가 실렸다. 1917~18년 뮌헨에서 잠시 의학을 공부한 그는 곧바로 문학으로 전과하고, 그해 아우구스부르크의 병원에 위생병으로 소집되었다. 1919~20년 다시 뮌헨에서 공부를 시작했으며 이때 많은 작가와 연극계 사람들과 접촉했다. 희극배우인 칼 발렌틴Karl Valentin과도 이 시기에 만났다. 1922년에는 〈한밤의 북소리Trommeln in der Nacht〉로 클라이스트상을 받았다. 1924년 당시 독일에서 문학의 중심지로 각광받던 베를린으로 갔으며 막스 라인하트Max Reinhard의 독일극장에서 일하면서 〈서푼짜리 오페라〉(1926)의 초연을 열었다.

 브레히트는 자본주의 사회에서는 그 어떤 정의가 행해질 수도, '좋은' 사람도 있을 수 없다고 강조했다. 그의 작품들은 노동운동에 크게 기여했다. 1933년에 발생한 독일 국회의사당 방화사건 다음날 덴마크로 망명했고, 1939년까지 스벤보르에서 살았다. 덴마크가 점령되기 직전 스웨덴과 핀란드를 거쳐 소비에트연방으로 갔고, 그 후 미국으로 망명한다.

 캘리포니아 산타모니카에서 찰리 채플린과 친분을 맺었다. 1947년 비미(非美) 활동위원회로부터 극단적 반공산주의인 매카시즘과 관련해 공산주의자로 심문 받고는 미국을 떠나 취리히로 이주했다. 취리히에서는 브레히트의 서독 입국 허가를 거부했기에 동독으로 들어살 수밖에 없었다. 베를린에서 부인 헬레네 바이겔Helene Weigel과 함께 '베를린 앙상블'을 결성했으며 1956년 심장병으로 세상을 떠났다.

 〈서푼짜리 오페라〉는 브레히트에게 이른 명성을 가져다주었다. 이 작품은 런던의 거지 회사 두목 피첨Peachum과 살인과 강도, 약탈의 왕 맥키스Macheath 간의 경쟁과 생존 싸움에 관한 내용이다. 맥키스는 런던 경찰과 공생관계를 맺고 지내며 일명 매키 메서(messer는 독일어로 칼이라는 뜻)라 불린다. 이 작품은 매키 메서와 피첨 간의 갈등이 중심축이다. 피첨의 딸 폴리Polly가 아버지의 반대에도 매키와 결혼한 데서 갈등은 시작된다. 피첨과 부인은 매춘부 제니가 매키를 배반해 경찰에 밀고하도록 제니Jenny를 매수한다. 이 같은 모략에도 불구하고 피첨은 교수대에서 사형당하기 직전 여왕의 특사로 사면된다. 또한 평생 연금과 함께 귀족 작위까지 부여받는다. 이 모든 사건들은 다음의 피날레로 집약된다.

불의를 너무 박해 마세요, 밖이 추우니
머지않아 저절로 얼어 죽어요.
비탄 소리 가득한 이 골짜기의
어둠과 혹독한 추위를 잊지 말아요.

브레히트는 〈서푼짜리 오페라〉를 통해 도시에서 이윤을 추구하는 자와 범죄자가 알고 보면 얼마나 비슷한지 보여준다. "은행 하나 세우고, 은행 하나 터는 게 뭐가 다른가?" 명망 있는 시민과 약탈자 간에 그리 큰 차이가 있어 보이지 않는다.
타이거 브라운Tiger Brown은 런던 경찰청장으로 매키 메서의 좋은 친구였으나 뇌물을 받고 매키를 배반한다. 돈과 관련된 문제에서는 친구 관계도 끝이 난다. 윤리적 감정은 무시된다. 도덕, 사랑, 우정, 결혼, 모든 것들이 돈의 권력 아래 군림한다. 모든 것은 돈으로 살 수 있다. 경찰청장까지도 "체포가 우선이고, 도덕은 그 다음이다"라는 원리를 따른다.

명망 있는 은행가와 약탈자가 뭐가 다른가

극 중의 '인간적인 노력의 미약함'에 관한 노래에서 피첨은 인간은 인생을 전혀 이해하지 못한다고 노래한다. "왜냐하면 인간은 인생을 이해할 만큼 영악하지 못하기 때문이다." 인간은 머리와 잘 세운 계획이 있음에도 경제위기와 함께 종국에는 모든 것을 잃고 만다.

그외 또 다른 작품 〈서막 및 8장으로 구성된 음악극〉은 바이마르공화국에서 가장 성공한 독일 연극이다. 연극 비평가 허버트 예링Herbert Jhering은 "브레히트는 연극을 대중의 영역으로 되돌려 놓았다"라고 극찬했다. 이 작품은 이미 1929년 독일의 19개 극장을 비롯해 빈과 프라하, 부다페스트에서 공연되었다.

작품 내 수록된 '모리타트Moritat'나 '해적 제니' 등의 노래는 전국에서 불려졌다. 1928~29년의 시즌 말에는 '200번의 연출과 4,000번의 공연'이라는 기록을 세웠다. 이를 통해 〈서푼짜리 오페라〉는 전 세계적인 명성을 얻었다. 재즈 아티스트 암스트롱Louis Armstrong은 매키 메서의 모리타트에서 영감을 얻어 자신의 노래로 재해석했다.

브레히트의 작품은 평범한 사람들의 이야기가 많다. 그들은 우리와 마찬가지로 고난을 겪으며 살아간다. 고전극에서는 인간이 공포와 연민을 통해 도덕적으로 향상되고 정제된다. 그러나 브레히트의 서사극에서 관객은 되돌릴 수 없는 운명의 목격자가 아니다. 관객은 연극을 보며 자신이 뭔가를 바꿀 수 있다고 끊임없이 생각한다. 브레히트는 사회적 편견에 문제를 제기하며 사회의 폐해를 들춰냈다. 사회에 대한 사람들의 태도에 변화를 주기 위해 관객을 고무시키고자 했다. 이를 위해 관객은 작품 속에 몰입되어서는 안 되며, 어느 정도 거리를 두어야 한다고 주장했다.

여기서 나온 것이 그 유명한 '거리 두기'이다. 이는 브레히트가 고안한 특별한 연극 수법이다. 브레히트는 의외의 요소들을 극 속에 집어넣었다. 서사적인 구호나 노래를 무대 위에 삽입해 연극을 낯설게 만들었다. 이를 통해 관객에게 무대 위 사건은 또 다른 현실이 아니며, 사회의 어두운 일면을 표현한 연극의 일부이며, 우리는 여기에 주목해야 함을 끊임없이 상기시켰다.

브레히트는 변증가이다. 모든 좋은 것도 어두운 면이 있으며, 인간은 사회를 전체적으로 봐야 한다는 생각이다. 그는 작품 속 인물에게 '이화(異化, V-Effekt, Alienation Effect) 효과'를 즐겨 적용시켰는데 대표적인 인물이 〈서푼짜리 오페라〉의 매춘부 제니이다. 호텔 하녀인 제니는 의무를 용감하게 달성해가며, 훗날 해적의 부인으로 크게 성공해 모두에게 복수하는 꿈을 은밀히 꾼다. 그리고 바로 이 꿈이 그녀가 현실을 지탱하게 한다. 브레히트의 또 다른 작품 〈사천의 선인 Dergute Mensch von Sezuan〉에서도 이와 같은 인물이 나온다. 천성이 착하고 희생적인 주인공 셴테는 가공의 인물인 이기적인 사촌 수이타의 역할을 병행한다. 이 같은 이중적인 생활은 살아가기 위한 수단이다. 이 두 인물의 모습은 사회 전체에도 해당된다고 브레이크는 말한다. 정의와 질서는 오직 표면적인 것으로, 인간 내부를 자세히 살펴보면 잔잔한 표면 아래 격렬한 싸움을 벌이는 현대사회의 생존 경쟁을 발견할 수 있다.

오늘날 우리 사회는 더 이상 마르크스의 계급사회가 아니다. 헬무트 셸스키Helmut Schelsky의 평준화된 중산층 사회에 점점 가까워지고 있다. 이제 상류사회의 이면으로 간주되는 것은 노동자 계층이 아니라 오히려 노숙자나 정신이상자, 피난민 또는 노인과 병자로 본다.

이들은 사회 안에서 그 어떤 영향력도 행사하지 못한다. 사회의 전체적인 모습을 방해하지 않도록 수용소나 병원, 기관 등으로 쫓겨날 뿐이나. 오직 크리스마스 직전에 열리는 연례 자선모임을 위해 존재하는 것이다. "어떤 사람은 어둠에 가려 있고, 어떤 사람은 밝은 데 나와 있네. 밝은 빛 속 사람은 잘 보여도, 어둠 속의 사람은 보이지 않네."

명작콘서트

35

〈동물농장〉

조지 오웰

"모든 동물은 평등하다.
그러나 어떤 동물은 다른 동물보다 더 평등하다."

독재와 평등

어느 날 밤 매너농장의 동물들은 늙은 수퇘지 메이저Major 영감의 연설을 듣기 위해 헛간에 모인다. 메이저 영감은 꿈 이야기를 들려주었다. 꿈에서 농장 동물들은 멍에와 억압에서 벗어나 더 이상 주정뱅이 농장주 존스Jones를 위해 일할 필요가 없었다고 말했다. 메이저는 동물들의 눈부신 미래에 대해 생생하게 묘사해 모든 동물들에게 반란을 환기시켰다.

얼마 안 있어 메이저는 죽었지만 돼지 나폴레옹과 스노우볼, 스퀄러는 영감의 가르침에 따라 '동물주의' 이데올로기를 이루고자 한다. 그리고 3개월 후 반란이 일어난다. 술 취한 존스는 동물들

조지 오웰 George Orwell

에게 먹이 주는 것을 잊었고, 배고픈 동물들은 식량창고를 부숴 버린다. 그들은 존스를 쫓아냈고, 쇠사슬과 고삐, 채찍 등과 같은 모든 예속의 도구를 불태웠다.

이제 농장은 동물들 소유가 된 것이다. 그들은 농가를 박물관으로 보존하고, 어떤 동물도 그곳에서 살지 않기로 결정한다. 농장 이름 또한 '동물농장'으로 바꾸었다. 헛간 벽에는 농장의 모든 동물들이 따라야 할 동물주의의 7계명이 크게 쓰여 있다.

1. 두 다리로 걷는 자는 모두 적이다.
2. 네 다리로 걷거나 날개가 있는 자는 모두 친구다.
3. 어떤 동물도 옷을 입어서는 안 된다.
4. 어떤 동물도 침대에서 자서는 안 된다.
5. 어떤 동물도 술을 마셔서는 안 된다.
6. 어떤 동물도 다른 동물을 죽여서는 안 된다.
7. 모든 동물은 평등하다.

그러나 언제부턴가 돼지들은 두 발로 걷고 옷을 입기 시작했다. 그리고 헛간 뒤에는 하나의 계명만이 크게 적혀 있다. "모든 동물은 평등하다. 그러나 어떤 동물은 다른 동물보다 더욱 평등하다."

조지 오웰(George Orwell, 1903~1950)은 〈동물농장 Animal Farm〉의 결말로 혁명의 운명을 암시했다. 그 어떤 혁명이라도 시간이 흐를수록 예전의 이상은 점점 희미해지고, 새로운 이데올로기에서 권력을 가진 자는 폐지시킨 구정권의 구조를 점점 추종한다는 게 오웰의 주장이다.

오웰의 본명은 에릭 아서 블레어 Eric Arthur Blair로, 1903년 6월 25일 인도 모티하리에서 태어났다. 아버지는 영국 식민지였던 인도의 행정국 관리였다. 오웰과 어머니는 아버지보다 먼저 영국으로 건너왔다. 오웰은 이스트본에서 상류사회 자제들이 다니는 사립학교에 다녔으며, 1952년 출판된 〈유년시절 친구들〉은 그때의 생활을 바탕으로 쓴 작품이다. 장학금으로 웰링턴과 이튼에서 공부한 그는 1921년 버마에서 인도의 제국 경찰로 일했다.

이 시절의 경험은 에세이 〈한 남자를 목 메다〉(1931)와 〈코끼리를 쏘다 Shooting an Elephant〉(1936)에 담겨 있다. 1927년 본격적으로 작가의 길을 걷고자 영국으로 돌아왔다. 그러나 곧 생활고에 시달렸고, 이를 해결하기 위해 1928년 파리로 거처를 옮겼다. 프랑스에서 영어선생을 하고자 했던 목표와는 달리 일일근로자나 임시노동자로 연명했고, 결국 1년 만에 피폐해진 몸으로 되돌아왔다. 그의 경제 상황은 친구들과의 출판 계약이 성사된 후에야 비로소 나아졌다.

1937년 오웰은 POUM(마르크스주의 통일노동당)에 가담해 스페인 시민전쟁에 참전했고, 기록문 〈카탈로니아 찬가 Homage to Catalonia〉에서 스페인 시민전쟁을 훌륭하게 분석했다. 2차대전이 한창일 때에는 BBC의 전쟁 통신병으로 일했다. 이 시기에 〈동물농장〉(1945)과 반유토피아 소설 〈1984〉(1948)가 널리 알려졌고, 전세계적으로 유명해졌다. 1950년 1월 21일 런던에서 결핵으로 사망했다.

새 시대를 추구하는 모든 혁명의 본질

〈동물농장〉은 누가 봐도 명백한 러시아혁명에 관한 이야기로, 오웰의 전체주의 비판 사상이 담겨 있다. 늙은 수퇘지 메이저 영감(칼 마르크스)의 충고로 반란이 일어난다. 농장주 존스(니콜라이 2세)는 쫓겨나고, 두 마리의 돼지 나폴레옹(스탈린)과 스노우볼(트로츠키)이 동물들의 부(프롤레타리아 독재정부)를 위해 농장을 이끈다. 그러나 새로운 체제로 바뀐 후 얼마 되지 않아 동물들의 생활은 이전보다도 더 고달퍼진다. 동물들은 돼지와 개(체카, 볼셰비키 비밀경찰)로부터 위협받고 시달린다.

이 작품에서는 돼지 나폴레옹과 스노우볼 간의 적대관계가 공공연히 드러난다. "혁명은 아이들을 잠식한다"는 프랑스혁명을 묘사한 뷔히너의 비극 〈당통의 죽음〉에서 나온 말이다. 나폴레옹은 스노우볼을 쫓아낸 후 개인숭배를 강요한다. 그는 처음에는 반대하던 풍차 건설(소비에트연방의 전기화)을 원래 자신의 생각인 것처럼 지시한다. 동물들의 작업 강도는 점점 더 높아져만 간다. 반항하는 자는 예전의 존스 농장에서처럼 심한 취급을 받는 것으로 끝나는 게 아니다. 배반한 암탉들(스탈린에 저항했던 부농, 자립 농민)은 공개재판이 열린 후 처형당한다.

헐값에 팔린 목재 사건도 역사적인 상황을 암시한다. 히틀러와 스탈린 간의 '폴란드 담판'과 이에 따른 독일과 소련의 불가침조약을 상징하는 것이다. 풍차에서의 대전(스탈린그라드 전투)이 일어나고, 나폴레옹은 다른 이웃(연맹)에 관심을 갖는다. 염소 뮤리엘(지성인), 성실한 말 복서(노동층), 벤자민, 당나귀(작가, 지식인층)는 독재자 나폴레옹을 위해 죽을 때까지 일만 한다.

〈동물농장〉은 러시아 혁명에만 국한된 이야기가 아니다. 새 시대를 추구하는 모든 혁명에 관한 우화이다. 볼프강 레온하르트 Wolfgang Leonhardt의 〈혁명은 아이들을 자유롭게 한다〉와 밀로반 질라스Milovan Djilas의 〈새로운 계급〉에서는 "새로운 사회는 새로운 지배구조를 만들어낸다"는 것을 보여준다. 칸트는 이렇게 주장했다. "자코뱅 공포정치와 프랑스혁명은 동시대였다."

　인간의 사고방식은 점차 평화적인 방법으로 진화한다. 그러나 역사 기록은 '진보'의 희생은 여전히 충분치 않다고 여긴다. 발터 벤야민은 '역사의 천사'를 상상하며 예외를 보여준다. "천사의 얼굴은 과거를 향해 있다. 우리가 일련의 사건들로 바라보는 과거를, 천사는 끊임없이 잔해를 쌓아가는⋯ 단 하나의 파국으로 본다."

명작콘서트
36

〈통행허가증〉

아나 제거스

"삼밭 끝에 파랗게 빛나던 것이 바다였다고 내가 기억하듯이,
오래된 항구 그곳에서 나는 그 많은 불합리와 고통 후에야
마침내 유일한 진짜 행복을 느꼈다.
모든 이가 언제든 접근할 수 있는 살아있는 행복을."

삶의 미로

독일 소설가 하인리히 뵐Heinrich Boel이 "아나 제거스가 쓴 작품들 중 가장 아름다운 작품"이라고 극찬한 〈통과허가증Transit〉은 마르세유에 거주하는 이민자들이 살아가는 이야기이다. 나치 시대, 유럽 각지에서 모인 이민자들의 암울하고도 슬픈 분위기를 제거스(Anna Seghers, 1900~1983)는 사실적으로 묘사했다. 유효한 허가증과 배편, 탈출을 향한 절망적인 노력들을 말이다.

소설은 익명의 젊은 독일인이 이야기를 이끄는 1인칭 시점이다. 화자는 '바이델Weidel'이라는 이름의 어느 죽은 작가의 신분증을 위조해 '자이델Seidler'이란 인물로 살아간다. 마르세유에 온 그는 한 피자집에서 낯선 이에게 말을 건다. 화자는 처음 보는 그에게 자신의 인생 이야기를 털어놓고 싶어 한다. 그러면서 그가 자신의 이야기를 지루해 할까봐 걱정한다.

"이 자극적인 보도에 완전히 질려버리지 않았소? 죽음의 고비를 가까스로 면했다느니, 숨가쁘게 도주했다는 이런 긴박한 이야기들에 신물이 나진 않느냔 말이오." 마르세유의 피난민들에겐 그 같은 위험은 일상적이기에 누구도 관심을 갖는 사람이 없다. 그러나 그는 자신의 이야기를 계속한다.

소설의 중반부를 지나는 6장의 첫머리는 다음과 같다. "그 당시 모두가 바랐던 유일한 소망은 출발하는 것이다. 그리고 모두가 두려워했던 단 하나의 공포는 남아 있는 것이었다." 피난민들은 한 가지 생각만 한다. 이곳을 떠나야겠다는 생각이다. 파시스트 정권은 독일과 스페인, 이탈리아, 헝가리, 프랑스에서 공포정치를 확장시키고 있었다. 그들은 구세계로부터 벗어나려는 것이다. 거의 '광적'으로 떠나고자 한다.

제거스는 피난처인 마르세유를 환상적이면서도 섬뜩하게 묘사했다. 이 같은 배경은 독자로 하여금 카프카의 〈심판〉을 떠올리게 한다. 어딘가 미심쩍고 모순된 점이 많았던 〈심판〉 속 법원처럼 〈통과허가증〉의 영사관 또한 평범한 임대주택가에 자리 잡고 있다. 체포에 제대로 항거하지 못하는 요제프 K와 마찬가지로 이민자들은 복잡한 여권 법규의 미로에서 길을 잃는다.

파리에서 온 화자는 배편으로 출국하는데 필요한 여러 가지 문서를 얻기 위해 마르세유의 관청을 찾아갔다. 외국으로 나가려는 사람은 2개의 허가증을 갖춰야 한다. 비자와 통과허가증이다. 예를 들어, 멕시코 비자는 3개월 기한을 조건으로 승인되는데, 피난자들은 이 기간 내에 멕시코로 직행하는 배를 구해야 한다. 그렇지 않으면 다른 나라를 경유해야 하며 이때는 경유비자가 필요하다. 경유비자를 발급받기 위해서는 마르세유에 있는 해당 국가의 영사관을 찾아가, 자신들은 그 나라에 체류할 게 아니며 잠시 거쳐 지나갈 거라는 사실을 증명해야 한다. 그 과정이 지연되면 3개월 안에 경유비자를 못 받을 수도 있다.

이 같은 진행 절차는 매우 끔찍하다. 그런데 여기에 경찰의 허가증(여행 및 체류 인가)이 요구될 수도 있다. 드디어 모든 수속 절차가 해결되었다 해도, 이번엔 프랑스 측에서 출국을 좌절시킬 수 있다. 경우에 따라 특정 항구에서는 필요한 허가증이 따로 있기 때문이다. 클라우스 만Klaus Mann은 망명의 쓴 맛을 이렇게 적었다. "경유비자, 노동허가서, 체류허가서, 신분증, 여행 자격증… 이는 매우 성가신 것들로 독일 이주자들의 생각과 언어를 완전히 지배한다."

마침내 소설 속 화자는 필요한 모든 서류를 준비했다. 그러나 그는 떠나지 않고 프랑스에 머물러 잠적하기로 결심한다. "나는 이제 여기에서 내 사람들과 선악을 함께 하고자 한다. 피난처와 추방, 저항 운동이 일어나자마자… 나는 총을 들 것이다. 여기서 함께 좋은 것과 나쁜 것을 나누고자 한다." 국가사회주의자들에게서 도망쳐서는 안 된다. 그들과 맞서 싸워야 한다. 우리가 어디로 도망가든 우리 뒤를 쫓을 것이기 때문이다.

망명은 파시즘에 대항하는 수단의 하나였다. 그러나 이는 실질적인 해결책은 아니다. 이 같은 수고는 무의미하다. 불타는 도시를 다른 불타는 도시로 바꾸는 것, 심연 위에 떠 있는 구명보트에서 다른 구명보트로 갈아타는 것은 아무 보람없는 일이다."

유일한 소망은 출발하는 것이다

〈통과허가증〉은 아나 제거스의 작품들 중에서 작가의 경험이 가장 많이 반영된 작품이다. 제거스의 본명은 네티 라일링Netty Reiling으로, 1900년 마인츠의 부유한 고미술상의 외동딸로 태어났다. 하이델베르크대학과 쾰른대학에서 미술사, 철학, 중국학, 역사 등을 배웠으며, 〈렘브란트 작품 속 유대인과 유대민족〉이란 논문으로 1924년 박사학위를 취득했다.

1925년 독일공산당에 입당했고, 헝가리 출신의 사회학자 L. 라드바니Laszlo Radvanyi와 결혼했다. 나치 정권이 수립된 후 잠시 체포당했다가 석방되었다. 그 후 두 아이들과 파리로 망명했고, 독일군이 프랑스를 점령하자 다시 멕시코로 망명했다. 〈통과허가증〉은 그녀가 멕시코에 거주할 때 집필한 소설로, 1944년에는 스페인어, 1948년에는 독일어로 각각 발행되었다. 1947년 독일로 귀국한 후 1983년 임종 때까지 동베를린에서 거주했다.

그녀는 1952~78년까지 동독작가연합의 의장으로 활동했는데, 동독의 문화 및 문학 발전을 위해 활발한 활동을 벌였다. 그러나 이 기간에 발행된 〈결단Die Entscheidung〉(1959), 〈신뢰Das Vertrauen〉(1968) 등은 아주 긍정적인 평가를 받지는 못했다. 독일 비평가 마르셀 라이히 라니츠키Marcel Reich-Ranicki는 제거스의 후기 작품에서는 "그녀의 지성이 굴복 당했고, 재능이 붕괴되었으며, 개성이 멸망했다"고 혹평했다.

〈통과허가증〉은 역사적 배경에서 쓰여졌지만 현대인의 본성적 측면을 잘 보여준다. 우리는 역사 속에서 전체주의적 제도는 막아냈다. 그러나 여전히 '경유' 중이다. 이 세상에 영속적인 것은 없다. 우리의 거주지뿐 아니라 우리를 둘러싼 인간관계도 끊임없이 바뀐다. 우리의 인생 자체를 어느 한 곳에서 다른 곳으로 경유하는 과정으로도 볼 수 있다. 우리의 계획이 언제 확실해질지는 아무도 모른다. 목표가 달성되리라는 보장도 없다. 그러나 소설에서 의사는 이렇게 말한다. "인생을 양력이나 음력으로 구분하든, 혹은 지금이 경유하는 중이든, 분명한 것은 당신의 인생은 짧고, 단 한번뿐" 이라는 것이다.

〈통과허가증〉에서는 어떠한 역경에서도 용기를 잃지 말라고 당부한다. 화자가 마침내 마르세유를 떠날 수 있게 되었을 때 그는 지난 날을 떠올린다. "삼밭 끝에 파랗게 빛나던 것이 바다였다고 내가 기억하듯이, 오래된 항구, 그곳에서 나는 그 많은 불합리와 고통을 겪은 후에야 마침내 유일한 진짜 행복을 느꼈다. 모든 이가 언제든 접근할 수 있는 살아있는 행복을."

다른 나라로 망명하는 것, 고향에서 떨어져 사는 것은 무엇을 뜻할까? 그 어느 곳에서도 환영 받지 못하고, 비자나 통행증을 발급받고자 관청에서 절차를 기다리고 있을 때면 어떤 생각이 들까? 국가사회주의 시대가 오래전에 지나간 오늘날에도 여전히 백만 명이 넘는 사람들이 피난 중이다. 그들은 정든 가족과 고향, 친구, 지인 그리고 자신의 문화와 언어에서 멀어지며, 언제 또 다시 추방될지 모른다는 두려움을 안고 낯선 땅에서 외로이 살아가고 있는 것이다.

제거스의 〈통과허가증〉은 피난민들의 '실향'에 대한 이야기로, 무국적자와 정치적 추방자 문제에 센세이션을 일으켰다. 이 작품을 읽은 사람은 추방 관련 법규를 강화하거나 망명 절차를 가속화시키라고 요구하지는 않는다. 이탈리아 철학자 조르조 아감벤 Giorgio Agamben은 〈호모사케르: 주권 권력과 벌거벗은 생명〉에서 계속 증가하는 실향과 권력 상실의 관점에서 현대사회를 설명했다. 그는 늘어나는 피난민 물결은 우리에게 보여지는 빙하 꼭대기에 불과하다고 말한다. 드러나지 않은 빙하 전체의 모습은 어마어마하다. 과거에는 고향을 당연한 구속으로 여겼으나 오늘날에는 고향을 벗어나거나 바꾸려 한다.

제거스는 마지막까지 '포기하지 말라'고 당부한다. 그녀의 전기작가 C. 첼 로메로Christiane Zehl Romero는 이렇게 말했다. "제거스는 '인간에 대한 신의'를 사랑했고…이러한 생각이 그녀의 중심을 이룬다."

명작콘서트
37

〈고도를 기다리며〉

사무엘 베케트

에스트라공: 그만 가자.
블라디미르: 가면 안 되지.
에스트라공: 왜?
블라디미르: 고도를 기다려야지.
에스트라공: 참 그렇지.

무한정의 기다림

두 방랑자 에스트라공Estragon과 블라디미르Wladimir의 무의미한 대화이다. 이 유명한 대화는 사무엘 베케트(Samuel Beckett, 1906~ 1989)의 〈고도를 기다리며En attendant Godot〉에 나온다. 이 작품은 눈에 띄는 줄거리가 없다. 상황은 늘 동일하다. 블라디미르와 에스트라공은 산기슭에서 고도라는 어떤 사람을 기다린다. 고도가 누구인지는 불확실하다. 그들이 왜 고도를 기다리며, 고도가 언제 오는지 또한 알 수 없다.

사무엘 베케트 Samuel Beckett

고도를 기다리며 그들은 사소한 잡담으로 시간을 보낸다. 이야기는 한 주제에서 오래 머무르지도 않는다. 1장에서 블라디미르와 에스트라공은 포조Pozzo와 럭키Lucky를 만난다. 그들은 주종관계이다. 1장 끝에서는 한 소년이 다음날 고도가 올 거라고 말한다. 그러나 2장에서도 1장과 변함없이 블라디미르와 에스트라공은 고도를 기다리기만 한다. 둘은 포조와 럭키를 또 다시 만나는데, 그 사이 포조는 장님이 되었고 럭키는 귀머거리가 되었다.

럭키가 언제부터 벙어리가 되었느냐는 질문에 포조는 화를 내며 답한다.

자꾸 그 놈의 시간 얘기를 꺼내서 날 미치게 만들지 마오! 말끝마다 언제, 언제 하고 묻다니! 그저 어느 날이었다고 그냥 넘어가면 안 되오? '어느 날' 럭키는 벙어리가 됐고, 난 장님이 되었소. 그리고 어느 날 우리는 귀머거리가 될 테고. 어느 날 우리는 태어났고, 어느 날 우리는 죽을 거요. 어느 같은 날, 같은 순간에 말이오. 그만하면 된 거 아니오? (침착해지며) 여자들은 무덤 위에서 아이를 낳고, 해는 잠깐 비추다가 곧 다시 밤이 오는 거요.

블라디미르와 에스트라공이 '어느 날'이라는 대답에 만족해하지 못하는 게 포조는 이해가 안 된다. 누구나 어느 날 자신이 죽을 거라는 사실을 안다. 어느 날은 그렇게 불확실한 채 남아 있다. 그런데 과연 정확한 때를 안다면 더 좋을까?

인간은 시간 속에서 살고 있다. 시간의 규모를 보면, 인생은 찰나이다. 그런데도 우리는 종종 우리에게 주어진 그 한정된 시간에 어떤 의미 있는 일을 해야 할지 모른다. '그 놈의 시간'은 인간을 미치게 한다. 하이데거는 우리에게 충고한다. "아무것도 아닌 것은 아무것도 아닌 게 된다." 인간은 모든 것이 더 나아지길 바라고 기다리지만 불행은 되돌아온다.

베케트는 1906년 더블린 근교 폭스로크의 신교도 가정에서 태어났다. 1937년부터 프랑스에서 살았던 그는 17살에 더블린의 명성 높은 트리니티대학에서 프랑스 문학과 이태리어를 전공했다. 졸업 후 2년은 파리의 고등사범학교에서 영어를 가르쳤다. 1930년 더블린으로 돌아와 트리니티대학의 프랑스어 조교로 일했지만 곧 부담을 느꼈고, 1937년 파리에 정착했다. 1940년 레지스탕스 운동을 도왔으며 이 일로 남 프랑스의 보클루즈로 피신했다.

절망에서 벗어나고자 하지만

〈고도를 기다리며〉는 한동안 연출자가 없었다. 1953년에야 비로소 파리의 바빌론 소극장에서 초연 공연되었다. 그러나 큰 성공을 거뒀고, 그는 부조리극의 선구자로 추앙받았다. 근원적인 인간 존재의 무의미함과 고뇌, 모순 등을 표현한 새로운 연극 형태에 사람들은 관심을 쏟았다.

1967년 베케트는 베를린에서 〈승부의 종말 Endspiel〉이라는 연극의 연출에 나섰으며 1950년대 말부터 이미 유명 작가의 반열로 올라섰다. 1969년 〈고도를 기다리며〉로 노벨문학상 수상자로 지목되었으나 우울증을 겪고 있던 터라 수상식에 참석하지 않았다. 20년 후인 1989년 12월 22일 파리에서 생을 마쳤다.

〈고도를 기다리며〉에서는 아무 사건도 발생하지 않는다. "아무 것도 안 되는데"라는 에스트라공의 말로 작품은 시작한다. 블라디미르는 답한다. "그럴지도 모르지."

블라디미르와 에스트라공은 절망에서 벗어나고자 하나 매번 실패한다. 그들은 어느 장소, 어느 때든 희망 없는 상황에 놓여 있다. 늘 제자리걸음을 걷는다. 두 사람은 하이데거가 언급한 '죽음을 향하는 존재'를 상징한다. "인간은 삶에 도달하자마자 머지않아 죽음을 맞이한다." 하이데거의 작품 〈존재와 시간〉에서 인용한 말이다. 에스트라공과 블라디미르는 자신들에게 주어진 상황으로부터 —자살이 아니라면— 자유로워질 수 없다. 베케트는 이를 작품 속에서 여러 형태로 암시한다.

그만 가자.
가면 안 되지.
왜?
고도를 기다려야지.
참 그렇지.

블라디미르는 객관적이며 현실적이다. 과거를 기억하며, 고도가 올 것을 간절히 바란다. 에스트라공은 시인이 되겠다고 주장한다. 변덕스럽고, 몽상에 잠겨 있다. 또한 회의적이며 모든 것을 금세 잊어버리는데, 고도의 이름조차 수차례 기억하지 못한다. 이 둘의 구조는 포조와 럭키 사이에서도 찾아볼 수 있다. 그러나 포조와 럭키의 관계는 친구 사이가 아니라 종속되는 주종관계이다. 포조는 포악한 주인으로 부유하며 권력이 있고 자신만만하다. 자신을 '신의 자손'이라 소개한다.

〈고도를 기다리며〉에서 블라디미르와 에스트라공이 기다리는 고도는 구세주일 것이다. 고도는 'God'(신)으로 여겨지기도, 'Tod'(죽음)로 해석되기도 한다. 블라디미르와 에스트라공은 많은 측면에서 현대인과 닮았다. 이 둘은 서로를 특별히 좋아하지 않지만 그렇다고 떨어져 지내지도 않는다. 칸트는 이를 '비사교적 사교성'이라 불렀다. 고도가 다음날 온다고 알린 소년, 즉 고도가 연락을 취한 소년은 '전령 신'으로 천사라 할 수 있다.

영원할 것만 같은 불확실한 상태, 이 처량한 기다림에서 붙잡을 수 있는 유일한 것은 희망뿐이다. 그러나 희망도 절망으로 바뀔 수 있다(자살 시도). 이 작품의 주제인 끝없는 기다림은 인생의 한 측면을 보여준다. 우리는 살아가면서 늘 무언가를 기다린다. 고도는 이러한 기다림의 대상(사람, 사물, 죽음, 신)을 상징한다. 기다림 속에서 시간은 계속 흘러가고, 인생은 끊임없는 기복을 겪는다. 희망이 싹트기도 하고, 곧이어 체념이 뒤따르기도 한다. 이 둘은 그 사이에서 동요한다.

오늘날 우리는 어떤 사건 혹은 특정 인물이 자신의 현재 상황을 개선시켜주길 바란다. 〈고도를 기다리며〉는 이 같은 면에서 현대인의 기다림을 표현했다. 그러나 우리는 삶의 변화는 바로 나 자신으로부터 나온다는 사실을 알지 못한다.

명 작 콘 서 트
38

〈신 없는 청춘〉
외덴 폰 호르바트

"그들은 인간을 중요시하지 않는다!
나사나 휠, 피스톤, 벨트 같은 기계가 되고자 한다.
심지어 기계보다는 군수품이 되고 싶어 한다.
폭탄이나 파편, 수류탄 같은."

불확실한 청춘

1937년 집필된 호르바트(Ödön Horvath, 1901~1938)의 소설 〈신 없는 청춘 *Jugend ohne Gott*〉은 국가사회주의 시대를 배경으로 한다. 주인공 선생님은 작문 과제를 채점하다가 N이라는 학생이 쓴 "흑인은 게으르고 열등하다"라는 글을 읽는다. 그는 이 의견에 전혀 동의하지 않지만 나무라지도 않는다. 라디오에서 이와 같은 내용을 매일 내보내기 때문에 학생들이 그렇게 생각하는 것이 딱히 놀랄 일도 아니다.

선생님은 국가사회주의 체제 내의 청소년들에게 그 어떤 환상도 갖고 있지 않다. "그들은 인간을 중요시하지 않는다! 나사나 휠, 피스톤, 벨트 같은 기계가 되고자 한다. 심지어 기계보다는 군수품이 되고 싶어 한다. 폭탄이나 파편, 수류탄 같은."

선생님은 1차대전을 겪으면서 신에 대한 믿음을 잃었다. 그는 파시즘에 반대했지만 드러내놓고 내세울 용기는 없었다. 선생님은 N에게 과제를 돌려주며 '흑인도 인간이다'라고 말했고, 이에 N의 아버지가 교장에게 이의를 제기했다. 학교측은 선생님에게 연금을 타길 원한다면 공적인 노선에서 벗어나는 언급은 삼가라고 충고한다.

선생님은 직무에 직접적으로 해가 되지 않는 내적 망명의 방식을 택한다. 그는 정부와 시대정신에 거리를 두었고, 학생들은 선생님을 해고시키라는 탄원서에 서명을 한다. 물고기떼처럼 학생들은 대중 속에서 허우적거린다. 선생님은 옛 동료 율리우스 시저Julius Cäsar를 만난다. 그는 역사교사로 여학생과 사적인 관계를 가졌다가 정직 처분을 받았다. 율리우스는 선생님에게, 점성가가 말하는 기원전 150년부터 1950년까지의 물고기 시대에 대해 설명한다. 앞으로는 인간의 영혼도 물고기의 얼굴처럼 표정의 변화가 없을 것이라고 말한다. 선생님은 그의 의견을 납득했다.

국가사회주의 시대에서 청소년들은 감정이 없는 추종자로 훈육된다. 폐렴으로 죽은 급우의 장례식장에 학급 아이들과 함께

갔을 때 선생님은 학생 T의 눈이 물고기의 눈을 상기시키듯 차갑고 생기 없음을 발견한다. 호르바트는 학생들을 이름 대신 알파벳으로만 나타냈는데 이는 히틀러 집권 시기에 청소년들은 권력의 기구였으며 기호나 표식에 불과했음을 뜻한다.

교장의 지시에 따라 군사교육의 일환인 천막 야영이 시작된다. 도덕적으로 타락한 학생들은 야영지에서 행패를 부리며, 심지어 노쇠한 여인에게서도 강탈을 한다. 선생님은 이러한 실태의 원인을 사회적, 경제적 요인으로 보았으나 성당의 신부는 서양문화의 가치 상실을 비난했다. 유럽은 신으로부터 멀어졌고, 청소년들은 잘못된 가치를 따른다. 선생님은 "더 이상 정의로운 신을 믿지 않는다"며 신부에게 반박한다.

야영 중 사진기를 도둑맞는 사건이 발생한다. 선생님은 학생 Z가 도둑 패거리로부터 편지를 받은 것을 보고 그를 범인으로 추측한다. 선생님은 몰래 Z의 텐트로 가 자물쇠를 깨뜨려 일기와 편지를 보고 Z와 도둑 패거리의 대장인 이브Eva가 사귀는 관계임을 알게 된다. Z는 누군가 자신의 일기를 훔쳐봤다는 사실을 눈치 채고, 이를 N이라 오해한다. 둘 사이에 싸움이 벌어졌고, N은 일기를 읽은 적이 없다며 억울함을 호소한다. 그러나 선생님은 침묵을 지킨다. 다음날 N은 야영지에 돌아오지 않았고, 선생님은 뭔가 나쁜 일이 벌어졌음을 예감한다.

이튿날 숲 관리자로부터 한 학생의 시체가 발견되었다는 연락이 온다. 바로 N이었다. Z의 일기장에 "그 일기를 보는 사람은 누구든 죽임을 당할 것"이라고 쓰여 있었기 때문에 Z는 유력한 살인용의자로 지명된다. 그는 체포되어 법정에 서고, 여자친구 이브 또한 절도죄로 체포된다. 그러나 Z의 진술이 N의 죽음과 일치하지 않았고, Z는 살인사건의 세부적인 내용을 잘 알지 못했다. 범행 장소에 또 다른 사람이 있었다는 진술이 나왔는데, 경찰은 그 인물이 이브이며, Z가 그녀를 위해 죄를 뒤집어 쓴 것으로 판단한다. 양심의 가책을 느낀 선생님은 고심 끝에 일기장을 본 사람은 바로 자신이라고 고백한다. 진실을 곧바로 밝히지 않고 침묵했다는 죄목으로 선생님은 직위와 연금을 잃는다.

이브는 물고기 눈을 가진 낯선 소년이 N을 죽였다고 진술했고, 선생님은 장례식에서 봤던 T의 차가운 눈을 떠올린다. T가 범인이라고 생각한 선생님은 그를 책망하고는 감시를 한다. 처음에는 부정하던 T는 점점 더 불안함을 느끼고 결국 목을 매 자살한다. T가 남긴 편지에는 "선생님이 나를 죽음으로 몰았다"고 적혀 있었다. 그러나 편지의 일부는 찢겨져 있었고, 선생님은 편지 뒷장이 더 있을 거라고 추측했다. T의 어머니는 마지못해 편지의 두 번째 장이 있었음을 시인한다. 이어지는 편지의 내용은 다음과 같다. "…왜냐하면 선생님은 내가 N을 죽였다는 사실을 알기 때문이다… 돌로 쳐서 죽였다는 사실을." T는 단순히 사람이 어떻게 죽는지 알고 싶어 N을 죽였다고 진술했다. Z와 이브는 감옥에서 풀러난다.

선생님은 이 사건을 통해 신은 결국 진실과 정의의 편이라는 것을 확신했다. 그는 신앙심을 회복했고, 신부의 권유에 따라 아프리카에서 선교사로 일하기로 결심한다. "흑인도 인간이다"라는 말로 '흑인'이라는 별명을 얻었던 선생님은 "흑인이 흑인들에게 간다"라는 독백을 남기며 아프리카로 떠난다. 그렇게 소설은 끝을 맺는다.

신과 믿음, 도덕 없이 자란 젊은이들

호르바트는 헝가리 외교관 에드문트 요셉 호르바트Edmund Josef Horvath와 마리아 헤르민 프레날Maria Hermine Prehnal의 아들로 1901년 피우메 ─현재의 크로아티아─ 에서 태어났다. 그의 가족은 1902년 베오그라드로 이사했고, 1908년 아버지가 헝가리 왕실 고등법원의 판사가 되면서 부다페스트로 거처를 옮겼다. 그곳의 대주교 기숙사에서 호르바트는 종교적 교육을 받았다. 아버지의 전근으로 1913년에는 뮌헨, 1916년 슬로바키아의 브라티슬라바, 1918년에는 다시 부다페스트로 옮겨 다녔다. 1919년 헝가리를 떠났고, 오스트리아 빈의 삼촌 집에 머물렀다. 대학 입학시험은 오스트리아에서 치렀지만 뮌헨대학에 지원했다.

1923년부터 베를린과 무르나우(바이에른 지역)에서 본격적으로 글쓰기를 시작했다. 1933년에는 나치의 압력을 피해 빈으로 도망 갔다. 1933년 5월 10일 '베를린 서적 소각 사건' 때 호르바트의 책도 함께 불탔다. 이후 파리로 도망쳤으며 샹젤리제 거리를 걷다가 번개 맞은 나무가 머리에 떨어져 1938년 37세의 젊은 나이로 생을 마감했다.

호르바트는 신과 믿음, 도덕 없이 자란 젊은이들의 폐해를 인상적으로 서술했다. 작품 속에서 일기장은 매우 중요한 역할을 한다. 파시즘에서는 중요시 여기지 않는 주관성과 개성 등을 대표하기 때문이다. 호르바트는 사회라는 범주 안에서 인간은 파시즘으로 기우는 경향이 있다고 주장했다. 사람들은 모든 수단을 이용해 삶을 견디어내야 한다. 더 이상 잃을 것조차 없는 이들은 정당에 가입함으로써 확실한 기회를 얻고, 더 인정받으려 한다.

〈비엔나 숲속의 이야기 *Geschichten aus dem Wiener Wald*〉에서 호르바트는 다음의 모토를 내세운다. "어리석음처럼 영원하다는 느낌을 주는 것은 아무것도 없다." 이는 한나 아렌트가 내세운 '악의 진부성'의 개념에서도 드러난다. 〈비엔나 숲속의 이야기〉에서는 인간을 무분별하고 어리석은 존재로 본다. 그렇기 때문에 마리안네 Marianne는 사랑하지 않는 정육점 주인 오스카 Oskar와 약혼을 한다. 그리고 약혼식 날 건달 알버트 Albert와 깊은 사랑에 빠졌다며 약혼을 깨뜨린다. 알버트와 함께 살며 아이를 가졌을 때는 헤어지고자 한다.

호르바트는 이를 통해 인간은 편견과 그릇된 결정으로 세상을 살아감을 보여준다. 사람들은 자신의 실수에서는 아무것도 배우지 못한 채 그 일은 불가피했다고 핑계를 댄다. 모든 사람은 변명과 해명을 한다. 어떤 일이든 자신이 한 행동을 옳은 일로 내세운다. 그러나 이 같은 방식으로는 변화가 일어날 수 없다. 〈비엔나 숲속의 이야기〉의 등장인물들처럼 백일몽을 꾸며 진부한 상상에 빠져든다.

〈신 없는 청춘〉은 19세기 니체가 언급한 '신의 죽음'을 주제로 쓰여졌다. 그리스도에 대한 믿음 외에 우리에게 나아갈 방향을 제시할 가치로는 무엇이 있을까? 니체는 이 질문을 현대사회가 풀어야 할 중심 문제로 여겼다. 그는 "사막이 증가하고 있다. 사막을 옹호하는 자들에게 불행이 있으리라"라고 설파했다. 호르바트 또한 신 없는 인간이 타협적인 공동생활에 이를 수 있다는 것을 회의적으로 보았다.

명작콘서트

39

〈호밀밭의 파수꾼〉

제롬 데이비드 샐린저

"멋지다!라니. 내가 정말로 싫어하는 말이다.
너무 가식적으로 들리지 않는가."

청소년기의 방황

샐린저(Jerome David Salinger, 1919~2010)의 소설 〈호밀밭의 파수꾼The Catcher in the Rye〉은 16살 소년의 경험을 1인칭 시점으로 서술한 작품이다. 펜실베이니아 애거스타운에 위치한 명문사립 펜시고등학교에 다니는 콜필드Caulfield는 성적 불량으로 퇴학당한다. 그는 부모 눈에 띄지 않고자 뉴욕 거리를 정처 없이 떠돈다. 그리니치빌리지에 있는 나이트클럽으로 가기 위해 택시를 잡아탄 콜필드는 택시 기사에게 늘 궁금하게 여기던 질문을 던진다. "센트럴파크 연못에 있는 오리는 겨울에 어디로 가는지 아세요?"

J.D. 샐린저 Jerome David Salinger

밤늦은 시간, 호텔까지 걸어서 되돌아온 콜필드는 엘리베이터 보이 모리스Maurice의 꼬임으로 5달러짜리 매춘부 써니Sunny를 방으로 불러들인다. 그녀와 잠깐 이야기한 것 외에 아무 일도 없었음에도 콜필드는 5달러를 지불했으나 써니는 10달러를 제안받고 왔다며 돈을 더 요구한다. 콜필드가 거절하자 급기야 써니는 모리스를 부르고, 결국 콜필드는 모리스에게 배를 한 대 세차게 걷어차인다.

일요일인 다음날, 콜필드는 여자친구 샐리 헤이즈Sally Hayes에게 전화한다. 일요일에 만나자는 제안에 그녀는 기뻐하며 대답한다. "좋아. 멋진데!" 이 말을 듣는 순간 콜필드는 그녀와 아무것도 함께 하고 싶지 않아졌다. 콜필드는 '멋진데'라는 말을 부자연스럽고 가식적인 말이라고 생각한다. "멋지다!라니. 내가 정말로 싫어하는 말이다. 너무 가식적으로 들리지 않는가."

콜필드는 어린 나이에 이미 사회의 위선과 가식을 모두 간파했다. 뉴욕에서 쓸쓸함과 고독함을 느꼈으며 또한 지독히 외로웠다. 술을 지나치게 많이 마셨으며 끝내는 신경쇠약에 걸린다. 이 이야기는 17살이 된 콜필드가 요양소에서 자신의 불안을 공격적이고 사실적이면서도 비유적인 언어로 서술한 것이다.

콜필드는 여동생 피비Phobe와는 아주 잘 지낸다. 일요일 밤 부모가 모임에 참석해 없는 동안 콜필드는 집에 몰래 들어와 피비와 춤을 추고, 문학적 주제로 대화도 나누며, 즐거운 시간을 보낸다. 그는 피비 앞에서는 본연의 모습을 드러낼 수도, 어리석은 행동을 할 수도 있다.

이튿날 콜필드는 서부로 떠나기로 결심하고 마지막으로 여동생을 만나고자 피비의 학교를 찾아간다. 학교 앞 벽에는 음란한 낙서가 가득했고, 그는 아이들을 이 같은 저속함에서 보호하고자 낙서를 지웠다. 이 또한 아이들의 순수함을 지켜주고자 했던 책임감을 보여준다. 콜필드는 오빠를 따라가겠다며 짐을 싸온 여동생 피비를 보고, 가출 계획을 포기한다.

제롬 데이비드 샐린저는 1919년 뉴욕 이스트사이드에서 육류와 치즈 수입상을 하던 유대계 아버지와 아일랜드계 어머니 사이에서 태어났다. 아버지의 사업을 물려받아야 했으나 폴란드 출장 시 접한 대규모의 도살장 환경에 놀라 가업을 거부했다. 그 후 작가가 되기로 결심했다.

2차대전 때 노르망디 상륙작전에 참전했으며 휘르트겐 숲에서의 끔찍한 전쟁과 미군의 피해가 컸던 아르덴 전투를 겪는다. 이로 인한 트라우마로 전쟁 후 신경쇠약에 시달렸다. 1951년 〈호밀밭의 파수꾼〉을 출판한 이후 모든 인터뷰와 사진촬영을 거부하며 은둔생활을 고집했다. 영국의 한 작가가 〈은둔의 작가를 찾아서〉란 제목으로 그의 자서전을 출판했다.

딸 마가렛 A. 샐린저 Margaret A. Salinger는 회고록 〈드림캐쳐 Dream Catcher〉에서 샐린저를 지나친 통제에 사로잡힌 기이한 은둔자로 묘사했다. 그녀는 아버지가 실존하는 인물들보다는 작품 속 허구의 인물들을 더 좋아한다고 기록했다. 샐린저는 죽는 날까지 세상과의 접촉을 거부한 채 2010년 91세의 나이로 생을 마쳤다.

순수한 소년의 거친 반항과 방황

〈호밀밭의 파수꾼〉은 화자 콜필드의 지극히 주관적인 관점에서 서술된다. 업적 위주의 사회에 순응하기를 거부하는 주인공은 거침없는 언어로 이를 표출한다. 사람들은 콜필드의 말투가 샐린저 본인의 원래 말투라고 생각하지만 샐린저는 이 같은 말투를 위해 끊임없는 수정작업을 거치며 10년 동안 공을 들였다.

콜필드는 평화주의자나 성자 아니면 냉소주의자 또는 혁명가처럼 보이기도 한다. 분명한 것은 그가 거친 태도와 반항심으로 사회의 위선과 체제 순응주의에 대항한다는 것이다. 그는 뉴욕에서 대도시의 익명성과 고독함을 접한다. 어른세계를 경멸하며, 그들과 똑같이 되지 않고자 하지만 다른 한편으론 미성년자임에도 어른처럼 행동하며 바와 술집을 전전한다. 상업적이고 표면적인 것만 중시하는 사회를 싫어하면서도 호텔방에 매춘부를 불러들인 것도 이와 같은 맥락이다.

콜필드는 사회에 불만을 갖고, 냉소적이며 비타협적이지만 센트럴파크의 오리들이 겨울에 어디로 갈지 궁금해할 때는 연민과 동정심 가득한 순수한 소년이다. 소설의 마지막 부분에서 여동생에게 서부로 떠나지 않겠다고 약속할 때는 책임감 있는 모습을 보여준다.

소설의 제목인 '호밀밭의 파수꾼'은 부모님이 계시지 않은 일요일 밤 콜필드와 피비가 나눈 대화에서 나왔다. "오빠가 정말 하고 싶은 게 무엇이냐"고 묻는 피비의 질문에 그는 답한다. "나는 늘 넓은 호밀밭에서 재미있게 놀고 있는 꼬마들의 모습을 상상해왔어. 아이들만 수천 명이 있고, 주위에 어른이라고는 나밖에 없는 거야. 그리고 난 아득한 절벽 옆에 서 있어. 내가 할 일은 아이들이 절벽으로 떨어질 것 같으면, 재빨리 붙잡아주는 거야. 애들이란 앞뒤 생각없이 마구 달리는 법이니까. 그럴 때 어딘가에서 내가 나타나서는 떨어지지 않도록 붙잡아주는 거지… 말하자면 호밀밭의 파수꾼이 되고 싶다고나 할까. 바보 같은 얘기라는 건 알아. 하지만 정말 내가 되고 싶은 건 바로 그거야."

절벽에서 아이들이 떨어지는 것은 어른이 되는 것을 은유적으로 상징한다. 콜필드는 아이들을 어른 사회의 끔찍함에서 보호하고자 한다. 〈호밀밭의 파수꾼〉은 어른 사회에 반항하는 청소년들의 이야기를 다룬 성장소설의 모태로 자리잡았다. 독일의 분단시대에 울리히 플렌츠도르프Ulrich Plenzdorf는 〈젊은 W.의 새로운 슬픔 Die neuen Leiden des jungen W.〉이란 책에서 이와 비슷한 인물인 에드가Edgar를 창조했다. 에드가도 콜필드와 마찬가지로 분단 사회의 틀에 박힌 문화와 지루한 의무를 거부하며 자기주관적인 희망과 상상을 홀로 추구했다.

〈호밀밭의 파수꾼〉은 평화를 추구하는 사람들만 읽는 것은 아니다. 위험한 아웃사이더 또한 이 책을 즐겨 읽었다. 이 책은 존 레논의 암살범 데이비드 채프먼의 가방 속에 있었으며, 로널드 레이건 대통령을 저격한 존 힝클리의 호텔방에서도 발견되었다. 많은 비평가들은 이 책을 위험하다고 간주했으며 콜필드의 거친 언어에 거부감을 보였다. 1955년 미국에서는 이 책을 금서로 지정했으며 켄터키의 한 학교는 학생들에게 이 책을 읽혔다는 이유로 교사를 파면했다. 그러나 〈호밀밭의 파수꾼〉은 이에 굴하지 않고 더욱더 세계적인 성공을 거두었으며 청소년들의 필독서로 자리 잡았다.

어른들의 위선, 자만심과 대조를 이루는 콜필드의 순진함과 충동성은 작품을 접할 때마다 새로이 우리를 매혹시킨다. '제대로 된' 대화는 '멋진데'와 같은 형식적인 말을 사용할 필요가 없으며, 콜필드는 오직 여동생 피비와만 이 같은 대화를 나눈다. 반면 역사교사 스펜서 선생은 판에 박은 상투적인 말들을 늘어놓는다.

> 그러자 선생이 말했다.
> "몇 주 전에 교장선생님과 네 부모님이 면담을 나누는 모습을 보았지. 아주 훌륭하신 분들 같더구나."
> "네, 좋으신 분들입니다."
> 훌륭하다니! 난 정말로 그 말이 듣기 싫었다. 그런 위선적인 말을 들을 때마다 구역질이 날 것만 같았다.

우리는 일상생활에서 '훌륭해', '대단한데' 등과 같은 상투적인 말들을 종종 사용한다. 정치인들은 뭔가에 대해 늘 '극도로 확신하고 있다'고 주장한다. 20세기 말에는 '탁월한'이나 '훌륭한' 같은 말들이 유행했다. 1차대전이 시작될 무렵에는 일명 '만세 애국주의'(쇼비니즘)가 유행어였는데, 전쟁 시 독일 병사가 '만세'를 외치며 행진했기 때문이다.

우리는 다른 사람이 말하는 어휘들을 함부로 비판하기 전에 나 자신이 사용하는 언어를 돌이켜봐야 한다. '멋진데'와 같은 상투어나 특정한 어휘만을 과도하게 사용하는 것은 자신의 신뢰성을 스스로 깎아먹는 행위이다.

명작콘서트
40

〈로마에서 죽다〉

볼프강 쾨펜

"그러나 그는 다시 어린 고트리프, 국민학교 교사의 아들이었다.
그는 대학에 들어가야 했지만
고등학교에서조차도 제대로 따라가지 못했다."

이데올로기의 맹신

볼프강 쾨펜(Wolfgang Koeppen, 1906~1996)의 소설 〈로마에서 죽다Der Tod in Rom〉는 토마스 만의 단편 〈베니스의 죽음Der Tod in Venedig〉를 연상시킨다. 그러나 로마에서 죽는 사람은 유명한 예술가가 아니라 어느 누구의 신임도 받지 못하는 나치 범죄자 유데얀Judejahn이다. 작품의 주제 또한 완전히 다르다. 토마스 만의 작품은 '예술가의 삶—순수함을 갈망하는 예술가의 파탄'이란 주제를 다뤘으나, 쾨펜의 작품에서는 예술과 교육의 부재에 초점을 맞췄다.

〈로마에서 죽다〉의 주인공은 전 나치 친위대 장군인 고트리프 유데얀으로, 부정적인 인물로 그려진다. 부르주아 계급과 지식인들에게 열등감을 갖고 있는 그는 이를 숨기기 위해 마초적인 성향을 강조한다. 또한 히틀러 이데올로기를 맹신하며 권력과 무기, 제복 등을 숭배한다.

　히틀러가 총리가 되고 바이마르공화국이 몰락을 향할 때 유데얀은 이 같은 시대 배경을 기회로 여기며 새로운 나치 정권의 친위대가 된다. 2차대전이 끝나고 나치의 충복이었던 그는 뉘른베르크 궐석재판에서 사형선고를 받았으나 독일을 탈출해 중동으로 건너간다.

　이 소설은 독일 분단과 경제 기적과 관련된 이야기이다. 패전한 독일은 마셜플랜을 계기로 경제적으로 부흥한다. 그 후 냉전시대가 도래하면서 전세계적으로 민주주의와 공산주의가 대립한다. 서양의 물질주의가 도래하는 한편 나치의 붕괴와 함께 가톨릭이 다시 활기를 띠게 된다. 또한 독일연방공화국(서독)은 자주권 획득을 위해 노력한다.

　도피한 유데얀은 아랍국가에서 군사교육을 담당하던 중 무기를 구입하라는 임무를 부여받고 로마로 간다. 그곳에서 일세 퀴렌베르크Ilse Kürrenberg란 유대인 소녀를 총으로 쏜 후 심근경색으로 죽는다. 다음은 그의 죽음을 묘사한 소설의 마지막 문장이다. "신문들은 그날 저녁 유데얀의 죽음을 보도했다. 유데얀의 죽음은 제반 상황으로 인해 세계적인 뉴스가 되었지만 아무런 충격도 주지 못했다."

이때의 '제반 상황'이란 무수한 유대인을 죽음으로 몰아넣었던 유데얀의 전과를 뜻한다. 쾨펜은 이 마지막 문장을 〈베니스에서 죽다〉의 마지막 부분에서 따왔다. 다음은 구스타프 에셴바흐의 죽음에 관한 내용이다. "그리고 바로 그날 세상 사람들은 존경해 마지않는 작가가 사망했다는 충격적인 소식을 듣게 되었다."

유데얀은 목숨을 걸면서까지 권력을 얻고자 했는데, 이는 아버지로부터 폭행과 굴욕을 당하던 어린 시절에서 기인한 것이다. 볼프강 테벨라이트Wolfgang Theweleit는 〈남성 판타지*Männerphantasien*〉에서 파시즘은 폭력에 의한 분노와 열등의식 콤플렉스에서 특히 발생한다고 지적했다. 유데얀은 독일 패전 후에도 히틀러 시대를 동경했다. 경제가 급속도로 발전하면서 사람들이 인종 이데올로기에서 벗어나 돈 버는 일에 집중할 때도 그는 꿋꿋이 국가사회주의자로 남아 있었다.

쾨펜은 토마스 만의 소설 외에 단테의 〈신곡-지옥편〉에서도 한 구절을 인용했다. "아담의 악한 자식들." 악을 초래하는 사람들은 굴욕 당한 사람들인 게 아닐까? 아담은 신에게서 벌을 받았고, 유데얀은 아버지에게서 벌을 받았다. 아버지에게 반발심을 품은 유데얀은 어린 고트리프에서 벗어나기 위해 더욱 열정적으로 나치 친위대에 몰두했다. 그러나 그가 민간인 신분으로 한 술집에 들어갔을 때 자신감을 잃는다. 스스로에 대한 불확실함을 없애기 위해 위스키를 주문한다. "그러나 그는 다시 어린 고트리프, 국민학교 교사의 아들이었다. 그는 대학에 들어가야 했지만 고등학교에서조차도 제대로 따라가지 못했다. 옛날 해군들이 입었을 법한 차림의 부유한 동료들 사이에서 아버지의 옷을 고쳐 입은 채 서 있었다. 그는 그곳에 서 있었다. 위스키를 또 한 잔 마실까? 사내들은 위스키를 마셨다."

유데얀은 자신의 튼튼하고 다부진 체격을 보며 친위대 장관인 하인리히 히믈러Heinrich Himmler를 떠올렸다. 러시아 작가 레프 코펠레프Lew Kopelew는 유데얀에게서 전 독일국방군 장군인 모길로프Mogiljow 사령관을 떠올렸다. 모길로프는 1944년 7월 소련군에게 붙잡혔는데, 포로로 있는 동안 우악스럽게 행동하며 '돼지 같은 눈'으로 멍하게 쳐다보는 것으로 유명했다. 또한 두려움으로 땀을 흘리며, 병사들에 대한 존경과 러시아 군인에 대한 사랑으로 뭔가를 늘 지껄이며 더듬거렸다.

유데얀을 보면 고트프리드 벤의 시어도 떠오른다. '창조의 왕관, 돼지, 인간'이다. 로마에서 유데얀은 강렬한 식욕을 느낀다. 그는 히틀러 군사체제가 아닌 일반 시민사회에 구역질을 느꼈고, 대신 엄청난 양의 파스타와 끼안띠 와인으로 배를 채운다. 그럼으로써 자신이 '제대로 된 남자'(욕망만을 표출하는)에 가까워진다고 생각했다. 마구 먹고 마시려는 욕망, 섹스에 대한 욕망, 권력에 대한 욕망이 넘쳐나는 것이다.

코펠레프는 날카로운 시선으로 유데얀이란 인물의 심리학적 프로필을 작성했다. "유데얀 장군은… 실상은 별볼일없는 막 돼먹은 놈으로, 졸업 자격증조차 없는 김나지움 학생이었다. 그는 광적인 집착에 가까울 정도로 부와 권력을 부러워했고, 이는 제복과 병사, 군대 행진의 화려함 등의 숭배로 나타난다. 그에게 권력은 부족한 자신감을 감추기 위한 가면이다. 그는 남자다움과 규율, 애국심, 국가와 인종에 집착하는데, 이는 열등감과 탐욕, 염세적 성향의 또 다른 표출과도 같다."

유데얀의 가족은 새로운 사회구조와 정치 형태에 적응하지만 그만은 완고하게 나치에 머물러 있다. 그는 시민계급 사회에 동화되는 것을 두려워했다. 오직 전쟁과 범죄, 권력 외에는 아무것도 모른다.

권력은 부족한 자신감을 감추기 위한 가면

볼프강 쾨펜은 1906년 6월 23일 재봉사 마리아 쾨펜Maria Köppen의 사생아로 태어났다(후에 이름 철자를 Koeppen으로 바꾸었다). 아버지는 안과학 부교수인 라인홀트 할벤Reinhold Halben 박사로 평생 쾨펜에게 상처와 수치로 남았다. 저널리스트이자 소설가였던 쾨펜은 전쟁이 끝난 후 주목받기 시작한다. 출판사에서는 쾨

쾨펜에게 주기적으로 글을 쓰라고 강요했으며 주변 사람들은 쾨펜에게 늘 생각을 종이에 옮겨 놓으라고 충고했다. 그러나 그는 자신을 좋은 독자라 생각했고, 작가는 그 다음으로 여겼다. 쾨펜은 1996년 뮌헨에서 심근경색으로 사망했다.

쾨펜은 3부작(〈풀밭 위의 비둘기〉, 〈온실〉, 〈로마에서 죽다〉)으로 2차 대전 이후의 재건과정과 그로 인한 문제점을 다룬 가장 영향력 있는 전후 작가의 반열에 올랐다. 이 시기의 문학은 독일문학사에서 '잔재 문학'이라 불린다. 쾨펜의 작품은 전쟁으로 인한 물질적 손실보다 전쟁이 인간의 머릿속에 저지른 사태에 더 중점을 두었다.

3부작의 첫 번째 작품인 〈풀밭 위의 비둘기 Tauben im Glas〉(1951)는 미국이 뮌헨을 점령했던 시기의 단 하루 동안의 이야기이다. 30명이 넘는 등장인물은 목표를 잃어버린 채 뮌헨이라는 도시에서 방황하며 떠도는 미국인과 독일인이다. 그들은 무의미하게 풀밭 위를 여기저기 날아다니는 비둘기처럼 홀로코스트 이후의 삶의 부조리를 구현한다.

두 번째 작품인 〈온실 Das Treibhaus〉(1953)은 독일연방의회 하원의원인 케텐호이페 Keetenheuve에 관한 내용이다. 탐미주의자이자 평화주의자인 케텐호이페 의원은 온실과도 같은 연방수도 본에서 지낸다. 그는 전쟁 후에도 독일 사회가 거의 바뀌지 않았음을 깨닫는다. 소설 말미에서 케텐호이페는 라인강의 다리 위로 올라가 자신을 자유롭게 만들기 위해 뛰어내린다. 주인공은 비록 허구이지만 이 소설만큼 아데나워Adenauer 시대를 사실적으로 표현한 작품은 아직까지 나타나지 않았다

 3부작의 마지막 〈로마에서 죽다〉(1954)에서 나치 정권의 행위자와 동조자(유데얀 측근)는 얼핏 봐서는 성공한 듯싶다. 유데얀은 로마에서 그동안 헤어져 있었던 아내 에바와 처제의 가족 프리드리히 빌헬름 파프라트Friedrich Wilhelm Paffrath를 만난다. 에바는 남편보다 더 광적인 국가사회주의자로, 남편이 국가에 뼈를 묻지 않고 살아 돌아오자 실망하기까지 한다. 파프라트는 나치정권에서 주지사를 지냈던 히틀러의 충복이다. 그는 현실에 민감하게 적응하는 기회주의자로, 전쟁 후에는 기독교보수당에 가입해 대도시의 시장으로 당선된다. 파프라트 가족은 몬테카시노 전투지를 방문하기 위해 로마에 잠시 와 있었다. 파프라트와 재회했을 때 유데얀은 국가에 대한 장광설을 펼치며 분노를 표출하는데, 이는 그가 여전히 권력을 두려워하면서도 존경하고 있음을 보여준다.

 그러나 유데얀의 아들과 파프라트의 아들은 부모들과는 달랐다. 그들은 일찍이 부모와의 관계를 단절했고, 성직자(유데얀의 아들 아돌프)와 작곡가(파프라트의 아들 지그프리트)로 속죄의 길을 걷고자 했다. 유데얀이 로마에 왔을 때, 마침 그들 역시 그곳에 머무르고 있었다.

 지그프리트가 지휘하는 교향곡 연주회에 파프라트와 지그프리

트의 가족이 모두 모인다. 연주가 끝난 후 유데얀의 권위주의적 성향이 드러나는 장면이다(그는 윗사람에게는 굴종하고, 아랫사람은 짓밟는다).

그러나 가장 크게 박수친 사람은… 유데얀이었다. 그의 무거운 두 손이 기중기 망치처럼 움직였다. 사실 유데얀은 아우성치고, 욕설하고, 홀과 무대에 있는 모든 사람들에게 차렷 자세를 취하거나 체포하도록 하고 싶었을 것이다… 그러나 어린 고트리프는 감히 혼자서 연미복을 입은 일행에게 나서지 못했다. 유데얀은 그들 앞에서 소리 지르고, 욕하고, 차렷 자세와 서른 번의 무릎굽히기를 명령하지 못했다.

지그프리트는 아버지가 저지른 죄에서 벗어나고자 했다. 그는 과거와 현재를 잇는 전후 시대의 끔찍함(핵 무장)에 저항하기 위해 12음기법의 불협화음을 작곡했는데, 이 음악은 태초의 두려움을 뜻한다. 〈로마에서 죽다〉 전반에는 죽음이라는 주제가 담겨 있다. 지그프리트가 작곡한 교향곡의 제목은 '죽음과 협죽도의 빛깔에 대한 변주곡'이다. 이 교향곡은 죽음의 기운을 내뿜는다. "이 음률에는 너무나 많은 죽음이 있었다."

이 작품은 유명인들의 묘소인 판테온 신전의 장면으로 시작한다. 다음은 유데얀에 관한 설명의 첫 부분이다. "그는 죽음의 왕국에서 왔다, 그의 주위에서 시체 냄새가 풍겼다, 그 자신이 죽음이었다. 잔인한 죽음, 비천한 죽음, 둔중하고 어리석은 죽음이었다." 유데얀은 모든 노력과 삶의 목표를 죽음과 권력에만 집중시켰다. "그가 권력을 갖게 되었을 때, 권력의 얼굴을 보게 되었을 때, 과연 그가 본 것은 무엇일까?… 죽음이야말로 유일하게 전지전능한 것이다."

이것이 바로 쾨펜이 작품을 통해 경고하고자 하는 것이다. "그것이 기어나온 자궁은 여전히 생산 능력이 있다."(베르톨트 브레히트). 그 당시나 지금이나 제대로 된 인간관계를 맺지 못하고 열등감에 시달리며, 복수를 꿈꾸거나 과격한 급진주의에 빠져드는 사람이 꼭 있다.

명 작 콘 서 트
41

〈장미의 이름〉
움베르토 에코

"악마에 대한 두려움이 없는 자는 신 또한 필요치 않을 것입니다⋯.
그러면 우리는 신에 대해서도 웃게 될 것입니다."

신과 악마

　　　　　　이탈리아의 철학자이자 작가인 움베르토 에코 (Umberto Eco, 1932~)는 인간은 웃을 수 있는 유일한 동물이라 했다. 그러나 에코는 "역설적이게도 웃음은 자신이 죽어야 할 운명임을 자각했을 때, 그때 비로소 나올 수 있다"고 말한다. "나는 인간이 죽는다는 것을 알고 있기에 웃음을 터트린다고 생각한다." 동물들은 자기 동종이 죽는 것을 보면서도 자신 또한 죽을 거라는 사실을 깨닫지 못한다.

　에코는 웃음이 과거에 대한 가장 인간적인 반응이라고 말한다. 웃음과 유머는 지식의 가장 깊은 층에 존재하는데, 삶의 의미에

움베르토 에코 Umberto Eco

대한 진실은 왜곡될 수 없기 때문이다. "인간은 왜 자신의 죽음에 기뻐하지 않는가?" 니체의 말이다.

세계적인 명작 〈장미의 이름Il nome della Rosa〉은 서로 얽혀 있는 복잡한 구조를 띠며 소설은 액자식 구조이기도 하다. 80세의 노인이 된 베네딕트 수도원의 아드손Adson이 1327년 젊은 수도사였을 때 경험했던 일을 기록했다. 이 같은 복잡한 형태는 에코의 존재의 복잡함에 대한 철학적 의견과도 상응한다. 소설 속 화자는 서문에서 자신이 어떻게 14세기에 쓰여진 라틴어 수기를 손에 넣게 되었는지 기술했다.

　이야기의 배경인 베네딕트 수도원은 아페니노산맥의 리구리아 지방에 위치하며, 정확한 이름은 언급되지 않았다. 바스커빌의 윌리엄William과 멜크의 아드손은 외교적 임무를 띠고 베네딕트 수도원에 도착한다. 윌리엄은 황제인 카이저 루드비히 4세의 사절단으로, 프란체스코파의 지도자와 교황파의 만남을 준비하는 것이다. 루드비히 황제는 교황과의 권력 다툼에서 이득을 얻기 위해 프란체스코파의 청빈을 지지했다. 윌리엄과 아드손이 도착하기 직전 수도원에서는 의문의 사고가 발생한다. 한 젊은 수도사가 창문이 있는 탑에서 떨어져 죽은 것이다.

　수도원장은 통찰력이 뛰어난 윌리엄에게 죽음의 실체를 밝혀줄 것을 위임한다. 그러나 윌리엄은 조사를 위해 수도원 내 어디든 출입할 수 있었으나 딱 한 곳, 사건의 실마리가 될 듯한 거대한 장서관은 출입할 수 없었다. 이곳은 성서에 나오는 에덴동산처럼 아무나 출입할 수 없는 금단의 장소이다. 〈장미의 전쟁〉은 예술사와 철학, 문학적 지식을 넘나들며 이야기가 진행되고, 독자들로 하여금 다양한 해석을 낳게 한다.

　에코는 1932년 이탈리아 피에몬테의 소도시 알렉산드리아에서 태어났다. 아버지는 회계사였다. 에코는 토리노대학에서 철학과 문학을 전공했으며, 중세 철학자 토마스 아퀴나스와 미학에 관한 논문으로 철학학위를 받았다. 대학 졸업 후 밀라노에 있는 이탈리아 국영방송 RAI에서 문화 프로그램 에디터로 근무했다. 그 후 봄피아니Bompiani 출판사의 실용서적 편집부에서 일했다. 1960년대에는 토리노대학과 밀라노대학 등에서 강의를 했으며, 1971년부터는 볼로냐대학에서 기호학 교수로 활동했다. 1999~2007년까지는 볼로냐대학 부설 인문학고등연구소의 교수직을 맡았으며, 한편으론 이탈리아 총리 베를루스코니를 비판하는 운동에 나섰다. 1962년 〈열린 예술작품Opera aperta〉이란 책으로 주목을 받았으며 〈푸코의 진자Il pendolo di Foucauilt〉도 세계적인 베스트셀러 중 하나이다.

웃음은 악마의 표상이다

윌리엄과 아드손이 수사를 시작한 이후 또 다른 살인사건이 발생한다. 두 수도사는 이 사건들이 장서관에 숨겨져 있는 책과 관련되었다는 사실을 감지한다. 그들은 장서관에 잠입했고, 늙은 장님 수도사인 호르헤Jorge를 만난다. 살인사건의 범인은 광적인 기독교 신자인 호르헤였는데, 그는 신앙을 지키고자 이단으로 금지된 책에 접근하는 수도사들을 살인으로 막은 것이다. 문제의 금서는 그리스 철학자 아리스토텔레스의 〈시학〉 제2권의 유일한 필사본으로, 웃음의 미학에 관한 내용이 담긴 〈희극론〉이다. 호르헤는 웃음을 악마적 힘으로 보았기에 이 책에 반대했다. "악마에 대한 두려움이 없는 자는 신 또한 필요치 않을 것입니다… 그러면 우리는 신에 대해서도 웃게 될 것입니다."

예수는 웃음에 관해서는 언급하지 않았다. 연민을 갖고 다른 이들을 도우라고만 했다. 아우구스티누스 황제는 교회를 짓기 위해 극장을 폐쇄하라고 명했는데, 그처럼 호르헤도 종교적 원리주의의 신봉자였다. 이 장님 수도사는 〈희극론〉을 세간에 공개해서는 안 된다고 주장했다. 범행이 밝혀지고 책을 뺏길 위험에 놓이자 호르헤는 책을 찢어서 먹으려 했다. 작은 몸싸움이 벌어지면서 등잔불이 엎어지고, 장서관은 불바다가 된다. 모든 것은 타 버리고, 윌리엄과 아드손만이 빠져나왔을 뿐이다.

〈장미의 이름〉은 전형적인 후기 모더니즘 작품으로 "이 세상에 보편타당한 진리는 없다"는 철학적 주제를 보여준다. 징표는 또 다른 징표를 가리킨다. 아드손은 장서관을 보며 말한다. "나는 지금까지 책들은 책 밖에 존재하는 인간적 또는 신적인 것만을 말한다고 생각했었습니다. 그런데 지금 문득 책들이 다른 책에 관해서도 말한다는 생각이 듭니다. 네, 책들은 때론 서로 이야기하기도 합니다."

언어는 대개 크고 작은 의미의 변화와 반복으로 이루어진다. 이때 언어의 반복은 매번 다르기 때문에 끊임없는 변화가 가능하다. 언어들은 전하고자 하는 바를 그대로 드러내지 않는 경우도 있다. 윌리엄 수도사는 콜롬보 형사처럼 뛰어난 방법으로 문자를 판독했지만 정작 우연한 기회에 진실을 포착한다. 우리 또한 마찬가지이다. 우리는 각 징표 그 자체는 하나하나 제대로 이해할 수 있다. 그럼에도 불구하고 그 징표들이 전하는 전체 의미는 놓치는 경우가 많다.

이를 염두에 두면, 작품의 제목이 나타내는 바가 설명된다. 장미는 다양한 의미를 내포한다. 삶과 사랑, 피, 죽음을 상징하며 침묵을 나타내기도 한다. 또한 고해실 안이나 집회의 테이블 위에서도 볼 수 있다. 이곳의 장미는 "여기에서 진행되는 이 대화는 장미의 표식 아래서 '은밀히sub rosa' 이뤄지는 것이며, 비밀로 지켜집니다"라고 말하고 있다.

철학에서는 웃음에 관해 논쟁이 분분하다. 아우슈비츠 수용소에서는 큰 웃음을 금지해 벌로 규정했다고 테오도르 W. 아도르노는 말한다. 그는 에세이 〈예술은 유쾌한가?*Ist die Kunst heiter?*〉에서 이렇게 기록했다. "웃음은 짭짭 소리를 낸다는데 동의하는 유쾌함이다." 아도르노는 예술산업에서의 웃음은 미리 계획되었으며, 한번 걸러진 웃음이라고 비판했다. 어떤 장면에서 웃어야 하는지 모두가 너무 잘 알고 있다. 즉흥적인 웃음은 더 이상 볼 수 없거나 찾아보기 매우 힘들다. 미리 계획된 웃음이나 다른 사람들을 희생시켜 유발하는 웃음만이 있을 뿐이다.

그러나 오스트리아의 과학철학자 파울 K. 파이어아벤트Paul K.

Feyerabend는 이와 다른 의견을 갖는다. 그는 〈자유로운 인간에 대한 이해_Erkenntnis Für Freie Menschen_〉에서 이렇게 웃음을 칭송했다. "인간이 보여줄 수 있는 가장 좋은 모습은 웃는 것이다. 사람들은 웃는 이를 좋아한다. 그는 지적으로 보인다. '확고한 신념'을 밝히는 이보다 웃는 이가 훨씬 더 지적으로 보인다… 농담, 대화, 환상, '실제가 아닌 것'은 우리를 자유롭게 만든다." 마지막 말은 분명 에코도 동의했을 것이다.

명작콘서트

42

〈유예된 시간〉
잉게보르크 바흐만

"더 혹독한 날들이 다가오고 있다."

삭막한 현대사회

20세기 오스트리아의 시인 중 가장 유명한 잉게보르크 바흐만(Ingeborg Bachmann, 1926~1973)은 15살 때부터 글을 쓰기 시작했다.

노예 상태는 견디지 못한다.
나는 항상 나다.
어떤 것이든 나를 휘게 하려 한다면
차라리 나는 부러지겠다.
…
나는 항상 나다.

올라간다, 그렇게 나는 높이 올라간다.
떨어진다, 그렇게 나는 완전히 추락한다.

이러한 시로 추정컨대 그녀는 자신의 삶에 부침이 있을 거라고 예감한 듯싶다. 바흐만은 1926년 6월 25일 오스트리아 클라겐푸르트에서 국가사회주의를 격렬히 비판하던 중등학교 교사인 아버지 마티아스 바흐Mathias Bachmann와 어머니 올가 하스Olga Haas의 장녀로 태어났다. 케르텐 지역의 우르술라 김나지움에 다니던 바흐만은 이 지역을 장악하던 나치 이데올로기 교육을 받았다. 12살 때 나치 군대의 진군을 목격했으며 이는 어린 그녀에게 꽤 충격적인 광경이었다. 1971년, 중년이 된 그녀는 한 인터뷰에서 그 경험을 들려주었다. "고요함이 갑자기 사라졌다. 큰 남자들이 우리의 조용하고 평화로운 케르텐에 왔다."

바흐만은 1945~50년까지 인스브루크와 그라츠, 빈에서 철학, 독문학, 심리학을 공부했다. 마틴 하이데거에 관한 논문으로 빈 대학에서 박사학위를 취득한 후 로마로 거처를 옮겼다. 그녀는 삶의 대부분을 이탈리아에서 보냈다.

바흐만은 작곡가 한스 베르너 헨체Hans Werner Henze와 오랫동안 공동작업을 했다. 그녀의 방송극에 헨체가 작곡을 하기도 하고, 헨체의 각본을 바흐만이 써주기도 했다. 그녀는 헨체를 위해 가극 각본인 〈함부르크의 왕자Der Prinz von Homburg〉와 〈젊은 제왕

Der junge Lord〉을 썼다. 방송극 〈맨해튼의 선신Der gute Gott von Manhatten〉도 유명하다.

"더욱 혹독한 날들이 다가오고 있다"는 바흐만의 연작시 '유예된 시간'의 첫 부분이다. 이 시는 1950년대 경제 성장과 함께 더욱 차갑고 삭막해지는 현대사회의 모습을 담아냈다. '날마다'란 시에서는 전쟁이 일상적인 일이 되었다고 표현된다. "전쟁은 더 이상 선포되지 않으나 계속되고 있다. 전대미문의 것이 일상으로 되어버렸다." 약자들은 더 이상 방어할 수 없음에 괴로워한다. 그들에게 남은 것은 인내와 희망뿐이다.

"나날의 유니폼은 인내, 훈장은 심장 위에 얹힌 초라한 희망의 별"인 것이다. 또한 경쟁사회에서 감정을 내보이는 것은 사치일 뿐이다. "당신의 애인이 모래에 가라앉을지라도", "되돌아보지 말라. 그리고 당신의 구두끈을 조여 매라."

바흐만은 특히 구조적 권력이라 칭하는 법치국가 하의 '싸움과 권력'이란 주제에 관심을 가졌다. 그녀는 끊임없는 두려움과 공포의 대상에 글로서 대항했다. "실제 인간은 병으로 죽는 게 아니다. 인간은 잘못을 저지른 것으로 죽는다." 바흐만의 후기 시에서는 특히 인생에 대한 괴로움을 진솔한 언어로 표현했다. 왜 그렇게 많은 사람들이 술을 마시는지 모두가 알고 있다. 사랑과 희망, 사회로부터 우리는 너무 자주 실망했기 때문이다.

바흐만은 한 인터뷰에서 자신의 꿈은 결혼해 아이를 갖는 것이라고 밝혔다. 그러나 그녀가 사랑했던 남자들 ―파울 첼란Paul Celan, 막스 프리쉬Max Frisch― 은 이에 동의하지 않았나 보다. 스위스 작가인 막스 프리쉬와 이별 후 그녀는 로마의 자택에서 집필 작업에만 매진했다. 1973년 그녀는 화재사고로 사망했는데 47살이었다. 자살로 여겨지기도 하는 이 사고는 의문의 여지가 많아 여러 추측을 낳았다. 확실한 것은 이별 후유증으로 인한 약과 알코올 중독이 아니었다면 발생하지 않았을 것이다. 1963년 그녀는 로마의 한 노천카페에서 프리쉬를 마지막으로 만났다. 바흐만은 그가 다른 여자와 결혼한다는 사실보다 그가 자신과의 추억을 책으로 펴냈다는 사실에 큰 상처를 받았다. 그녀는 그 실존적 괴로움을 '알코올'이라는 시로 표현했다.

물론 누구나 안다, 술을 마시지 않는 자도 또한 안다,
물론 누구나 안다, 나는 그것을 더 이상 말하지 않는다.
안다, 안다, 안다, 안다

토마스 만과 마찬가지로 바흐만은 예술가적 재능에 대해 끊임없이 의식했다. 〈매미들Zikaden〉이란 방송극본은 예술가에 관한 내용이다. "매미들도 한때는 인간이었다. 그들은 항상 노래할 수 있도록 먹고 마시는 것, 그리고 사랑하기를 멈췄다. 노래로 도피하면서 점점 더 말라갔고, 작아졌다. 그리고 이제 노래에 대한 갈

망을 잃어버렸음에도 계속 노래한다. 놀랍게도 그리고 저주스럽게도 그들의 목소리가 비인간적으로 변했기 때문이다."

〈유예된 시간Die gestundete Zeit〉에서는 점점 더 냉담해지는 현대 사회의 모습을 그려냄과 함께 모든 존재는 '다모클레이스의 칼'(절박한 위험) 아래의 죽음 앞에 서 있음을 암시했다. 바흐만은 젊은 시절, 루마니아 유대계 시인 파울 첼란과 사랑에 빠졌다. 그녀는 첼란을 따라 파리로 갔으나 다시 빈으로 돌아왔으며 첼란은 센강에서 투신자살했다. 첼란은 "창작에 있어 바흐만이 삶의 이유"라고 기술했다. 그의 죽음 후 바흐만의 소설 〈말리나Malina〉에서 꿈의 자아는 이렇게 말한다. "내 삶은 끝났다. 왜냐하면 그가 강으로 뛰어내렸기 때문이다. 그는 나의 삶이었다. 나는 그를 내 삶보다도 더 사랑했다."

〈유예된 시간〉은 앞으로 다가올 더욱 혹독한 날들에 대비하라는 경고이다. 구약성서에서 요셉은 파라오에게 7년의 풍년 뒤에 올 7년의 흉년을 대비하라고 조언했다. 우리는 불행한 사건이 우리를 그렇게 단순히 덮쳐버리도록 내버려둬서는 안 된다.

승려이자 철학자인 프랑수아 마티유 리카르Franzose Matthieu Ricard 또한 다가오는 불행을 적절한 시기에 대비하라고 충고한다. 그는 불교적 관점에서 이렇게 말했다. "비통한 사건은 내적으로 대비해야 한다… 준비하지 않은 채 비통함과 마주치거나 절망에 빠지는 대신에."

명작콘서트

43

〈영혼의 집〉

이사벨 아옌데

"외할머니는 삶을 증언하는 노트를 오십 년 동안 써왔다….
클라라 외할머니는 내가 과거를 되살리고,
스스로 공포를 극복할 수 있도록 하기 위해
그 노트들을 기록한 것이었다."

기구한 라틴의 역사

    몇 년 전 행해진 ZDF(독일 방송국) 설문 조사 결과를 보면 독일인에게 가장 사랑 받는 스페인 문학작품은 더 이상 세르반테스의 〈돈키호테〉가 아니다. 이사벨 아옌데 (Isabel Allende, 1942~)의 〈영혼의 집 *La casa de los espiritus*〉이 그 영예를 안았다.

    〈영혼의 집〉은 자전적 성향이 강하다. 아옌데는 이 작품 속에 조국 칠레의 현실을 충실하게 반영했다. 에스테반 트루에바

이사벨 아옌데 Isabel Allende

Esteban Trueba 가족의 몰락은 칠레의 몰락을 보여주기도 한다. 이 작품은 페미니즘 시각에서 라틴아메리카의 사회적 상황을 비판했다는 점에서도 눈길을 끈다.

〈영혼의 집〉은 아옌데의 외할머니가 쓴 일기장을 토대로 쓰여졌다. 소설은 클라라Clara의 일기에서 이야기가 시작된다. 손녀 알바Alba는 폐허처럼 되어버린 조부모의 집을 방문했고, 그곳에서 예언가적 성향이 강했던 할머니 클라라의 일기를 발견한다. 그리고 일기를 통해 가족사를 재구성한다. 소설 말미에서 알바가 고백했듯, 일기 속 클라라의 기록은 알바에게 치유의 수단이 된다. "외할머니는 삶을 증언하는 노트를 오십 년 동안 써왔다… 클라라 외할머니는 내가 과거를 되살리고, 스스로 공포를 극복할 수 있도록 하기 위해 그 노트들을 기록한 것이었다."

처음 소설이 발표된 후 독자의 반응은 극과 극이었다. 타고난 이야기꾼으로 알려진 아옌데의 전개 방식은 뛰어나지만 표절이라는 의혹이 있었다. 마르케스Gabriel Garcia Marquez의 대표작인 〈백년 동안의 고독Hundert Jahre Einsamkeit〉의 '대중판'이라는 비판도 있었다. 그러나 종국에는 〈영혼의 집〉은 '마술적 사실주의'가 결합된 아옌데의 독립적인 작품이라는 평을 받았다.

마술적 사실주의란, 초자연적인 사건들을 등장인물은 대수롭지 않은 일상적인 것으로 받아들이는 문학 기법이다. 예를 들어, 죽은 영혼이 살아있는 사람들과 함께 탁자에 앉아 있다든지, 클라라의 미래를 볼 수 있는 능력을 당연히 여기는 것 등이다. 아옌데의 작품에서는 〈백년 동안의 고독〉에서보다는 마술적 사실주의 경향이 적게 나타난다.

〈영혼의 집〉은 세기의 전환기인 1900년대부터 1975년 피노체트Augusto Pinochet의 군사독재 시대에 이르기까지 4세대에 걸친 트루에바 가족의 이야기이다. 소설의 중심인물은 가부장적 가장 에스테반 트루에바이다. 그는 목표지향적이고 야망적인 인물이며, 젊었을 때 니베아Nívea와 세베로Severo의 아름다운 딸 로사 Rosas와 사랑에 빠진다. 그러나 로사는 아버지 세베로를 암살하려던 독극물을 잘못 마시고 죽는다.

몇 년 후 트루에바는 로사의 동생 클라라와 결혼한다. 클라라는 미래를 예견하는 능력이 있다. 트루에바는 가장 부유하고 존경받는 집안의 가장이 되고, 수도 산티아고에 고급 저택 트레스마리앗을 세운다. 이 저택은 추가로 방을 만들고 없애는 과정에서 미로 같은 구조를 갖는다. 트레스마리앗과 클라라의 텔레파시적 능력은 '영혼의 집'이라는 소설의 제목을 잘 보여준다.

트루에바는 자신이 가진 부로 많은 여자들을 거느리는 전 근대적 남편이며, 폭력적인 성향을 클라라 앞에서 자제하지 못한다. 그러나 이런 성격과는 별개로 아내를 끔찍하게 사랑한다. 딸 블랑카Blanca가 트루에바의 반대에도 불구하고 소작인 아들 페드로Pedro와 사랑에 빠진다. 페드로는 혁명운동가이기도 하다. 클라라가 딸을 옹호하자 화가 난 트루에바는 클라라를 때렸고, 그때부터 클라라는 남편과 말을 하지 않는다. 클라라는 딸을 데리고 떠났으며, 블랑카는 페드로의 딸 알바를 출산한다.

1세대 여성인 클라라의 어머니 니베아는 칠레 최초의 여성운동가였다. "니베아는 가끔 여성 참정권론자 친구들 두세 명과 공장을 방문했고, 클라라는 몇 번 엄마를 따라간 적이 있었다. 엄마와 엄마의 친구들이 궤짝 위에 올라가 여직공들에게 연설하는 동안 공장장과 공장주들은 멀찌감치 떨어져 있었다. 그들은 적개심 어린 표정으로 그녀들을 지켜보며 비웃었다."

　소설에서 가장 인상적인 부분 중 하나는 니베아의 머리를 찾는 장면이다. 니베아는 자동차 사고로 참혹한 죽음을 당하는데, 클라라는 엄마의 죽음을 예측했다. 그리고 떨어져나간 엄마의 머리를 예지적인 능력으로 찾아낸다. "부탁 좀 들어주세요. 저기에 들어가면 여자 머리가 보일 텐데, 그것 좀 저에게 갖다 주세요. 클라라가 마부에게 부탁했다. 마부는 가시덩굴 아래로 기어들어가 니베아의 머리를 발견했다… 그는 머리카락을 잡아끌며 기어나왔다. 마부가 근처 나무에 기대 토하는 동안 클라라와 페룰라는 니베아의 코와 입, 귀로 들어간 먼지, 작은 돌멩이들을 빼내고 흐트러진 머리카락을 매만졌다. 그러나 두 눈은 감겨지지 않았다. 클라라와 페룰라는 머리를 숄에 싸서 마차로 돌아왔다." 이때 만삭이었던 클라라는 집에 돌아오자마자 쌍둥이 아들 하이메Jaime와 니콜라스Nicolas를 출산한다.

폭력과 죄의 고리는 역사와 함께 지속된다

　아옌데는 1942년 페루 리마에서 태어났다. 페루의 대통령은 그녀의 삼촌인 살바도르 아옌데Salvador Allende였는데, 피노체트의 쿠데타에 의해 실각하게 된다. 1945년 부모의 이혼 후 아옌데는 어머니와 함께 칠레로 왔다. 산티아고의 조부모 집에서 어린 시절을 보냈고, 그후 어머니와 의붓아버지와 함께 볼리비아의 라파스를 거쳐 레바논의 베이루트로 거처를 옮겼다. 18살에 외신기자로 산티아고에서 일했으며, 1962년 칠레에서 결혼해 두 자녀를 낳았다. 그러나 1975년 피노체트 사태 이후 칠레를 떠나야 했다.

아옌데는 최초의 칠레 여성잡지 〈파울라〉를 창간했다. 편집장으로 활동하면서 라틴아메리카의 억압받는 여성들을 대변했다. 그녀는 칠레에 널리 퍼져 있는 마치스모(Machismo: 남자다움을 과장되게 드러내는 것)를 크게 비판했다. 〈영혼의 집〉에서 트루에바가 농장 여인들을 범하는 부분이 마치스모적인 장면이다. "그는 한 손으로 소녀의 허리를 끌어안고, 그녀를 들어올려 안장 앞에 앉혔다. 그동안 그녀는 아무런 저항도 하지 않았다."

〈영혼의 집〉은 1982년 출판되었으며 곧 세계적인 성공작으로 자리매김했다. 이때 아옌데는 베네수엘라로 망명을 떠난 상태였다. 1987년 첫 남편과 이혼 후 미국 변호사를 만나 현재는 캘리포니아에서 거주 중이다.

소설의 후반부에 나오는 '공포의 시대'라는 소제목은 알바가 겪고 이겨내야 할 운명을 암시한다. 트루에바와 클라라의 불화는 오랫동안 계속되었다. 한동안 아내의 냉담함을 돌려보려 노력하던 트루에바는 결국 포기하고, 대신 정치 활동에 관심을 쏟는다. 소설의 배경은 인민연합당(UP)의 살바도르 아옌데가 정권을 잡고

대통령에 오른 시절이며 사회적 불안으로 매우 어수선한 시국이다. 1973년 대통령궁은 폭파되었고, 살바도르의 반대 진영인 트루에바는 샴페인을 들고 축하파티를 연다.

이때 사회주의자가 된 아들 하이메는 체포당해 고문을 받는다. 손녀 알바 또한 반역 집단에 붙잡혀 가르시에 장군에게 능욕 당하는데, 장군은 그 옛날 트루에바가 강간했던 젊은 처녀의 손자이다. 알바는 자신이 당한 굴욕이 오랜 가족사와 연결된 숙명적인 것임을 깨닫는다. 역사와 함께 지속되는 폭력과 죄의 고리는 증오의 마음을 극복해야지만 끊을 수 있다.

알바는 외할머니 클라라의 일기장을 통해 피노체트 장군의 독재와 분열된 칠레의 정황을 이해한다. 할머니의 기록이 담긴 노트를 정리하며 알바는 사회에 대한 두려움과 증오의 감정에서 벗어나 카타르시스를 느낀다.

인간은 삶에서 계속적인 것을 동경한다. 인간은 하나의 문제를 그 자체로 보지 않는다. 가족사나 사회적 배경 등과 연관 지어 파악하고자 한다. 역사에 대한 논쟁은 계속 변화한다. 이전에는 평범하고 일반적으로 여겨지던 것들 —예를 들어, 여성 불평등— 은 시간이 흐르면서 바뀌었고, 앞으로도 계속 바뀔 것이다. 아옌데는 소설에서 '비범한' 여인들의 이야기를 담고자 했다.

명작콘서트
44

〈나누어진 하늘〉

크리스타 볼프

"잘라만더를 사세요, 네커만이 이루어 드립니다,
4711을 늘 당신 곁에."

분단의 두 나라

〈나누어진 하늘Der geteilte Himmel〉의 시대 배경은 1960~61년 베를린 장벽이 세워질 무렵이다. 당시 독일은 동서 대립 상태에 놓여 있었다. 서독은 번성하는 자본주의 사회였으며, 동독은 사회주의였다. 그 시절 급진적인 반파시즘으로 인해 많은 사람들은 동독을 도덕적으로 더욱 바람직한 나라로 여겼다. 전세계적으로 냉전이 감돌던 시기였고 소련은 1961년 2월 최초로 유인 우주선을 발사했다. 크리스타 볼프(Christa Wolfm, 1929~)는 작품에서 이 사건을 '뉴스'로 기록했다.

1952년 서독은 두 나라로 나눠진다. 그러나 전쟁 직후에는 4개

점령지구로 분할 점령될 때라 많은 정치적 망명자들이 비교적 쉽게 탈출할 수 있었다. 소설의 주인공 만프레드Manfred 또한 탈출을 감행했다. 동독의 할레 근처에 살던 그는 동베를린의 프리드리히 역을 거쳐 전차를 타고 서베를린의 초(Zoo) 역으로 간다. 보통 망명자들은 이곳에서 머무르거나 아니면 3개의 항공편 중 하나를 타고 서독으로 가는 길을 택한다. 한번 동독을 벗어나면 다시 돌아오는 것은 불가능하다.

〈나누어진 하늘〉은 만프레드의 부인인 리타 자이델Rita Seidel의 시각에서 쓰여졌다. 만프레드가 그녀를 남겨두고 혼자 떠났을 때 그녀는 어떤 일을 겪었을까. 두 사람은 만프레드가 떠나기 1년 전 할레 근처의 작은 마을에서 알게 되었다. 그러나 리타는 만프레드와는 달리 사회주의에 미래가 있다고 생각했다. 이 작품은 1961년 가을 어느 요양소에서 처음 만났을 때부터 헤어질 때까지의 이야기를 리타가 회상하는 형식으로 전개된다.

볼프는 1929년 3월 18일 바르테 강변에 있는 란츠베르크에서 상인의 딸로 태어났다. 예나와 라이프치히에서 독문학을 전공했고, 이후 편집장으로 일했다. 볼프는 문학, 예술 분야에서 상당한 수상 기록을 갖고 있다. 동독의 국가상인 하인리히만상을 받았으며(1963), 통일 후에는 브레머문학상(1978), 게오르크뷔히너상(1980) 등을 받았다. 현재는 베를린에 거주하며 전업작가로 활동 중이다. 중요 작품으로는 〈크리스타 T.에 대한 추념Nachden Ken über Christa T.〉(1968), 〈유년기의 구도Kindheitsmuster〉(1976), 〈없는 곳, 그 어디에도 없는 곳Kein Ort. Nigrends〉(1979), 〈카산드라 Kassandre〉(1983) 등이 있다.

자본주의 사회에서 사람들은 어떤 생각을 할까

〈나누어진 하늘〉의 하이라이트는 28장이다. 리타는 남편 만프레드와 동일한 방법으로 그가 있는 서베를린으로 향한다. 만프레드는 그곳에서 좋은 일자리를 얻었으나 리타에게는 직장을 구하고 계획한 일들을 수행하는 것이 수월치 않다. 리타는 자신은 결코 서독에서 제자리를 찾지 못할 것임을 예감한다. 서독에 있는 많은 것들이 리타의 눈에도 분명 좋아 보였으나 그럼에도 불구하고 그녀는 그곳에서 진정한 행복을 느끼지 못한다. 계속 상처를 받았으며, 끔찍하게 낯선 곳에 있다고 생각했다. 전혀 생소한 곳임에도 사람들이 하는 말을 이해할 수 있으니 외국에 있는 것보다 더 나빴다. 리타의 이상과 소망은 서독보다는 동독체제에 더욱 맞는 듯했다.

전쟁 직후 동서독의 집들은 큰 차이가 없었음에도 리타에게 서독은 이미 광고와 선전으로 가득 차 보였다. 그녀는 서베를린의 저녁엔 그곳 특유의 비현실적인 공기가 감돈다고 느꼈다. "그녀 머리 위로는 달이 높이 떠 있었고, 현실세계를 벗어난 빛바랜 등

불 하나가 있었다. 그밖에는 아무 소리도, 아무 빛도 없었다. 이제 이곳저곳에서 불쑥불쑥 켜질 네온사인들은… 그녀에게는 풀 수 없는 암호들이었다. '잘라만더를 사세요', '네커만이 이루어 드립니다', '4711을 늘 당신 곁에'(각 광고문은 유명한 구두, 통신판매 체인, 향수 이름이다). 개와 늑대 사이의 시간이었다."

만프레드와의 재회는 1961년 8월 13일 베를린 장벽이 세워지기 전의 일주일 동안의 일이다. 그 후 리타는 생명의 위협을 받는 치명적인 사고(혹은 자살 시도. 이 부분에 대해 작가는 구체적으로 언급하지 않는다. 독자의 상상에 맡겼다) 후 할레의 요양소로 돌아온다.

볼프는 이 작품 속에서 베를린 장벽에 관해서는 자세히 기록하지 않았다. 한 문단이 전부이다. "제가 만프레드를 만나고 온 다음 일요일이 8월 13일이었어요… 아침 일찍, 첫 뉴스를 듣고서는 공장으로 갔지요. 그 이른 아침에 공장에 간 사람은 저뿐만이 아니었어요. 그렇게 많은 사람들을 일요일 아침에 일터로 부를 소식이니 범상치 않은 일이라고 생각했지요. 뭐 호출을 받고 온 사람도 있긴 했지만 대부분의 사람들은 스스로 나왔어요."

서독의 모든 것은 현대적이며 우수해 보인다. 가게의 상품들은 번쩍거리고, 레스토랑도 훨씬 고급스럽다. 그러나 리타에게는 이런 것들이 좋다고 여겨지지 않는다. 일명 '서쪽의 진열장'으로 불리던 서독에서의 생활에서 그 어떤 의미도 가질 수 없었다. 리타는 이렇게 말한다. "서독의 그 모든 것이 결국은 먹고 마시는 것

그리고 옷 입는 것과 자는 것으로 귀착되는 거예요. 나는 자문했어요. 왜 먹을까? 꿈에서나 볼 환상적인 집에서 사람들은 무얼 할까? 도로를 꽉 채우는 저 큰 차들을 타고서는 어디로 가는 것일까? 이 거대한 도시에서 사람들은 잠들기 전에 무슨 생각을 할까?" 자본주의 사회에서 사람들은 이 같은 질문을 한번쯤 품게 된다. 사회주의 체제에서의 '공동'의 목적이 없기 때문이다.

리타는 동독에서 중등학교 교사 지원자였으며 사람들이 행하는 작업의 문제점을 더욱 잘 파악하기 위해 현장실습을 갔다. 현장에서는 '작업규정을 고수해야 하는지, 작업량을 늘리는지'와 같은 문제로 서로 싸우지만 그래도 모두가 다 함께 문제를 해결하고자 노력했다. 서독에서처럼 개인적으로 각자 행동하는 '외로운 투사'가 아닌 것이다.

〈나누어진 하늘〉이 간행된 1960년대만 해도 동독 사회에서 타인의 삶을 공유한다는 것이 무엇을 뜻하는지 예측할 수 없었다. 이는 바로 비밀경찰에 의해 한 사람의 모든 생활이 낱낱이 파헤쳐지는 것을 말한다.

오스카상 수상작인 영화 〈타인의 삶〉에 당시의 상황이 적나라하게 표현된다. 어느 책에서는 동독을 '구금된 나라'라고 일컬었다. 그러나 볼프가 언급했듯이, 산업 선진국에서 사회주의가 어떠한 방향으로 나아갈지는 아무도 모른다.

만프레드와 서독에서 지내는 동안 리타가 느꼈던 생각이 소설의 제목인 '나누어진 하늘'에 반영되었다. 리타는 만프레드와의 이별이 가까워졌음을 감지한다.

　예전에는 애인들이 헤어지기 전에 별 하나를 찾았고, 저녁때면 그 별에서 그들의 눈길이 만나곤 했었다. 우리는 우리 자신에게 무엇을 찾아주어야 할까?
"적어도 하늘은 사람들이 찢을 수 없겠지?"
　만프레드가 비꼬듯 말했다.
"하늘을? 희망과 그리움, 사랑과 슬픔이 있는 이 전체 궁륭을?"
"그렇지 않아요."
　그녀가 낮게 말했다.
"하늘이 맨 먼저 나누어지는 걸요."

　통일이 되고 난 후에야 사람들은 그동안 동서독 사이에 얼마나 깊은 대립과 갈등이 있었는지 알게 되었다. 앞으로 메워 나가야 할 그 간극이 얼마나 남아 있는지도. 아직까지도 많은 '동독 촌뜨기'들은 서독의 현란한 쇼와 광고에 익숙하지 않다. 또한 '거만한 서독인'은 동독 체제에서도 배울 점이 있고, 동독인들도 그 안에서 뭔가 이뤄낸 것이 있었다는 사실을 여전히 인정하지 않는다.

명 작 콘 서 트

45

〈인적 없는 만에서의 나의 한 해〉
페터 한트케

"벌써 오래 전부터 더 이상 향수병에 시달리지 않게 되었어.
수백 년에 걸쳐 모든 향수병이
이 세상에서 완전히 사라진 건 아닐까?
근멸된 질병처럼 말이야."

현대인의 향수병

'향수'와 '그리움'은 오스트리아 작가 페터 한트케(Peter Handke, 1942~)를 나타내는 핵심어이다. 한트케가 탄첸베르크의 어느 사립 기숙사학교에 있을 때 향수병이 너무 심해 결국 어머니가 집으로 데려가야 했다. 한트케는 집에서 지내기 위해 매일 40km나 되는 클라겐푸르트의 가톨릭학교까지 통학했다. 그는 기차는 위험하다고 느껴 시간이 더 걸리는 버스를 애용했는데, 이 버스여행은 그에게 큰 영향을 미쳤다. 통학시간 내내

페터 한트케 Peter Handke

버스에서 백일몽을 꿨고, 이것이 집필의 밑거름이 되었기 때문이다.

"벌써 오래 전부터 더 이상 향수병에 시달리지 않게 되었어. 수백 년에 걸쳐 모든 향수병이 이 세상에서 완전히 사라진 건 아닐까? 근멸된 질병처럼 말이야." 이 문장은 한트케의 소설 〈인적 없는 만에서의 나의 한 해 Mein Jahr in der Niemandsbucht〉(1994)에 등장하는 구절이다. 주인공 게오고르 코이쉬니히 Gregor Keuschnig처럼 한트케 또한 고향과 안전함을 추구했다. 한트케는 살면서 잦은 이사와 장소 변경을 겪었기 때문이다. 그러나 이 글에서는 사람들이 더 이상 향수를 느끼지 않는 것에 대한 우려를 나타낸다.

한트케는 새로운 작품 안에 이전 작품의 등장인물 또는 사건들을 불쑥불쑥 집어넣는 경향이 있다. 이는 자전적 성향이 강하게 드러나는 소설 〈모라비아인의 밤 Die morawische Nacht〉(2008)에서도 이어진다. 〈인적 없는 만에서의 나의 한 해〉의 화자인 '나'는 케르텐주 남부 출신의 작가 게오고르 코이쉬니히로, 이미 한트케의 다른 소설인 〈진실한 감각의 시간 Die Stunde der wahren Empfindung〉(1975)에도 등장했던 인물이다.

코이쉬니히는 과거 유네스코의 법률가였으나 작가로 전직했다. 그는 생활에 또 한 차례 '새로운 변신'을 시도했는데, 파리 외곽에서 거주하며 '인적 없는 만'이라 불리는 자연에서 지내는 것이다. 그는 이곳에서 1년간 글을 쓰기로 결심했고, 그러면서 과거를 돌이켜본다.

세 번째 장에서는 성악가와 독서가, 화가, 성직자, 건축가 등 서로 다른 7명의 친구들의 여행 이야기가 서술된다. 그들은 스코틀랜드, 일본, 독일, 스페인, 터키, 발칸반도, 케르텐에 얼마나 빠져들었는지 보여준다. 한트케는 이전부터 서로 다른 장소에서 동일한 시간에 일어나는 것들에 대한 모티브에 매료되어 왔다.

한트케는 1942년 12월 6일 유고슬라비아와 오스트리아의 국경

부근의 작은 시골마을인 그리펜에서 태어났다. 어머니는 슬로베니아 출신 마리아 시우츠Maria Siutz이고, 아버지 에른스트 쇠네만Ernst Schönemann은 케르텐에 주둔하던 독일의 국방부 군인이었다. 아버지는 유부남이었고 한트케가 태어나기 전 둘은 헤어졌다. 마리아는 임신 중에 또 다른 독일 군인을 만나 결혼했다. 베를린의 전차 차장이었던 브루노 한트케Bruno Handke로, 한트케는 그의 성을 따른 것이다. 한트케의 이 같은 출생 배경은 작품 속에 (잃어버린 아버지에 대한) 그리움과 (슬로베니아의 고향에 대한) 향수라는 실존적인 동기를 부여한다.

그는 스스로도 직접 밝혔듯 오스트리아라는 나라와 지속적인 관계를 갖기 힘들었다. 한번은 자국민인 오스트리아 사람들보다 나중에 이사 간 곳에서 새로 알게 된 사람들에게 더 많은 유대감을 갖게 되었다고 말한 적도 있다. 그는 브란덴부르크 지역의 슬라브계 민족인 소르비아Sorben 같은 소수민족을 위해 늘 힘써왔다. "나 자신이 소수민족 출신이다. 나의 어머니는 케르텐이라는 슬로베니아의 소수민족 출신인데, 어머니가 태어나던 해인 1920년에 그 민족은 8만~10만 명 정도밖에 없었다."

유네스코의 언어지도에 따르면 세계적으로 2,500개의 언어가 멸종 위기에 놓여 있다. 여기에는 소르비아어, 북프리지아어, 독일의 바이에른과 팔라틴 지역의 언어가 속한다. 한트케는 세계화 속에서의 고향 상실에 슬픔을 표했다.

1961년 고등학교 졸업 후 그라츠에서 법학을 시작했으나 중도에 그만두고 전업작가의 길을 택했다. 1966년 프린스턴 한 학회에서 47그룹의 신사실주의를 표방하는 참여문학을 비판함으로써 주목을 받았다. 뒤셀도르프, 크론베르크, 잘츠부르크 등지로 거처를 옮겼으며, 현재는 파리 근교에 위치한 샤빌로라는 작은 마을에서 살고 있다. 1973년 게오르크뷔히너상을 받았으나 1999년 나토의 베오그라드 공습을 반대하며 이를 반납했다.

한트케의 세르비아에 대한 우호적 입장은 그 뒤로도 많은 비난을 받았다. 그의 극우 성향은 독일 정당인 사회민주당, 자유민주당, 녹색당의 반발을 불러왔고, 결국 2006년 뒤셀도르프의 하인리히하이네상은 취소되었다.

우리는 향수의 감정을 더 이상 느끼지 못한다

한트케의 작품 범주는 매우 광범위하다. 70권의 책과 100개 이상의 연설, 수필, 비평론이 있으며 영어, 고대 그리스어, 프랑스어, 슬로베니아어 등의 번역집이 30권, 5권의 인터뷰집 등이 있다. 작품 중 1966년 발표된 연극 〈관객모독*Publikumsbes chimpfung*〉과 1972년 작 〈소망 없는 불행*Wunschloses Unglück*〉이 특히 유명하다. 〈관객모독〉은 이렇게 시작한다. "이것은 연극이 아니다. 여기서는 어떠한 행위도 반복되지 않고…" 아름다운 연극의 밤을 기대했던 관객들의 예상은 수차례 빗나간다. 또한 자살한 어머니에 대한 이야기인 〈소망 없는 불행〉에서는 일상이 인간들을 얼마나 무디게 만들고, 그들의 소망을 어떻게 앗아가는지 보여준다.

한트케의 소설에서는 극적인 내용 전개가 거의 없다. 대개 자신의 이야기를 적었고, 여기에 그 어떤 줄거리도 허구로 덧붙이지 않았다. 주요 작품 중 하나인 〈나는 상아탑의 주인Ich bin ein Bewohner des Elfenbeinturms〉의 한 구절이다. "나는 작가로서 현실을 표현하고 극복하는 일에는 전혀 흥미가 없다. 내게는 그보다 나의 현실을 표현하는 일이 더 중요하다."

한트케는 어느 한 주제에 대해 천천히 다가가고자 한다. 독일의 여느 작가들과는 달리 느림을 찬양한다. "내 모든 목표는 '시간을 갖는 것'에 있다." 한트케의 생활 환경이 극적으로 가속화되었다는 것을 알면 고향에 대한 그리움이 더 잘 이해된다. 어렸을 때는 텔레비전조차 없을 정도로 기술과 동떨어진 시골 마을에서 자랐던 그가 지금은 세계에서 가장 활기찬 메트로폴리스 중 한 곳인 파리에서 지낸다. 이 같은 자전적 경험은 한트케를 기술과 진보의 대가에 관해 깊이 생각하게 만들었다.

한트케가 자신의 진정한 고향을 언어와 문학에서 찾았다는 것을 많은 작품들이 보여준다. 최근의 한 인터뷰에서도 말했다. "글쓰기는 나의… 고향입니다. 네, 그렇습니다." 소설 〈모라비아인의 밤〉(2008)의 개구리 행렬을 묘사한 부분에서도 나타난다. "서

투르게 그들은 그곳으로 걸어갔다, 지그재그로, 무질서하게, 대열을 이탈하면서. 기어서 더듬더듬, 앞으로 나아갔다. 그렇게 자신들이 태어난 물에서 점점 멀어지고, 미래에 자리 잡고 자랄 숲으로 나아간다. 지친 듯이 정체되기도 하며, 그렇게 고생하며 계속 나아간다. 팔로 몸을 이끌고 가느라, 팔이 다른 팔 앞에 놓여, 평지를 걸어가고 있음에도 꼭 기어오르는 모양새이다. 그것은 인간뿐 아니라 그 모태까지도 떠오르게 한다."

한트케는 시간을 두고 천천히 어휘를 선택했고, 이 같은 언어 사용으로 '모든 모순적인 감각의 해답'을 구했다. 평온, 영리함, 침묵, 개성, 엄숙함, 느림, 인내. 이러한 가치들이 현대 생활을 살아가는 데 중요한 구성요소이다. 괴테와 노발리스Novalis, 슈티프터Stifter, 스피노자, 헤세, 하이데거는 한트케의 작품의 토대가 되는 중추적 인물들이다.

한트케는 〈주크박스Jukebox〉, 〈행복했던 날들geglückten Tag〉, 〈어느 작가의 오후Nachmittag eines Schriftstellers〉 등에서 상처받은 현대 사회 안에서 행복한 순간과 치유의 약속을 찾기 위해 고심했다. 세계화시대에 한트케 혼자만 그리움과 향수를 갖고 있는 것은 아니다. 또한 향수에 시달리는 것보다 더 나쁜 것은 '근멸된 질병' 같은 향수의 감정을 더 이상 느끼지 못한다는 점이다. 현대사회에 살고 있는 우리들은 고향이나 가까운 것에 대한 향수와 상실감을 느낄 일이 없다. 하이데거는 이를 '자아상실'이라 부른다.

명작콘서트
46

〈암라스〉

토마스 베른하르트

"자연스럽게."

국가와 개인

　토마스 베른하르트(Thomas Bernhard, 1931~1989)라는 이름에서 우리는 '자연스럽게'라는 단어를 떠올린다. 그러나 이는 객관적인 자연의 법칙대로 행해진다는 의미가 아니다. 그는 '자연스럽게'라는 말을 인간은 다양하며, 각자의 고유한 개성에 따라 살아간다는 뜻으로 이해했다.

　오스트리아 출신인 베른하르트는 개인보다 국가 혹은 다수의 삶에 치중하는 이데올로기를 극도로 혐오했다. 그는 사회를 통해 받는 것보다 개인을 지키는 것을 더 중시했으며, 스스로를 철저한 개인주의자라고 칭했다. 베른하르트는 단체나 연합을 기피했는데, 그에게 입회 제의를 한 작가연합 P.E.N에 대해 이렇게 기록했다. "나는 원하지 않는 일을 겪었다. 내가 그 어떤 집단에도 속하지 않은 것처럼, 자연히 PEN의 일원 또한 되고자 하지 않는다… 나는 늘 단체 혹은 자연스러운 문학협회 등을 증오해왔다." 베른하르트에게 자연스러운 것은 자신의 본성에 부합하는 모든 것이다.

베른하르트만큼 풍자적으로 글을 쓸 수 있는 작가는 많지 않을 것이다. 그 스스로도 '글로서' 괴물이 될 수 있다고 말할 정도였다. 그는 특히 모국인 오스트리아와 끊임없이 대립했다. 의회를 '생명을 위협하는 값비싼 놀이동산'이라고 칭했으며, 정권에 대해서는 '비싸기만 한 바보복권'이라고 서술했다. 끝내 누그러지지 않았던 베른하르트의 국가에 대한 증오는 평범치 않았던 유년 시절에서 기인한 것으로 보인다.

어머니 헤르타 베른하르트Herta Bernhard와 티슐러 알로이스 주커슈테터Tischler Alois Zuckerstätter의 사생아였던 그는 어머니를 따라 독일의 트라운슈타인에서 지냈다. 아버지를 한번도 본 적이 없는 사생아라는 사실은 베른하르트에게 평생의 치욕으로 남는다. 어머니는 아들을 국립교육학교로 보냈고, 그 후 나치의 보호시설로 옮겨져 국가를 위해 얼마만큼의 가치가 있는지 평가받았다. 그의 국가에 대한 지독한 적대감은 이 같은 성장 배경으로 설명될 수 있다.

베른하르트의 학교생활 또한 평탄치 않았다. 17살의 어린 나이에 자살까지 생각했었다. 전쟁이 한창인 1943년, 12살의 베른하르트는 잘츠부르크의 국립기숙사학교에서 성악과 바이올린 등의 음악교육을 받았다. 나치의 교육방침에 따라 운영되던 이 학교는 그에게 '국립 감옥'과도 같았다. 나치의 국가적, 파시즘적, 사디즘적인 교육 프로그램에 회의를 느낀 그는 자살의 유혹에 빠졌다. 1947년 결국 학교를 중퇴하고, 식료품 상점의 견습생으로 일했다. 1948년에 흉막염에 걸렸으며 이듬해 심각한 폐병으로 요양소로 보내지는데, 그 후에도 종종 요양소에서 지냈다.

1949년 자신을 지극히 아끼던 할아버지가 죽고, 1년 만에 어머니마저도 세상을 떠났다. 베른하르트는 1951년부터 빈과 잘츠부르크에서 음악을 공부하며 성악가를 꿈꾸었다. 그러나 폐가 좋지 않아 포기하고, 1957년 전업작가의 길을 걷기 시작했다. 1965년부터 세상을 떠날 때까지 잘츠부르크 인근의 올스도르프에서 머물렀다.

베른하르트가 선호하는 주제는 소멸과 질병, 고독과 죽음이었다. 그는 긴 내면의 독백을 통해 이를 표현했다. 작품 속 주인공들은 대개 무모하며, 베른하르트와 마찬가지로 급진적인 입장을 취한다. 학자나 예술가도 종종 주인공으로 등장했는데, 이들 또한 철저한 개인주의자였다.

베른하르트는 〈서리*Frost*〉라는 작품으로 유명해졌다. 이 작품은 의성어의 자연스러운 언어를 꿈꾸는 화가 슈트라우흐Strauch의 이야기이다. 베른하르트는 가장 애착이 가는 작품으로 1964년에 출판된 〈암라스Amras〉를 꼽는다. 내용을 간추리면 다음과 같다. 전 가족이 자살을 시도했으나 부모는 죽고, 화자인 '나'(자연과학자)와 음악학교 학생인 동생만이 살아남는다. 형제는 삼촌에 의해 인스브루크 외곽에 위치한 암라스라는 탑으로 옮겨지고 깊은 우울증에 시달린다. "자연스럽게 결국 자살 외에는 우리에게 남는 것은 없을 거야." 이 대목에서 '자연스럽게'가 일반적인 의미로 사용되지 않음이 또 한번 드러난다. 이는 건강한 삶뿐 아니라 광기와 절망까지 포함하는 암호와도 같다.

자살 외에는 우리에게 남는 것이 없다

두 형제는 존재에 대한 깊은 통찰에 도달한다. 이때 그들은 편안하면서도 기분 좋은 감정을 체험하는데, 이 부분에서도 '자연스레'라는 단어가 나온다. "…최고의 시점은 자연스레 늘 가장 짧은 찰나의 순간이다." 〈암라스〉는 의사와 두 형제에게는 일상이 된 '광기'에 관한 작품이다.

이야기의 시작에도 쓰여 있듯이 삼촌이 그들을 제때 보살폈더라면 형제는 티롤의 정신의학자가 될 수 있었을까? 베른하르트는 시인 노발리스의 모토를 그보다 먼저 〈암라스〉에서 언급했다.

"질병의 본질은 인생의 본질만큼 어둡다."

베른하르트에게는 이성과 부조리가 근접해 있다. 지금 이성적으로 여겨지는 것이 내일 '미친' 취급을 받을 수 있다. 뭔가를 '미쳤다'거나 '병들었다'고 말함으로써 정말 그것을 미쳤거나 병든 것으로 만들 수 있다. 우리는 늘 언어를 주의해서 사용해야 한다.

베른하르트가 〈암라스〉를 집필하던 시기와 철학자 미셸 푸코 Michel Foucault가 〈광기의 역사〉를 연구하던 시기가 비슷한 것은 단지 우연만은 아니다. 문학에서 부조리연극의 테마로 '광기'가 등장하면서 이성에 초점을 맞춘 위대한 철학은 난항을 겪었다.

이성주의 철학자의 대표적 인물인 데카르트가 떠오른다. 그는 세계의 모든 것의 존재에 의심을 가졌고, 의심을 하는 자신의 존재만은 의심하지 않았다. 푸코에 의하면 데카르트는 그 의심 속에 광기를 전혀 집어넣지 않았다. 또한 데카르트의 이성주의 위에 세워진 문화는 자기 문화만을 이성적이라 여기며, 다른 문화는 덜 이성적으로 간주하는 경향이 있다.

그러나 서양의 세계관 외에도 많은 것들이 '자연스러워'질 수 있다. 우리는 자연스럽게 산다는 것이 무엇을 뜻하는지 여전히 잘 모른다. 심지어는 이를 위해 다른 문화까지 고려한다. 미국의 언어학자이자 민족주의자인 다니엘 에버렛Daniel Everett은 가장 행복한 민족을 아마존의 피라하piraha 부족으로 꼽았다. 그곳에서는 '자연으로 회귀'하라고 요구하지 않는다. 다만 삶에 있어 '제

정신이 아닌' 광기가 가능한지, 과연 추구할 만한 가치가 있는지에 대해 의문을 제기할 뿐이다.

다음은 니체의 〈차라투스트라〉의 한 구절이다. "차라투스트라는 이렇게 말했다. 춤추는 별을 낳기 위해서는 자신 안에 카오스를 품어야 한다."

명 작 콘 서 트
47

〈미하엘. 미성숙한 사회를 위한 젊은이들의 책〉
엘프리데 옐리네크

"텔레비전은 모두에게 가장 아름다운 보상품이다."

매스미디어의 의미

"텔레비전은 모두에게 가장 아름다운 보상품이다." 소설 〈미하엘. 미성숙한 사회를 위한 젊은이들의 책*Michael. Ein Jugendbuch Für die Infantilgesellschaft*〉(1972)의 어린 게르다Gerda는 말한다. 〈미하엘〉에서 엘프리데 옐리네크(Elfriede Jelinek, 1946~)는 현대 미디어사회를 비판했다. 인간은 미디어사회에서 천박한 영화나 텔레비전쇼를 보면서 지적 굴욕감을 느끼고, 어린애 같은 미성숙한 상태로 남게 된다. 또한 미디어사회에는 텔레비전에서 방영되는 일일드라마나 시트콤의 비생산적인 소비만 이루어지며, 할리우드 배우를 향한 눈 먼 숭배만이 남을 뿐이다.

엘프리데 옐리네크 Elfriede Jelinek

  그러나 미디어는 '문화산업'(철학자 테오도르가 만들어낸 용어다)에 있어 유용하지만 위험하지 않은 중요한 도구이다. 문화산업은 모든 인간의 현재 상황을 유지하게 하면서도 그들의 꿈을 가능케 해준다.

  미디어는 인간을 멍청하게 만들어 현재에 저항할 생각을 못하게 한다. 그 때문에 오래 전부터 이어진 종속관계가 유지될 수 있는 것이다. 미디어에서는 여성을 남자들의 욕망을 충족시키기 위한 쾌락의 대상으로 비하시킨다. 여자들에게 가장 중요한 일은 부잣집 남자를 찾는 것이라고 주입시켜 이 목적을 위해 여자들이 어떤 일도 서슴지 않도록 부추긴다.

오스트리아 출신의 옐리네크는 〈미하엘〉에서 모순으로 굴절된 표현과 노골적인 언어로 젊은이들의 모습을 묘사했다. 옐리네크는 가정을 폭력의 장소로 보았다. 가정 내에서 자식들은 소위 말하는 부모의 '이중 구속'을 받는다. 이중 구속 하에서 인간은 정신분석학적으로 모순적 애정을 이해한다. 아이들은 부모가 자신을 좋아하는지 아닌지 제대로 파악할 수 없다. 부모는 사랑을 구실 삼아 자식들에게 그들의 생각을 끊임없이 강요한다. 그리고 아이들은 부모가 희생한다고 착각한다.

이후에도 젊은이들은 상사들의 그럴싸한 거짓 친절에 속아 이익과 이윤 달성에 악용된다. 젊은이들은 이 모든 것들을 무의식적으로 감지한다. 이 때문에 많은 이들이 매스미디어와 유흥문화가 만들어내는 아름다운 환상의 세계로 대피하는 것이다. 텔레비전은 그들에게 아름다운 사람들이 지내는 매력적인 세계를 보여주며 현혹시킨다. 젊은이들은 여기에 탐닉하게 된다. 그러나 곧 이 같은 환상의 세계를 현실에서 달성할 수 없다는 사실을 깨닫고 자신의 생활에 비참함을 느낀다.

옐리네크는 엔터테인먼트 산업에서 프로그램 제작자가 사람들을 희극적 인물로 만든다고 비판했다. 그들이 만들어낸 천박한 프로그램의 영향으로 우리는 극 속의 허구인물과 실제 인물을 곧바로 구분하지 못한다는 것이다. 로스엔젤레스의 시내를 걸어가다가 월트디즈니와 마주치는 것과 같다. 그 안에는 진짜 사람이 숨어 있지만 우리는 이를 단지 미키 마우스로만 인식할 뿐이다. 오래전부터 우려되었듯이 현실과 미디어세계의 구분이 점점 미미해졌다. 이제 우리는 희극적인 세계에 살고 있다고 옐리네크는 말한다.

프랑스의 사회학자이자 미디어 철학자인 장 보드리야르Jean Baudrillard는 이를 '하이퍼-리얼리티hyper-reality'라고 칭했다. 즉 과잉현실은 우리가 더 이상 현실과 미디어를 구분할 수 없음을 보여준다. 그동안은 하루 서너 시간 정도만을 소비했던 인터넷이나 영화, 텔레비전이 어느새 많은 인간들에게 일상이 되어버렸다.

누구나 슈퍼스타가 될 수 있을까

〈미하엘. 미성숙한 사회를 위한 젊은이들의 책〉의 제목은 요셉 괴벨스Joseph Goebbels가 1929년 편찬한 〈미하엘. 일기장 안의 독일 운명*Michael. Ein deutsches Schicksal in Tagebuchblättern*〉에서 따온 것이다. 괴벨스가 책으로 정치적 선전을 한 것처럼 도발적인 광고와 천박한 프로그램, 피상적인 유흥문화는 인간을 조종한다. 스타를 맹목적으로 숭배하고, 남자들은 예쁜 여자를 찾으며, 여자들은 돈 많은 남자와 사랑에 빠지는 것을 자연스런 것으로 여긴다. 누구나 마음만 먹으면 슈퍼스타가 될 수 있다고 젊은이들은 착각에 빠진다. 이 모든 것이 자본의 착취를 위해 인간을 순종적으로 만들려는 것이다.

이러한 목표 달성을 위해 인간들을 본격적으로 세뇌시킨다. '플리퍼'Flipper나 '털보가족Family Affair'과 같은 시트콤에서는 더 이상 머리에서 얻어지는 것이 아닌 고정관념들을 인간에게 심어준다. 다음은 〈미하엘〉의 한 부분이다. "돌고래 플리퍼는 사람을 잘 따른다. 나는 이 돌고래를 지켜보는 걸 무척이나 좋아했다… 플리퍼는 모든 아이들의 친구라 했다. 플리퍼를 보는 것은 늘 즐겁다고 했다. 플리퍼의 트릭은 우리에게 재미를 준다고 했다. 플리퍼가 우리에게 행복한 시간을 제공한다고 했다. 우리 모두가 이 영리한 돌고래를 알며, 그는 모든 어린이의 친구라 했다. 우리는 돌고래 플리퍼를 사랑하며, 어른들 또한 그를 좋아한다고 했다." 옐리네크는 고루한 문학 활동에 대항하는 행위로 한동안 알파벳 소문자만을 사용해 글을 썼다.

옐리네크는 1946년 10월 20일 오스트리아 슈타이마르크에서 가톨릭 신자였던 어머니 올가 옐리네크Olga Jelinek와 유대-체코계 화학자인 아버지 프리드리히 옐리네크Friedrich Jelinek의 외동딸로 태어났다. 아버지는 전쟁에 기여했기 때문에 나치 정부의 박해로부터 보호받을 수 있었으나 1969년 정신병원에서 정신착란으로 세상을 떠났다. 옐리네크는 어머니의 손에서 자랐다. 어머니는 딸에게서 음악적 재능을 발견하고는 음악가로 만들겠다는 목표 하에 엄격하게 훈련시켰다.

옐리네크는 초등학생 때부터 피아노와 기타, 플루트, 바이올린, 비올라 등의 수업을 들었고, 13살 때는 빈의 컨서버토리에서 오르간과 피아노, 리코더를 전공하며 작곡 공부도 병행했다. 그 후에는 빈대학에서 예술사와 연극학을 공부했다. 이 같은 성장 과정은 옐리네크에게 정신적 붕괴를 가져다준다. 대학 입학시험 후 처음으로 정신적 좌절을 겪었고, 이후 정서적으로 불안한 상태가 계속되자 1967년 학업을 중단했다. 1년 동안을 사회와 완전히 고립된 채 집에서 집필 작업에 열중했다.

옐리네크는 2004년 노벨문학상을 수상했는데, 노벨상위원회는 "독특한 언어적 열의로 사회적 진부함의 강제적 권력과 모순을 보여줬다"며 선정 이유를 밝혔다. 옐리네크는 〈미하엘〉에서 젊은이들의 발전 가능성을 빼앗는 사회구조를 폭로했다. 그들을 희망 없는 존재로 몰아넣으며, 정신적 부담을 준다고 비판했다.

사회에서 말하는 '젊은이들의 자유'는 알고 보면 화려하게 꾸며진 겉치레일 뿐이다. 텔레비전 시리즈 같은 프로그램의 전형적인 패턴은 항상 "예쁜 공주와 부유한 왕자가 결혼해서 행복하게 살았다"로 끝난다. 젊은이들은 텔레비전이 만들어낸 허상을 보며 그 안에서는 누구나 행복할 수 있다고 속아 넘어간다. 여기에 딱히 반항하거나 의문을 제기하지 않고, 남들처럼 사회의 관습대로만 행동한다면 말이다.

 프로그램 제작자는 인간을 변화시킬 수 있는 대중으로 보고, 어리석은 것들만을 보여준다. 이제 인간은 주어진 환경을 불가피하고 숙명적인 것으로 여긴다. 텔레비전에 자신이 바라는 환상을 투영시킨다. 그 어떤 경우에도 스스로가 자기자신과 사회를 바꿀 수 있다고 생각하지는 못한다.

명작콘서트
48

〈즉흥시 1, 2 그리고 3〉
롤프 디터 브링크만

"찰칵, 찰칵: 사회는 추상적인 것이다."

현대 사회의 의미

롤프 디터 브링크만(Rolf Dieter Brinkmann, 1940~1975)은 런던에서 길을 건너다 교통사고로 세상을 떠났다. 자신의 죽음에 관해 기술한 브링크만의 시를 보면, 그 내용이 실제 그의 죽음과 얼마나 유사한지 섬뜩할 정도이다. "나는 거리로 나갔다/그때 끔찍한 사고의 기운이 공기 중에 깔린다." 이 시는 사고가 나기 훨씬 이전에 쓰여진 것이다. 다음은 '나의 죽음에 관한 단순한 생각들'이란 시의 일부이다.

그는

올 것이다, 다시

칼을 들고

한 손에

여전히

울부짖으며 그는 올 것이다

우연히 지나가는

어떤 행인처럼…

이 시의 또 다른 구절에서 브링크만은 이렇게 기록했다. "풀은 퇴색한다. 이제 내게 끔찍할 게 없는 사고가 발생할 시간이다." 그는 예술적 전성기에 있었다. 부인 말렌Maleen과 장애 아들 로버트Robert와 함께 쾰른의 작은 셋집에서 살았는데, 이 같은 물질적인 어려움도 창작 활동을 억압할 수는 없었다. '계속해서', 이는 그의 작품에서 가장 빈번히 나오는 단어이다.

브링크만은 1940년 독일 북부 베흐타에서 태어났다. 1957년 어머니가 죽은 후 김나지움을 중퇴하고 에센에서 서적 출판업을 시작했다. 1962년 쾰른으로 거처를 옮겼고, 같은 해 시집 〈그들은 그것을 언어라 칭한다〉를 발표했다. 이어 자신의 신조를 담은 〈나는 개별적인 것들을 위한다〉와 소설 〈아무도 더 이상 알지 못한다〉(1968), 시집 〈파일럿〉, 〈고질라〉 등을 편찬했다.

또한 빌라마씨모에서 체류하는 동안 기록한 것들을 모아 〈로마, 시선들 Rom, Blicke〉을 발표했다. 이 작품은 당시 독일인들이 열광하던 이탈리아에 대한 환상을 가차없이 깨뜨렸다. 1971년 소설 〈아무도 더 이상 알지 못한다〉가 크게 성공했고, 그 후 시집 〈서쪽으로 1&2〉와 소설을 쓰고자 사회와의 접촉을 끊었다. '즉흥시 1,2&3 Improvisation 1,2&3'은 1975년 출판된 시집 〈서쪽으로〉에 포함된 시이다. 당시 집필 중이던 소설은 여러 난관으로 완성되지 못했으나 사후에 〈로마, 시선들〉, 〈반란을 위한 감정의 정확한 규정에 대한 탐색〉, 〈단면들〉이란 책의 일부가 발간되었다.

브링크만에게 1970년대의 생활은 끔찍했다. 대부분의 사람들이 오직 한 가지 생각만을 갖고 있는 것처럼 여겨졌다. 연금 수령자의 삶이라는 목표이다. "그리고 어떠한 결과가 나타날까? 연금 수령자가 된다는 꿈을 꾸는 것이다. 전체 시민이 은퇴자이고, 나라 전역이 은퇴자의 꿈으로 가득 찼다."

브링크만은 작품을 통해 주관적 인지를 드러내고자 했는데, 시적 언어만으로는 정신세계를 표현하기에 충분치 않았다. 그는 여러 재료들과 스케치(신문 조각, 단편, 만화, 그림엽서나 사진) 등을 모아 놓은 몽타주와 콜라주를 시도했으며, 이 같은 실험성을 현대사회의 전형으로 여겼다. 브링크만의 작품에서는 자연 파괴에 대한 부정적 시선과 도시 문명세계에 대한 비관적 인식이 가득하다. 그는 한때 페터 한트케와 같은 문학적 노선을 타는 듯했으나 곧 자신만의 길을 갔다. "나는 다른 작가들과 접촉이 없는 편이다…

한동안 한트케와는 함께할 수도 있겠다고 생각했다. 그러나 그의 작품에서 그가 영속적인 '예술'을 창조하고자 하는 것을 감지했다. 아름다운 문장을 만들어내려는 것이다. 그에 대한 내 관심은 식어버렸다." 브링크만은 고급문화에 저항하며 하위문화를 추구한 것이다.

회색 거리와 부패한 산업사회의 이면

그는 새로운 감각을 대표했다. 당시 독일 문학은 68학생운동으로 새로운 전환점을 맞이했다. 사회적 추상성과 정치적 행동주의에 반대해 혁명적 주관성이 등장한다. 인간의 감정은 부차적인 것이 되었다. '즉흥시 1,2&3'의 일부이다. "찰칵, 찰칵: 사회는 추상적인 것이다." 이전에 랭보, 벤, 샐린저, 케루악Kerouac과 함께 브링크만 또한 '저주받은 시인'에 속했다. 이 집단은 이론적이며 공허한 지껄임에 강한 반감을 갖고 있는 시인 집단을 말한다.

브링크만은 사회에 관심이 없었다. 개별적 상황이나 시점에서 개개인이 어떤 행동을 취하는지에 관심을 더 가졌다. 〈로마, 시선들〉을 보면 회색 거리와 부패한 산업사회, 쓰레기 폐기장, 거슬리는 도시의 광고 등이 언급된다. 녹슨 자전거나 부주의하게 버려진 템포 티슈 등의 관찰에 초점이 맞춰진다. 그는 이처럼 삭막하고 황량한 대상에 미적 감각을 부여했다.

브링크만은 전후 독일사회가 젊은 시절과 인생을 기만했다고 느꼈다. "그것은 죽음이다. 그것은 엔트로피이다. 그것은 공포다!⋯ 나는 내게서 참담함을 느낀다."

소설 〈로마, 시선들〉에서 브링크만은 무수한 관찰을 서술했다. 그것이 한데 모여 그가 '문명'이라고 칭하는 현대사회의 인상적인 모습이 표현된다. 다음은 브링크만의 시의 한 구절이다. "쾌락은 중고차 가게가 아니다/제대로 된 직업에 대한 질문이 아니다/생활 보험은⋯" 그는 콜라주 기법으로 소비사회의 어두운 단면을 가차없이 폭로했다. 어딘가에 놓인 옷조각, 녹슨 자전거, 도처에 군림하던 '도시의 전쟁'(말렌 브링크만), 그리고 미디어에서 떠드는 음란패설 등은 그의 시에 자주 등장한다.

일본의 선종 불교에 심취했던 브링크만은 현재의 공포와 두려움을 꿈과 침묵의 힘으로 이겨낼 수 있다고 생각했다. "저항은 침묵에 대한 능력에서 시작한다. 침묵은 무언의 상태이다. 정말로 무엇이 일어나는지 볼 수 있는 능력이다."

독일 사회학자이자 작가인 클라우스 테벨라이트Klaus Theweleit는 브링크만을 고트프리트 벤과 파울 첼란 이래 처음 등장한 독일 서정시의 혁신자라고 칭송했다. 벤의 후기 시와 브링크만의 시를 비교하면 쉽게 유사성을 찾을 수 있다. 두 시 모두 일상에서의 순간을 형상화한다. 웨이터를 묘사한 벤의 시이다.

그는 금전등록기에 새로운 헬레(맥주)를 입력한다
영수증을 기다리며
갈증을 해소하기 위해.

브링크만의 시에서도 이와 비슷한 구절이 있다. "오렌지주스 기계는 돌고 있다 & 바텐더가 차가운 차를 한 잔 마시는 어느 처녀의 맨살을 힐끔 쳐다보는 건 좋은 일이다. '여기 아주 무덥지요?'하고 묻는다, 이는 그곳의 분위기를 띄우려는 질문이다."

독일을 대표하는 이 두 시인은 사회가 선동하는 관념과 이데올로기에 대항해 개별적인 시선으로 대상을 표현했다. "시선을 확장시킨다, 천천히 천천히." 브링크만은 시적 창조의 목표에 대해 이렇게 썼다. "시간을 너무 빨리 보내서는 안 된다."

최근에는 프랑스 과학사회학자 브뤼노 라투르Bruno Latour가 사회적인 관점에서 브링크만과 비슷한 관점을 갖는다. 라투르는 사회환경을 통해 개별적인 것을 정의하는 환경이론에 반대한다. 서로 다른 상태에 있지만 서로에게 영향을 미치는 사물과 개인만이 있으며, 인간적 상황에 사물이 미치는 영향을 과소평가한다고 지적한다. 라투르는 인간뿐 아니라 '오렌지주스 기계'와 같은 사물에서도 사건을 진행시키는 힘이 나온다고 주장한다.

사회적 요인에 대해 말하는 대신 사회적 통합이나 붕괴가, 예를 들어 모방, 언어유희, 사물 등과 관련해 얼마나 구체적으로 일어나는지 고려해보길 라투르는 권한다. 사물은 인간적 화합에 있어 중요한 역할을 한다.

'즉흥시 1,2&3'은 중국 시인 한산Han Shan으로부터 영감을 받았다. 한산의 불교적 관점에서 보면, 사회나 나 자신을 자주적이라 선언할 것이 아니라 우리 주변의 사물과 분위기를 더욱 존중해야 함이 자명해진다.

명작콘서트

49

〈숨그네〉
헤르타 뮐러

"내가 가진 것은 모두 가지고 간다."

갇힘과 해방

"내가 가진 것은 모두 가지고 간다." 헤르타 뮐러(Herta Müller, 1953~)의 소설 〈숨그네 *Atemschaukel*〉의 첫 문장이다. 뮐러는 이 작품에서 독일계 루마니아 시인 오스카 파스티오르 Oskar Pastior의 경험담을 1인칭 시점으로 이끌어나간다.

파스티오르는 1945년 루마니아에서 태어났고, 그 후 소련의 강제수용소로 보내진다. "순찰대가 나를 데리러 온 건 1945년 1월 15일 새벽 3시였다. 영하 15도, 추위는 점점 심해졌다." 화자인 '나'는 니체의 〈차라투스트라〉와 릴케의 시집을 챙겼다. 그러나 나중에는 이를 음식과 수용소 생활에 필요한 물건들로 바꾸는 데

헤르타 뮐러 Herta Müller

사용한다.

"바로 거기, 가스계량기가 있는 나무 복도에서 할머니가 말했다. 너는 돌아올 거야." 이 말은 강제수용소에서 머문 5년 동안 주인공의 뇌리에 깊이 새겨졌다. "그 말을 작정하고 마음에 새긴 것은 아니었다. 나는 그 말을 대수롭지 않게 수용소로 가져갔다. 그 말이 나와 동행하리라는 것을 몰랐다. 그러나 그런 말은 자생력이 있다. 그 말은 내 안에서 내가 가져간 책 모두를 합친 것보다 더 큰 힘을 발휘했다. 너는 돌아올 거야는 '심장 삽'(삽질을 하는 심장이라는 의미)의 공범이 되었고 '배고픈 천사'의 적수가 되었다."

〈숨그네〉에서는 수용소의 정신적 고통이 소련 경비병에 대한 분노나 악의 없이 담담한 어조로 서술된다. 뮐러는 이 소설에서 부당함에 대항하는 불평등을 표출하려는 것이 아니라 지금까지 무시된 독일계 루마니아인의 슬픔에 직접 목소리를 부여하고자 했다.

파스티오르는 낯선 지벤뷔르거(Siebenbürger, 루마니아 북서부 지방) 사람들의 경험에 대해 뮐러에게 이야기했고, 뮐러는 이를 받아 적었다. 둘은 공동으로 책을 편찬하려 했다. 그러나 2006년 파스티오르가 돌연 세상을 떠났다. 뮐러는 그의 공책을 갖고 있었지만 1년여 가까이 글을 쓰지 못했다. 공책 속에 담긴 파스티오르의 수기 메모와 그가 살아있을 당시 함께 작성했던 초고 일부를 엮어 집필한 〈숨그네〉는 2009년 출간되었다.

뮐러는 수용소 내 권력의 미시물리학을 인상적일 정도로 담담하고 간결한 문장들로 표현했다. 권력은 관료체제에서만 작용하는 것이 아니라 인간의 일상에까지 스며든다. 권력은 수용소 주민들을 통제했고, 그들 간에 지속적인 불신의 씨앗을 뿌렸다. 권력에 의해 사람들은 '정상'과 '비정상'으로 분열된다. 그들은 '정상'이라는 개념에 집착한다. 뮐러가 자신의 작품에서 '얼마나 자주' 배고픔에 대해 썼는가. 우리는 '얼마나 자주' 뭔가를 '정상'이라고 불렀는가.

헤르타 뮐러는 1953년 루마니아 바나트 지방의 독일계 루마니아 집안에서 태어났다. 아버지는 트럭운전사였고, 어머니는 〈숨그네〉의 화자처럼 1945~50년 사이에 우크라이나의 강제수용소에서 강제노역을 했다. 고향과 출신에 대해 뮐러는 이렇게 적었다. "1953년 나는 니츠키도르프에서 태어났고, 내가 태어난 해에 스탈린은 육체적으로 죽었다(그러나 그의 정신은 그 후로도 몇 년은 더 살았다). 나의 마을은 루마니아의 바나트에 위치했다… 농가의 주민들, 흰색과 분홍색, 하늘색의 합각지붕을 갖는 트라이앵글 집들이 거리에 대칭적으로 뻗어 있다. 아버지는 야외 노동을 증오했다. 1945년 나치 친위대에서 돌아온 후 트럭운전사로 일했는데 거의 대부분의 나날을 술로 보냈다. 아버지와 어머니는 어느 시골길에서 만났다. 어머니는 옥수수와 해바라기 농장의 농부였는데, 결혼 후에도 농장 일을 계속했다."

뮐러는 티미쇼아라대학에서 독문학과 루마니아문학을 전공했다. 졸업 후 어느 기계공장에서 번역가로 일했으며, 1979년 루마니아 비밀경찰 세쿠리테Securitate 정보원이 되라는 요구를 받았다. 이를 거절하자 곧바로 해고당했으며 수차례나 소환되었다. 1987년 남편이자 동료 작가인 리하르트 바그너Richard Wagner와 서베를린으로 망명했다.

뮐러의 작품에는 세쿠리테 정보원에 대한 비난이 많다. 또한 전체주의 정부에 의해 파괴되는 인간관계를 중심 소재로 삼았다. 실제 그녀의 절친한 친구 중에도 배신자가 있었다. 뮐러는 2009년 노벨문학상을 수상했고, 이렇게 수상소감을 밝혔다. "내가 노벨상을 받았다고 해서 변한 것은 없습니다."

죽지 않고 살 수 있다는 생각에 기뻐한다

〈숨그네〉의 화자인 레오폴드 아우베르크Leopold Auberg는 이제 막 17살이 된 헤르만슈타트 출신의 소년이다. 그는 1945년 다른 지벤뷔르거 작센(지벤뷔르거에 거주하는 독일계 소수민족) 사람들과 함께 체포되었으며 가축운반용 열차를 타고 러시아로 이송된다. 그곳에서 5년간을 생존과 싸운다.

이 작품의 역사적 배경은 다음과 같다. 전후 소련은 나치에 의해 파괴된 소련의 재건을 위해 루마니아 새정부에 강제노동을 명령한다. 남녀를 불문한 17~45세 사이의 모든 독일인은 소련의 강제수용소로 이송되어야 한다는 것이다.

레오폴드는 처음에는 헤르만슈타트에서 벗어날 수 있다는 것이 기뻤다. 당시 정부는 동성애를 금지했는데 동성애자였던 그는 감옥에 잡혀갈까봐 두려웠던 차였다. 그러나 그를 기다리고 있는 노보고르로브카 수용소는 감옥보다 훨씬 열악한 곳이었다. 레오폴드는 5개의 노동대대 중 한 곳에 배정받았고 곧 수용소 생활이 시작되었다. "아무리 춥든 아무리 찌는 듯이 더웁든 우리는 조용히 서 있었고, 그렇게 저녁이 지나갔다. 움직여도 되는 것은 우리 몸을 돌아다니는 이뿐이다." 소련인을 위한 6곳의 거주지를 짓기 위해 모멸적인 강제 노역이 행해졌다.

수용소 생활이 길어지면서 사람들은 점점 무덤덤해진다. 레오폴드는 어머니로부터 달랑 어린아이 사진 한 장을 우편으로 받았다. 레오폴드는 그를 대리형제라 불렀고 가족들이 더 이상 자신의 귀환을 바라지도, 예상하지도 않는다고 해석했다. "내 생사를 모르는 부모님은 아이를 만들었다."

이 소설의 비극적인 주제는 수용소 생활의 끔찍한 상황들로 부각된다. 12월 31일에서 1월 1일로 넘어가는 밤 그들은 삽질을 하기 위해 소집되었다. 모두들 곧 총살당할 거라고 생각했으나 나무 심을 구멍을 파기 위해 불려온 것이었다. 그들은 뼈가 에이는 추위에서 작업을 하면서도 죽지 않고 살 수 있다는 생각에 기뻐한다. "우리는 선물이라도 받은 듯 눈속에서 연장을 찾았다. 땅은 뼈처럼 얼어붙어 있었다. 곡괭이가 튕겨나가고, 쇠 지렛대에서는 금속끼리 부딪치는 소리가 났다. 밤톨만한 흙덩이가 얼굴에 튀었다. 나는 혹한 속에서 땀을 흘렸고, 땀을 흘리며 얼어붙었다. 내 몸의 반은 불덩이 속에, 반은 얼음 속에 부서져갔다… 늦봄이 되어서야 구멍을 제대로 팔 수 있었고, 두 줄로 나무를 심었다."

레오폴드는 배고픔을 해결하기 위해 밤이면 근처 도시로 내려가 빵을 구걸했다. 처참했던 5년의 수용소 생활은 끝났고, 그는 드디어 자유를 얻는다. 고향으로 돌아간 레오폴드는 삼촌을 통해 상자공장에 일자리를 얻는다. 그 후에는 우트샤의 공사장에서 일했다. 퇴근 후 수강하던 저녁 수업에서 에마Emma라는 여자를 만나 결혼하고, 둘은 수도 부쿠레슈티로 이사한다. 결혼 후에도 레오폴드는 여전히 남자들을 만나러 다녔다. 그럼에도 결혼생활은 11년 동안이나 유지되었다. 그러던 어느 날 레오폴드의 동성애 파트너 둘이 체포당한다. 위협을 느낀 그는 부쿠레슈티에 아내를 남겨둔 채 오스트리아 그라츠의 고모 집으로 혼자 떠난다. 다시 루마니아로 돌아오는 일은 없을 거라는 말과 함께.

〈숨그네〉라는 제목은 뮐러의 언어적 창조성을 잘 보여준다. 하지만 이 같은 독창성은 정작 조국인 루마니아에서는 크게 주목받지 못했다. 소설 속에서 '숨그네'린 어휘가 처음 사용되는 부분은 '수용소의 점호 시간' 장면이다. 점호 시에는 들숨과 날숨의 간격이 크지 않아야 하는데, 화자는 "숨그네가 잇따라 생겼으며, 헉헉거린다"라고 묘사한다. 이러한 숨그네의 상태는 집에 돌아온 후에도 계속된다. 그러나 이때의 숨그네는 화자를 돕는다. 고향에 돌아온 레오폴드는 수용소의 기억이 떠오르지만 이 같은 정신적 혼란을 숨그네를 통해 평정심을 되찾는다.

수용소에서 석방된 화자가 헤르만슈타트의 부모 집 거실에 앉아 있을 때 숨그네가 나온다. 할머니와 어머니도 함께 앉아 있었다. 할머니는 십자말풀이를 했고 어머니는 뜨개질을 한다. 이 평화로운 분위기에서도 수용소의 처참한 기억은 멈추지 않는다. "이제 내 발은 따뜻하고, 동상 걸렸던 부분도 발등만 가려웠다… 옷장 옆에 걸린 시계가 똑딱거린다. 시계추가 흔들리며 가구 사이에 고인 우리의 시간을 옷장에서 창으로, 탁자에서 긴 의자로, 난로에서 안락의자로, 낮에서 밤으로 삽질해 퍼냈다. 벽에서는 나의 숨그네가, 가슴에서는 심장삽이 똑딱거렸다. 그것들은 내게서 없어졌다."

"내가 가진 것은 모두 가지고 간다." 시인 귄터 아이히Guenter Eich는 '소지품 목록'이란 시에서 전쟁포로에게 남아 있는 것들에 대해 묘사했다. 모자, 외투, 면도기, 접시, 술잔, 면양말 한 켤레, 수건. 이 중에서 시적 화자에게 가장 중요한 것은 연필심이다. "이 연필심을 나는 가장 아낀다/밤에 생각한 몇 줄의 시를 낮에 이 연필심으로 쓰는 것이다."

무엇이든 넘쳐나는 오늘날의 과잉 세계에서는 벌거벗겨진 생활의 궁핍 같은 것은 상상도 못할 것이다.

명작콘서트
50

〈작은 것들의 신〉
아룬다티 로이

"그들에게는 미래도, 아무것도 없었다.
그래서 그들은 작은 것들에만 매달렸다."

계급사회의 타파

아룬다티 로이(Arundhati Roy, 1961~)의 소설 〈작은 것들의 신 The God of Small things〉은 아무Ammu라는 여자와 그녀의 쌍둥이 아들 라헬Rahel, 에스타Estha의 이야기다. 어머니 아무의 죽음 이후 라헬과 에스타는 서로 떨어져 지냈고, 20년이 지난 후 남인도의 고향에서 재회한다.

로이는 이 작품으로 한 가족의 운명을 보여줌과 동시에 1947년 독립 이후의 인도 역사를 담아냈다. 카스트 제도, 여기에서 파생된 엄격한 관습들은 인도문화와 사회 형성에 중요한 역할을 한다. 예를 들어, 아무 집안의 노예인 벨루타Velutha는 '파라반

Paravan', 즉 불가촉천민으로 누구와도 접촉할 수 없다.

"벨루타는 조그만 풍차나 딸랑이, 작은 보석상자 같은 정교한 장난감들을 만들었다. 타피오카 줄기로는 완벽한 배를 만들었고, 캐슈 열매에는 조그만 입상을 새겼다. 벨루타는 이렇게 만든 장난감들을 아버지에게 배운 대로 손바닥에 받쳐 들고 아무에게 가져갔다… 아무가 장난감을 받을 때 그녀의 손이 자신의 손에 닿지 않도록 하기 위해서." 우리는 소설을 읽는 틈틈이 인도의 사회 체제를 이해할 수 있다.

로이는 크고 작은 다양한 사건들을 시간 순서를 교란하며 예술적으로 엮어놓았다. 여러 에피소드들을 모아 구성한 파노라마 형식이다. 사소한 물건이나 개별적인 사건이 과거의 기억을 불러오면서 내용 전개에 결정적인 도구가 된다.

처음에는 별볼일없던 작은 사건이 얼마나 운명적인 결과를 가져올 수 있는지는 아빌라시극장에서의 사건을 통해 보여진다. 아무와 쌍둥이, 고모인 막내 코차마는 아빌라시극장이 있는 대도시 코친으로 여행을 떠난다. 다음 날 마가렛 고모와 사촌 소피 몰이 영국에서 오는데 공항으로 마중을 나가기 위해서다. 극장에서 할리우드 영화 〈사운드 오브 뮤직〉을 볼 때 7살이던 에스타는 영화 속 노래를 크게 따라 부르다 쫓겨난다. 영화가 끝날 때까지 입구에서 기다려야 했던 에스타는 카운터 뒤에서 오렌지주스 장수에게 성추행을 당한다. "이건 비밀로 해야 돼… 네가 나를 위해 이 걸 잡아준다면. 오렌지주스 장수는 하얀 모슬린 사이로 삐져나온 페니스를 에스타에게 쥐어주면서 말했다."

　극장으로 되돌아간 에스타는 아무에게 속이 메슥거려 토할 것 같다고 말한다. 에스타로 인해 영화 감상은 중단되었고, 화장실에서 나오는 길에 그들은 오렌지주스 장수와 마주친다. 아무는 에스타를 위해 시원한 레모네이드를 사주려 하나 에스타는 거절한다. 페니스에 대한 대가로 이미 오렌지주스 두 잔을 얻어 마셨기 때문이다. 아무는 오렌지주스 장수와 아들과의 사건을 전혀 눈치 채지 못한 채 그가 친절하다며 칭찬한다. "좋은 사람이구나. 저 오렌지주스 아저씨." 그러나 쌍둥이 라헬은 그 남자에게서 뭔가 이상한 낌새를 받고 분노하면서 아무에게 소리 지른다. "그럼 왜 저 아저씨랑 결혼 안 해?" 이 말에 아무는 큰 상처를 받는다. 아무는 가족이 반대하는 결혼을 한 뒤 칼쿠타로 떠났으나 결국 이혼 후 쌍둥이를 데리고 고향으로 되돌아온 것이었다.

　그날 저녁 호텔에서 라헬은 자신의 행동을 반성하며 엄마에게 한 말에 대해 벌을 받기를 바란다. 라헬은 벌을 받는다는 것이 엄마와의 관계를 다시 좋게 만들 수 있는 대가로 여겼다. "라헬은 어떻게든 벌을 받고자 했다. 아무가 전과 똑같이 자신을 사랑해주길 바라며 저녁을 굶으려 했다… '내가 받을 벌은 어떤 거야?' 라헬이 물었다. 엄마는 아직 내게 벌을 주지 않았어." 막내 코치마 고모가 일러준다. "어떤 일은 원래 받아야 할 벌과 함께 오는 거야."

　인도의 카스트와 같은 봉건사회는 '수치의 문화'이지만 전통과 관습이 매우 중시된다. 이를 어긴 자는 강한 부끄러움을 느끼는데, 그 사회의 지배가치와 규범에 의해 내면화된 것이다. 인생이 아무리 다사다난하다 해도 때로는 지나치게 부당한 일이 생길 때가 있다. 그러나 인도에서는 정의는 운명이 알아서 다스린다는 운명론이 존재한다. "사정은 언제든 바뀔 수 있다." 이 소설에서 자주 등장하는 말이다. 그리고 불행은 그렇게 조용히 다가온다.

　큰 것은 그들 내부에서 기다리지 않는다

　어느 날 밤 아무는 현재의 모든 고통이 자식 탓이라며 홧김에 쌍둥이를 질책한다. "너희들만 없었다면 나는 얼마든지 자유로울 수 있었어. 너희들이 태어난 날 바로 고아원에 보냈어야 하는 건데. 너희들은 내 목에 걸린 맷돌이야." 이 말을 들은 쌍둥이는 낡은 보트를 타고 떠나기로 결심한다. 사촌 소피 몰도 동행한다. 그러나 강은 생각보다 훨씬 위험했고, 칠흑 같은 어둠에서 아이들은 거센 물살에 휩쓸린다. 쌍둥이들은 겨우 물가로 헤엄쳐 나왔으나 소피 몰은 살아남지 못했다. "그들은 강물에 대고 사촌의 이름을 불렀으나 그녀는 침묵했다."

　소피의 불행에 대한 책임은 부당하게도 불가촉천민인 벨루타가 진다. 아무와 금지된 정사를 나누다 발각되어 아무 가족의 분노를 샀기 때문이다. 아무는 마을에서 내쫓겼고 '젊지도 늙지도 않은, 죽을 수도 살 수도 있는 나이'인 31살에 어느 호텔방에서 쓸쓸히 죽는다. 교회 묘지에서는 아무를 매장해주려 하지 않아서(아무는 기독교 가정 출신이며 힌두교도와 결혼 후 이혼했다), 라헬이 지켜보는 가운데 화장터에서 소각되었다. "소각로의 강철 문이 닫히고 영원히 꺼지지 않는 불의 웅웅거림이 새빨간 포효가 되었다. 열기는 굶주린 야수와도 같이 달려들어 아무를 집어 삼켰다. 아무의 머리카락과 피부, 미소를 삼켜버렸다. 아무의 목소리도 함께 먹혀버렸다… 그리고 쌍둥이에게 하던 잘 자라는 입맞춤도… 아무의 왼쪽 다리와 오른쪽 다리, 이 모든 것이 불의 야수에게 희생적으로 먹혔다. 그제야 그 짐승은 만족했다… 소각로 문이 닫혔다. 눈물은 한 방울도 없었다."

아무의 죽음 후 라헬과 에스타는 서로 떨어져 지낸다. 에스타는 칼쿠타의 아버지에게로 갔고, 라헬은 할머니와 고모와 함께 지내다가 후에 미국으로 떠난다. 미국에서 그 어떤 좋은 경험도 쌓지 못한 채 다시 인도로 되돌아온다.

인도 북동부 실롱 출신인 아룬다이 로이는 1961년 힌두교의 농장주인 아버지와 기독교 어머니 사이에서 태어났다. 부모의 이혼 후 초등학교 선생님인 어머니가 일하던 케랄라로 거처를 옮겼고, 18살에는 건축학을 공부하기 위해 뉴델리로 떠났다. 〈작은 것들의 신)이 성공을 거둔 후 그녀는 다음 소설을 쓰는 대신 세계적 명성을 이용해 정치활동을 활발히 벌였다. 미국의 이라크 공습과 세계은행의 재정적 정치에 대항했으며, 인도, 파키스탄의 핵무기 프로그램에 반대하는 시위를 벌였다.

또한 인도 중부 나르마다강의 댐 건설 반대운동에도 참여했으며, 그린피스와 국제인권단체인 휴먼라이츠워치Human Rights Watch, 아탁Attac 등의 단체를 지지했다. "테러리스트나 그 지지자 한 사람을 죽이기 위해 수백만 명의 무고한 사람들 또한 죽게 된다. 백 명의 죄 없는 이들이 죽을 때마다 미래의 테러리스트 몇몇이 태어날 것이다."

소설은 아무와 벨루타가 사랑을 나누던 14일간의 회상으로 끝난다. 아무와 벨루타는 스스로 힘을 얻기 위해 삶의 작은 것에 기뻐하고자 했다. "그 이후에, 첫날밤을 잇는 13일간의 밤 동안에 그들은 본능적으로 작은 것에 매달렸다. 항상 큰 것은 그들 내부에서 기다리지 않는다. 아무와 벨루타는 그 어느 곳으로도 갈 수 없다는 것을 알고 있었다. 그들에게는 미래도, 아무것도 없었다. 그래서 작은 것들에만 매달렸다. 서로의 엉덩이 위의 개미에게 물린 자국을 보고 웃었다. 나뭇잎 가장자리에서 미끄러진 서툰 노래기를 보고도…" 이 구절에서 소설의 제목이 드러난다.

주위의 모든 것들이 내게 대항하는 때가 있다. 이때도 우리는 삶의 작은 것들(공기, 물, 태양, 자연)에 기뻐할 수 있다. 그렇게 함으로써 인생을 최대한으로 활용할 수 있다. 모든 것은 쉽게 바뀐다. "오늘을 즐겨라. 가능한 한 적게 내일을 기대하라."

시인 호라즈Horaz가 한 말이다. 어쩌면 이 관점에서 아무와 벨루타의 금지된 사랑 이야기가 창작되었을 것이다. "그들은 작은 것에 걸어야 한다는 것을 알았다. 헤어질 때마다 매번, 그들은 작은 약속밖에 하지 않았다."

내일? 내일!

명작콘서트

1쇄 인쇄 2011년 4월 15일
1쇄 발행 2011년 5월 2일

지은이 라이너 루핑 · **옮긴이** 이윤희
펴낸곳 도서출판 말글빛냄 · **인쇄** 삼화인쇄(주)
펴낸이 박승규 · **마케팅** 최윤석 · **디자인** 진미나
주소 서울시 마포구 서교동 463-3 성화빌딩 5층
전화 325-5051 · **팩스** 325-5771 · **홈페이지** www.wordsbook.co.kr
등록 2004년 3월 12일 제313-2004-000062호
ISBN 978-89-92114-68-4 03110
가격 15,000원

*잘못된 책은 바꾸어 드립니다.